JAVIER SÁNCHEZ SÁNCHEZ
SALVADOR PÉREZ MUÑOZ
JOSÉ MARÍA YAGÜE CABEZÓN

EL PROCESO DE ENSEÑANZA-APRENDIZAJE DE LOS DEPORTES COLECTIVOS. ESPECIAL REFERENCIA AL FÚTBOL

Título:	EL PROCESO DE ENSEÑANZA-APRENDIZAJE DE LOS DEPORTES COLECTIVOS. ESPECIAL REFERENCIA AL FÚTBOL.
Autores:	JAVIER SÁNCHEZ SÁNCHEZ, SALVADOR PÉREZ MUÑOZ Y JOSÉ MARÍA YAGÜE CABEZÓN
Editorial:	WANCEULEN EDITORIAL DEPORTIVA, S.L. www.wanceulen.com
ISBN:	978-84-9993-298-9

Dep. Legal: SE 2349-2013
©Copyright: WANCEULEN EDITORIAL DEPORTIVA, S.L.
Primera Edición: Año 2013
Impreso en España: Publidisa

Reservados todos los derechos. Queda prohibido reproducir, almacenar en sistemas de recuperación de la información y transmitir parte alguna de esta publicación, cualquiera que sea el medio empleado (electrónico, mecánico, fotocopia, impresión, grabación, etc), sin el permiso de los titulares de los derechos de propiedad intelectual. Cualquier forma de reproducción, distribución, comunicación pública o transformación de esta obra solo puede ser realizada con la autorización de sus titulares, salvo excepción prevista por la ley. Diríjase a CEDRO (Centro Español de Derechos Reprográficos, www.cedro.org) si necesita fotocopiar o escanear algún fragmento de esta obra.

ÍNDICE

INTRODUCCIÓN 7

CAPÍTULO I. La iniciación deportiva de los deportes colectivos. Especial referencia al fútbol. 23

I.1. El concepto de iniciación deportiva 23
I.2. Los límites temporales 25
I.3. Fases en la etapa de iniciación del aprendizaje deportivo 31
I.4. Situación de la enseñanza del fútbol 54
I.5. El fútbol como instrumento al servicio de la educación integral 67
I.6. El futbolista como eje vertebrador del proceso de enseñanza-aprendizaje 76
I.7. La formación motriz básica frente a la especialización temprana. 83
I.8. La organización de los contenidos que configuran la enseñanza del fútbol. 87
I.9. La táctica, contenido estrella en la formación del futbolista 90
I.10. Aprender con el deporte. 95
I.11. Herramientas para enseñar a jugar al fútbol 102

CAPÍTULO II. Los métodos de enseñanza de los deportes colectivos. Especial referencia al fútbol. 109

II.1.El método tradicional 112
  II.1.1 Características generales 113
    II.1.1.1. Debilidades asociadas al método tradicional. 118
    II.1.1.2. Fortalezas asociadas al método tradicional 122
  II.1.2 El modelo técnico vertical en los programas de entrenamiento del fútbol 123
  II.1.3. Ejemplificación de un programa de modelo técnico para el entrenamiento de fútbol. 125
II.2.El método alternativo 161
  II.2.1. Características generales 164

II.2.1.1. Debilidades asociadas al método alternativo..........173
II.2.1.2. Fortalezas asociadas al método alternativo.............174
II.2.2. Tipos de iniciación deportiva dentro del modelo táctico..176
II.2.3. Ejemplificación de un programa de modelo táctico para el entrenamiento de fútbol..182

BIBLIOGRAFÍA **219**

INTRODUCCIÓN

"(...) Desde hace más de cien años el fútbol forma parte de lo cotidiano de nuestra vida y va inexorablemente ligado a las esperanzas e ilusiones de millones de españoles. Hablamos de él con tanta frecuencia e intensidad que ya es como uno más de la familia. Del fútbol se habla antes y después de los partidos que se disputan, antes y después de que se inicien y concluyan sus campeonatos y no hay lugar en el que no esté presente. El fútbol no deja indiferente a nadie, no es artículo de menor cuantía (...)"

Vicente del Bosque González,
Entrenador de la Selección Española de Fútbol Campeona del Mundo en 2010.
Discurso de la Ceremonia de Entrega de los Premios Príncipe de Asturias 2010

Según el sociólogo Eric Dunning el fútbol debe ser considerado como el mayor espectáculo de masas que existe debido a que es una generosa fábrica de emociones, un medio de identidad colectiva y para muchas personas el principal motor que impulsa sus vidas (Toral, Vicente y García, 2005). Lo que en un principio se configuró como un simple entretenimiento ha evolucionado al cobijo de las grandes ligas, los prestigiosos clubes y las rutilantes estrellas, hasta convertirse en un gran negocio generador de riqueza, inspirador de ilusiones y promotor de fuertes sentimientos.

Nuestro deporte es especialmente importante dentro de la cultura del ocio. Por un lado, porque aquellos más activos a menudo recurren al fútbol como estrategia para realizar ejercicio físico y, por otra parte, porque los sujetos sedentarios obtienen de los medios de comunicación el impulso necesario para consumir deporte sin practicarlo. El fútbol es la actividad más seguida en nuestro país. Históricamente las plazas eran responsables de mantener vivo el espíritu deportivo de los más pequeños, quienes improvisaban terrenos de juego con mochilas y abrigos, balones de toda clase y la ilusión por bandera para convertirse en promesas dispuestas a imitar a los ídolos del momento en originales campeonatos de barrio. La calle era el maestro que obligaba al jugador a correr, driblar, saltar, chutar, empujar, atacar... forjando el talento de todos los que participan en aquellos duelos en los que se ponían de manifiesto todos los entresijos del juego.

Sin embargo, los estilos de vida actuales han liquidado esta realidad, empujando el fútbol hacia otros ambientes y con ello machacando el talento de nuestros niños futbolistas (Pacheco, 2004). El juego libre ahora sobrevive a duras penas en lugares excepcionales sin que los clubes hayan respetado la línea marcada por el fútbol de barrio.

Desde un punto de vista académico en el proceso de iniciación deportiva se dan dos metodologías pedagógicas. El método tradicional que concibe la técnica como el elemento imprescindible para el rendimiento y se encarga de entrenarlo a través de situaciones aisladas con o sin balón; y la alternativa que surge con una serie de modelos que consideran la táctica como contenido indiscutible que será entrenado por medio de actividades cercanas al juego y que implican la toma de decisiones (Alonso y Lago, 2009).

La credibilidad de cada una de estas estrategias ha cambiado a lo largo del tiempo (Fernández y Sarramona, 1985), provocando que cada opción haya tenido su momento a lo largo de la historia (Alarcón et al., 2009). Es posible que el dominio de cada maniobra dependa en cierta medida de la interpretación que en cada momento se haga del deporte y de las necesidades de los sujetos protagonistas. Cuando nos referimos al fútbol, la estrategia a seguir dependerá de si pensamos que el éxito se consigue dominando una serie de gestos técnicos y por tanto tendremos que decidirnos por transmitir una serie de recursos encaminados a dominar la pelota o por el contrario pensamos que la clave está en saber interpretar los numerosos acontecimientos que ocurren durante el juego, para lo que deberíamos utilizar todas aquellas estrategias que permitan dominar la táctica.

Esta última forma de organización del entrenamiento ha sido promocionada cada vez con mayor intensidad, pasando a competir con las estrategias más conservadoras y provocando en ciertos círculos un acalorado debate entre los defensores y detractores de la técnica o de la táctica. En ocasiones la discusión parece insertarse más en el marco teórico, puesto que en la práctica el método tradicional sigue dominando en la mayoría de campos de entrenamiento. Los entrenadores no dejan de interesarse por la ejecución, devaluando los elementos cognitivos del movimiento, con el único propósito de conseguir jugadores "técnicamente buenos". Para ello se abusa de los ejercicios técnicos, analíticos, sin oposición y se utiliza el juego como un recurso sin finalidad educativa.

Antecedentes: estudios sobre iniciación en los deportes colectivos

De entre todas las corrientes que ahora conocemos, la que considera fundamental que el deportista domine los gestos técnicos del deporte, fue la tendencia con mayor fuerza dentro del panorama metodológico hasta que el espíritu inconformista de unos pocos consiguió perturbar el contexto pedagógico, poniendo en duda que la estrategia dominante hasta entonces fuera la más adecuada. A partir de aquí, el entorno de los deportes de equipo se convulsiona y los entrenadores y educadores empiezan a percibir un clima de cierta agitación, donde conviven quienes piensan que debe mantenerse la metodología tradicional con los que están convencidos de la necesidad de insistir en el conocimiento del juego por encima de cualquier otro elemento. En este ambiente incierto, aparecen los intentos por desenmarañar la situación, surgiendo con creciente reiteración investigaciones que a partir de conocer las diferencias que existen entre grupos que aprenden bajo prismas metodológicos diferentes pretendían demostrar cuál era la forma más conveniente de entrenar (García, 2001).

Inicialmente se intentaba comprobar la capacidad de determinados estilos de enseñanza (mando directo, asignación de tareas, descubrimiento guiado...), modelos de entrenamiento (técnico o táctico) y estrategias en la práctica (analítica o global) para influir sobre los índices más significativos de una disciplina deportiva (Ponce, 2007; Lisbona et al., 2009; Méndez, Valero y Casey, 2010). Posteriormente, el interés científico ha ido encaminándose hacia la organización de los contenidos, queriendo descubrir el momento ideal para introducir las habilidades técnicas y tácticas y cómo debe ser la interacción entre ambas (McMorris, 1998; Holt, Strean, y García Bengoechea, 2002). Finalmente, parece que la tendencia observada en los últimos trabajos consultados se relaciona con el estudio de los efectos que las diferentes estrategias pueden tener sobre los aspectos cognitivos, dejando en un segundo plano la incidencia que estas intervenciones pudiera tener sobre el aprendizaje y dominio de los gestos técnicos.

Nuestro interés se ubica en todas aquellas investigaciones que se ocupan de contrastar métodos de entrenamiento o estrategias en la práctica diferentes, en concreto las que están diseñadas para descubrir las repercusiones en los gestos técnicos, en la capacidad de toma de decisiones o en el conocimiento declarativo de un deporte como el fútbol (Mc Morris, 1988; Beckett, 1990; Raya, 1992; Raya et al., 1993; Mitchell et al., 1995; Hayes et al., 2003; Harvey, 2003; Ferreira et al., 2003; Chirosa et al., 2003; Williams et al., 2003; Solana, 2003; Julián et al., 2005; Harvey et al., 2006; Ponce, 2006). Pero también se contemplan todas aquellas conclusiones derivadas de los estudios elaborados en el marco de otras disciplinas que comparten una identidad y un registro motriz similar: baloncesto (Boutmans, 1983; French y Thomas, 1987; Rodríguez y Castro, 1993; Ormond et al., 1995; Castejón et al., 1999; Allison y Thorpe, 1997; Sola, 1998; Solana, 2003; López, 2004; Julián et al., 2005; Iglesias, 2006; Alarcón, 2008; Alarcón et al., 2009), balonmano (García, 2001), hockey (Goldberger, Gervey y Chamberlain, 1982; Goldberger y Gerrney, 1986; 1990; Durán y Lasierra, 1987; Turner y Martinek, 1992, 1995; Turner, 1996; Allison y Thorpe, 1997; Méndez, 1999; Contreras, García y Cervelló, 2005) o voleibol (Boutmans, 1983; Medina y Delgado, 1993; Griffin, Oslin y Mitchell, 1995; Harrison et al., 1999; Romero Granados, 2001; Sunay, Gündüz y Dolasair, 2004). Por último, habrá que respetar otras experiencias realizadas en modalidades tan diversas como atletismo (García y Martín, 1992; Valero, 2003), bádminton (Lawton, 1989; Rink, French y Werner, 1991; French et al., 1996; French et al., 1996; Scatling et al., 1998; Blomqvist et al., 2001), danza (Cuellar y Delgado, 1993), fútbol americano (Quim y Strand, 1995), fútbol australiano (Berry, Abernethy y Coté, 2003; 2003a), gimnasia deportiva (Vernetta, 1990; Cox, 2002), natación (Franceschetto, 1996), orientación (Griffin y Griffin, 1996), squash (Gabrielle y Maxwell, 1995), tenis (McPherson y French, 1991), tiro (Boyce, 1992) o vela (Morales, 1998).

Como podemos comprobar el espacio dedicado a la investigación en este campo es numeroso y diverso. Cada uno de los estudios presenta unas connotaciones muy particulares respecto a los instrumentos de medida, características de la muestra, tipo de entrenamiento utilizado... que puede ser la prueba que explica la presencia de resultados cuanto menos curiosos (García, 2001) y la razón para ser prudente en la comparación de resultados (Rink, French y Tjeerdsma, 1996). Quizás por esta falta de unanimidad en el diseño de cada una de las experiencias, autores como Ponce (2007) concluyen que el grupo de estudios no sirve para aclarar algunas de las más trascendentes preguntas sobre entrenamiento deportivo. Para conseguir desvelar estos interrogantes y poder comparar resultados habría que articular estudios longitudinales que compartan un diseño de investigación parecido y se refieran a deportes con condiciones similares (Méndez, Valero y Casey, 2010).

Una de las primeras investigaciones en el ámbito de los deportes colectivos es la que realizaron en la década de los ochenta Goldberger, Gervey y Chamberlain (1982). Estos autores pretendieron determinar la incidencia de tres estilos de enseñanza diferentes sobre el aprendizaje del desplazamiento específico en hockey. Para ello emplearon una muestra de noventa y seis niños y niñas de once a doce años, sin experiencia en la práctica del deporte. Los dividieron en tres grupos de treinta y dos sujetos, de manera que cada conjunto desarrollase un estilo de enseñanza y comprobaron que no existían diferencias en la eficacia de la asignación de tareas, de la enseñanza recíproca y del estilo de inclusión, en el aprendizaje de la habilidad examinada.

A este estudio le siguieron las experiencias diseñadas para baloncesto y voleibol de Boutmans (1983) y el estudio de Duran y Lasierra (1987) en hockey indoor. Estos autores se proponen comprobar el efecto de un método global y otro analítico sobre los gestos técnicos de alumnos/as de secundaria. Boutmans (1983) construyó una unidad de siete sesiones para el estudio de baloncesto y de diez para el de voleibol, que fue desarrollada por una treintena de niñas de trece años, en jornadas de una hora de duración. Tras el desarrollo de los programas observó que tanto el grupo que participó en el programa de ejercicios técnicos como el que lo hizo del entrenamiento basado en el juego mejoraba significativamente en la ejecución, sin que pudieran determinarse importantes diferencias en los progresos obtenidos con una y otra metodología. Además el programa de entrenamiento analítico para el baloncesto tuvo una buena repercusión en la mejora de la capacidad de juego, mientras que en voleibol este efecto lo consiguió el programa global.

Por su parte, Duran y Lasierra (1987) diseñaron una investigación en la que participaron dos grupos de veinte sujetos con edades comprendidas entre los quince y dieciséis años. Un grupo intervino en un programa global de quince sesiones de cuarenta y cinco minutos de duración cada una y el otro grupo en un programa analítico compuesto por dieciséis sesiones también de tres cuartos de hora de duración. Los autores observaron que en las pruebas de habilidades cerradas obtenían mejores resultados los sujetos entrenados mediante la estrategia analítica, mientras que en aquellas pruebas como el circuito, donde interviene la percepción, los mejores resultados los conseguían los que aprendieron con el método global.

Al final de los años ochenta destaca un estudio que pretende averiguar algunas connotaciones asociadas a los procesos de aprendizaje vinculados a la enseñanza del fútbol. McMorris (1988) plantea dos tipos de entrenamiento de seis sesiones, uno basado en lo analítico y otro construido en base a pequeños juegos. Cada programa lo desarrolla un grupo de doce sujetos de once y doce años de edad durante las clases de educación física, con el objetivo de analizar sus consecuencias sobre la ejecución técnica y la capacidad de juego. Los resultados del estudio manifiestan una evolución similar en cada grupo, ya que toda la muestra participante progresa en el nivel de ejecución del pase y del apoyo.

Posteriormente Beckett (1990) trazó otro trabajo relacionado con el fútbol y con la influencia de los diferentes estilos de enseñanza en el aprendizaje de habilidades motrices y en el conocimiento del deporte. El estudio, que contó con una muestra de doscientos cincuenta alumnos y alumnas, reflejó que tanto un estilo de inclusión como una enseñanza por asignación de tareas, tiene buenos efectos sobre el dominio de la coordinación segmentaria ojo-pie. Sin embargo para el conocimiento declarativo sería más apropiado emplear el estilo de inclusión.

También en la primera mitad de los años noventa, se repiten otros tres estudios que emplean el fútbol como disciplina de investigación. Los trabajos de Raya (1992) y Raya, Fradua y Pino (1993) pretenden determinar la influencia que sobre el aprendizaje del tiro a portería pueden tener tres modelos distintos de transmisión del contenido: instrucción verbal, moldeamiento y una combinación de ambas. En la investigación de Raya (1992) participaron treinta adultos de diecinueve y veinte años, distribuidos en tres grupos de diez sujetos, para que cada uno recibiese un procedimiento. Tras realizar noventa ejercicios, repartidos en quince sesiones se repitió el test de tiro, observándose que a pesar de que los tres métodos tenían efectos en el aprendizaje del gesto técnico, con el método combinado se mejoraba más. En una revisión posterior Raya, Fradua y Pino (1993), manejando un grupo de niños de once años de edad, también observan que la estrategia mixta es la más apropiada para conseguir resultados sobre el aprendizaje de habilidades técnicas en fútbol. El tercer estudio que se traza en esta época utilizando el fútbol, lo desarrollan Mitchell, Griffin y Oslin (1995) para intentar constatar el resultado de un modelo técnico y de otro táctico sobre la ejecución de gestos técnicos, sobre el conocimiento declarativo y sobre la toma de decisiones durante el juego. Para ello elaboraron ocho sesiones dedicadas a cada vertiente metodológica y dirigidas a un grupo de veinticuatro sujetos alevines entrenados sobre la táctica y a un grupo de veintinueve sujetos alevines entrenados sobre la técnica. Los autores señalan que tras la unidad de entrenamiento ningún grupo mejoró en la ejecución de acciones técnicas; ambos grupos aumentaron su conocimiento sobre las habilidades, pero sólo los que trabajaron sobre la táctica incrementaron su cultura táctica y demostraron ser mejores en la toma de decisiones durante la participación en el juego.

También hay que reseñar el estudios impulsados por Medina y Delgado (1993) y Harrison *et al.* (1995), para comprobar el efecto de diferentes estilos de enseñanza sobre el aprendizaje de contenidos vinculados al voleibol. Medina y Delgado (1993) acreditaron la validez de un estilo directivo como la asignación de tareas y de otro más participativo como la enseñanza recíproca, sobre la asimilación de contenidos conceptuales y la integración de habilidades motrices en sujetos de doce a catorce años que desarrollaron una unidad didáctica de seis sesiones sobre el voleibol. En la experiencia de Harrison *et al.* (1995) se empleó el mando directo y la asignación de tareas con participantes universitarios, comprobando que aquellos que tenían un nivel más bajo debían ser entrenados al principio mediante el mando directo.

En voleibol, también es destacable el intento de Griffin, Oslin y Mitchell (1995) por conocer los efectos de los dos modelos de aprendizaje deportivo más utilizados en la iniciación deportiva. Estos autores emplearon una intervención sobre la técnica y otra sobre la táctica con cuarenta y tres escolares de edad alevín que desarrollaron nueve sesiones de preparación. Tras los programas, percibieron que no había diferencias significativas en la evolución de los gestos técnicos entre grupos, pero que sí existía un mayor progreso a favor del grupo táctico en cuanto al conocimiento del deporte y la toma de decisiones durante la participación en el juego.

En el ámbito del baloncesto, a principios de los noventa destacamos las investigaciones de Rodríguez y Castro (1993) y Ormond *et al.* (1995). Rodríguez y Castro (1993) analizaron la repercusión cualitativa que tienen dos métodos directivos como la modificación del mando directo y la asignación de tareas sobre la enseñanza. Pudieron concluir que en los sujetos adolescentes (entre dieciséis y dieciocho años) la asignación de tareas podría ser una buena herramienta de trabajo por el gran control que permite ejercer sobre el grupo de aprendices. Por su parte, Ormond *et al.* (1995) en el intento por distinguir la utilidad de diferentes estrategias sobre la toma de decisiones en la práctica de un deporte como el baloncesto, aplicaron un modelo de entrenamiento tradicional y otro táctico con sujetos de quince y dieciséis años, comprobando que efectivamente, la participación en un proceso de enseñanza cognitiva produce interesantes mejoras en el comportamiento táctico ofensivo y defensivo de los sujetos.

Durante estos años es posible encontrar otras experiencias de similar diseño pero que utilizan otros deportes para su desarrollo. Por ejemplo Turner y Martinek (1992), Turner y Martinek (1995; 1999), Turner (1996), Allison y Thorpe (1997) y Méndez (1999) se ocupan de descubrir los efectos que cada vertiente metodológica puede tener en algunas cualidades relacionadas con diferentes modalidades de hockey. En cada investigación podemos observar unos parámetros diferentes en cuanto al ámbito de aplicación, el número de sesiones, su frecuencia semanal, la duración de las mismas... que pueden ser el detonante de unos resultados diversos en ámbitos como el aprendizaje técnico, el conocimiento del deporte y la capacidad de acción durante el juego. En general, parece que se consigue mejorar las habilidades de los participantes, sin que exista una relación directa entre el tipo de entrenamiento y un mejor aprendizaje de los gestos técnicos. Además la intervención que emplea el juego como mecanismo de aprendizaje, parece provocar mayores beneficios sobre el conocimiento declarativo y la gestión de situaciones reales de juego, que aquellas otras estrategias que se basan en la enseñanza directiva de la técnica.

El baloncesto parece ser una de las disciplinas más empleadas para el desarrollo de la investigación sobre aprendizaje deportivo. Además de los estudios ya citados, también son destacables las experiencias desarrolladas por Allison y Thorpe (1997) o Méndez (1999). Todas pretenden aportar sentido al aprendizaje del deporte de la canasta y por extensión a otras disciplinas con características similares, sin embargo, en ocasiones es complejo integrar el conjunto de conclusiones para generar un dictamen único de actuación debido a la heterogeneidad de circunstancias rodean al diseño de estos trabajos. En el estudio que desarrollan Allison y Thorpe (1997) participan dos grupos de veinte niños de nueve años, que desarrollan dos unidades de seis sesiones enmarcada en dos vertientes metodológicas contrapuestas: un programa de entrenamiento respondía a la perspectiva tradicional y el otro estaba construido en base a juegos modificados. Los autores afirman que el nivel técnico mejora en ambos grupos, pero que quienes entrenaron sobre rutinas cognitivas consiguieron entender mejor la funcionalidad de ciertos gestos técnicos y fueron capaces de integrar de mejor modo las técnicas aprendidas en las unidades de competición. El trabajo de Méndez (1999) también se encuadra dentro del contexto escolar, pero recurre a tres grupos mixtos de veinticuatro sujetos que desarrollan diferentes estrategias de enseñanza: la instrucción directa, la enseñanza basada en la búsqueda y otra que combina las dos anteriores. Cada una se aplica durante diez sesiones de cincuenta minutos de duración, con una frecuencia de dos veces por semana. Méndez (1999) comprueba que los mecanismos basados en la instrucción directa no producen mayores ventajas sobre el dominio de los gestos deportivos puesto que los sujetos participantes en el programa que utiliza la enseñanza directiva obtienen peores resultados en el test de desplazamiento con balón que los niños entrenados con las otras dos estrategias. Además, respecto a la influencia de cada tipo de enseñanza sobre los aspectos cognitivos Méndez (1999) comprueba que los mayores progresos en el conocimiento declarativo y la toma de decisiones se consiguen con la estrategia mixta. Por último, Castejón et al. (1999) comparan el efecto de un método técnico, uno táctico y otro técnico-táctico en más de setenta niños y niñas de once años. Los datos vuelven a dictar que no es posible establecer una relación directa entre un modelo de entrenamiento tradicional y una mejor asimilación de los gestos técnicos, puesto que con otras metodologías basadas en propuestas más abiertas también se pueden obtener buenos resultados.

En el ámbito del balonmano, en los primeros años del siglo XXI, García (2001) se interesó por conocer las repercusiones de un modelo orientado a la técnica y otro a la táctica sobre el aprendizaje de gestos técnicos, el conocimiento del deporte y el rendimiento dentro del juego. Para conseguirlo, construyó un período de entrenamiento de cuarenta sesiones que incluían además quince partidos de competición. Los veintisiete niños de diez y once años participantes en la experiencia, realizaron diversas pruebas de evaluación de los diferentes contenidos de análisis antes y después del desarrollo del programa para poder conocer las repercusiones de cada intervención. A partir de los datos obtenidos, García (2001) afirma que no puede establecerse una relación exclusiva entre la enseñanza desde la técnica y el aprendizaje técnico, puesto que con el modelo cognitivo también se mejoran los gestos deportivos. Por otra parte, aunque el grupo entrenado con estímulos tácticos sí demuestra un mayor conocimiento declarativo, cuando se analiza su comportamiento dentro del juego, apenas se aprecian diferencias con respecto a los sujetos que entrenaron en base a estímulos cerrados dirigidos a los gestos técnicos. Esto indicaría según el autor que los jugadores pueden llegar a conseguir un funcionamiento táctico suficiente sin necesidad de haber recibido una intervención específicamente dirigida a su desarrollo.

También es necesario destacar los últimos trabajos de Romero Granados (2001) y Sunay, Gunduz y Dolasir (2004) desarrollados para voleibol. Romero Granados (2001) compara los efectos de un entrenamiento técnico y otro táctico en noventa participantes adultos, que son entrenados durante diez sesiones de una hora y media de duración cada una. Los resultados obtenidos en el trabajo remarcan la creencia de que no es posible determinar la superioridad del modelo técnico sobre el aprendizaje de los gestos deportivos. En esta investigación el grupo táctico consigue mejorar todas las habilidades motrices específicas del voleibol en mayor medida que el grupo técnico y consigue un mayor progreso en la toma de decisiones durante el juego. En el otro estudio, realizado por Sunay, Gunduz y Dolasir (2004), se emplean dos unidades de quince sesiones, una basada en la aplicación del mando directo y la otra en el descubrimiento guiado. A la luz de lo ocurrido en este trabajo tampoco se puede afirmar que el estilo más directivo tenga mejores repercusiones sobre el aprendizaje de los gestos deportivos, puesto que no se descubren diferencias significativas entre ambos grupos respeto al dominio técnico.

Podemos incluir brevemente algunas aportaciones singulares, que pretende determinar las consecuencias de diferentes organizaciones de la enseñanza sobre el aprendizaje deportivo. Solana (2003) empleando la microenseñanza, comprueba que este tipo de organización basada en los grupos reducidos tiene una buena repercusión sobre aspectos perceptivos y coordinativos vinculados al fútbol sala y al baloncesto. La investigación de Julián, del Campo y Reina (2005) recurrió al fútbol, al baloncesto y al balonmano para estudiar sí la organización de los contenidos podía influir en su aprendizaje. Para ello se empleó una práctica en bloque en la que una contenido no sucedía al siguiente hasta que el primero no había sido aprendido, y una estrategia aleatoria en la que coincidía en el tiempo el aprendizaje de varias habilidades. En general, aunque los dos tratamientos tienen efectos positivos sobre la ejecución de las habilidades motrices, lo que verdaderamente influye en la toma de decisiones es una intervención basada en la comprensión con independencia del modo en que se organicen los contenidos. Por último Contreras, García y Cervelló (2005) pretenden comprobar si los aprendizajes derivados de la participación en actividades de fútbol, de baloncesto y de balonmano, tienen una transferencia positiva en el dominio de un deporte como el floorball. Efectivamente los autores comprueban que es relativamente sencillo que un sujeto traslade los conocimientos declarativos y procedimentales conseguidos en una disciplina a otra modalidad, si entre ambas se reconocen similitudes evidentes.

Recientemente también se han hilvanado en baloncesto otras prácticas orientadas al descubrimiento de los factores de entrenamiento que pueden optimizar el rendimiento cognitivo del jugador, comprobando además si esta circunstancia podría tener una repercusión sobre la ejecución contextualizada de gestos deportivos. Las publicaciones de Iglesias (2006) e Iglesias *et al* (2008) quieren conocer el efecto que tiene una intervención que denominan "supervisión reflexiva" sobre el conocimiento procedimental, la participación en el juego y la ejecución técnica durante la competición. Para ello utilizan un grupo de doce jugadores de categoría infantil, con los que pondrán a prueba un protocolo de supervisión reflexiva a través del cual se pretende que el jugador analice su intervención, visionando imágenes de su intervención que posteriormente comentará y discutirá con un evaluador competente. Tras diez sesiones de intervención, los autores observan que los jóvenes jugadores de baloncesto han mejorado su comportamiento táctico y que la mayor eficacia en la toma de decisiones puede haber provocado el éxito en la ejecución de acciones técnicas durante el juego.

Otro trabajo interesante desde el punto de vista metodológico es el diseñado por Alarcon (2008) y Alarcón *et al.* (2009). En este estudio se marca como objetivo el diseño desde una perspectiva constructivista, de un programa de entrenamiento que pueda incidir positivamente en los aspectos tácticos colectivos de jugadores adultos de baloncesto. Los resultados del trabajo determinan que la intervención diseñada permite mejorar el conocimiento declarativo y procedimental, puesto que se constata un progreso significativo en la toma de decisiones asociadas a los principios del juego colectivo; además se aumenta la eficacia en el juego; y se mejoran los medios tácticos colectivos básicos en los participantes.

Por último vamos a señalar las investigaciones más significativas desarrolladas en los últimos tiempos en el marco de la iniciación deportiva al fútbol. Harvey (2003) intenta aclarar sí un enfoque comprensivo puede aumentar el comportamiento táctico defensivo de un grupo de futbolistas expertos. Para ello recurre a un grupo de dieciséis sujetos de dieciséis a dieciocho años de edad que participan en doce sesiones de una hora de duración con clara orientación cognitiva. Para la evaluación del comportamiento se emplea la herramienta GPAI, observando el comportamiento de los defensores en una tarea de tres contra tres. En el estudio no se presta atención a los procedimientos individuales, sino que se pretende comprobar el efecto de este modelo de entrenamiento sobre los fundamentos defensivos colectivos. Harvey (2003) señala que el enfoque empleado tiene un efecto positivo en la participación y la interpretación del juego, observándose una mejora en la actuación táctica colectiva de los defensores gracias al incremento en la eficacia de las acciones individuales. No obstante, el autor cree que estudios posteriores deberían comprobar si los beneficios obtenidos con la aplicación de un entrenamiento comprensivo se repetirían con independencia del conocimiento previo sobre el deporte de los sujetos participantes. La publicación de Harvey (2006) se diseña para comprobar las diferentes hipótesis construidas en torno a la influencia de una intervención basada en la comprensión sobre el comportamiento táctico del jugador de fútbol.

Hayes *et al.* (2003) se ocupan de comprobar cómo influye el conocimiento de los resultados en el aprendizaje de una habilidad como el tiro a portería. Los autores emplearon dos grupos de siete jugadoras sin experiencia en la práctica del fútbol. Un grupo observó un vídeo en el que aparecía la ejecución del golpeo del balón y el otro una secuencia en la que aparecía la ejecución junto a su resultado. A partir de los resultados obtenidos por cada grupo, los autores comprobaron que la demostración perdía valor cuando se conocía el resultado y que por tanto para el aprendizaje de las habilidades sería conveniente demostrar la tarea sin dar a conocer el resultado final.

En el estudio de Ferreira *et al.* (2003) se intenta comparar el procedimiento seguido por diferentes profesores a la hora de enseñar el fútbol y algunos deportes individuales. En el estudio se intenta descubrir la presencia de los diferentes modelos de aprendizaje deportivo en los programas de entrenamiento, pudiendo comprobarse que no existen diferencias entre las clases de fútbol y las de modalidades individuales, es decir que predominan las estrategias tradicionales con independencia del deporte a transmitir.

Chirosa, Ponce y Chirosa (2003) se centran en conocer el efecto sobre determinados gestos técnicos del fútbol, de una intervención mixta y otra basada en la indagación. Estos autores apuntan que con ambas estrategias se puede mejorar el control y la conducción de balón en futbolistas de doce a catorce años. Siguiendo una línea argumental muy similar, Chirosa, Ponce y Chirosa (2006) realizaron otra experiencia que sería la base para el posterior trabajo de Ponce (2006), en la que pretenden comprobar las consecuencias de diferentes estrategias sobre el aprendizaje de elementos relevantes en un deporte como el fútbol. Para ello emplearon dos grupos de veinte niños de diez y doce años, de manera que a cada grupo lo entrenaron con un programa diferente compuesto de dieciocho sesiones. Una de las unidades de preparación estaba sometida a la estrategia tradicional y la otra discurría sobre una intervención basada en la indagación. Tras el desarrollo de las sesiones se comprobó la evolución de algunas habilidades como la conducción, el pase y el tiro a portería; se cuantificó la evolución de la condición física de los sujetos; se observó el efecto de cada programa sobre el comportamiento en el juego y la toma de decisiones; y se recogió información sobre algunas variables relacionadas con el entrenamiento y el deporte. Ponce (2006) señala que con la estrategia basada en la indagación se pueden obtener progresos en la ejecución del control y del pase, y con la intervención tradicional se comprueba el progreso significativo en la acción de tiro a portería. Especialmente interesante es el efecto de la enseñanza a través de la búsqueda en el aumento del conocimiento declarativo y en el progreso en la toma de decisiones durante el juego. Respecto a la valoración funcional de los niños, los dos programas mejoran la resistencia aeróbica de los participantes.

Esquema general del libro

El trabajo que aquí presentamos ha sido confeccionado en torno a dos capítulos fundamentales: el primero, *la iniciación deportiva de los deportes colectivos. Especial referencia al fútbol* y, el segundo, *los métodos de enseñanza de los deportes colectivos. Especial referencia al fútbol*. Ambos bloques están precedidos, en esta exposición introductoria, por la descripción de todos aquellos antecedentes que han intentado esclarecer las circunstancias que rodean al entrenamiento en la etapa de iniciación deportiva.

El primer capítulo, se ocupa de la iniciación deportiva, incluyendo su definición, su ubicación temporal y las diferentes fases en que se puede dividir este período. También se realiza un análisis de la realidad observada en el entrenamiento del futbolista y se ofrecen una serie de pautas que deberían presidir el proceso de educación deportiva en una escuela de fútbol. En este sentido, parecen especialmente interesantes los puntos que hablan de la táctica como contenido estrella del proceso de entrenamiento y la posibilidad de utilizar el deporte para que el futbolista conozca el juego.

El capítulo segundo, profundiza sobre las alternativas metodológicas que han caracterizado el proceso de enseñanza-aprendizaje del fútbol. En este apartado se ha realizado un recorrido por los métodos tradicionales y las propuestas más innovadoras, en ambos casos aludiendo a sus características y pronunciando sus debilidades y fortalezas. Posteriormente se ha descrito la manera en que cada modelo ha sido llevado a la práctica por algunos autores de máxima representatividad en el entrenamiento del fútbol. Este capítulo muestra dos ejemplificaciones de programas de intervención, uno para el modelo técnico y otro para el táctico.

Cerramos estas páginas señalando la bibliografía empleada para la realización de este libro. Las fuentes documentales han sido un recurso de vital importancia en el desarrollo del trabajo que aquí presentamos.

Capítulo 1.
La iniciación deportiva de los deportes colectivos. Especial referencia al fútbol.

"El éxito no llega por casualidad"
Dr. Lair Ribeiro

I.1 EL CONCEPTO DE INICIACIÓN DEPORTIVA.

El Diccionario de la Real Academia de la Lengua, al consultar el término *"iniciación"* nos remite a la idea de *"iniciar"* o *"iniciarse"*, en relación a *"proporcionar a alguien los primeros conocimientos o experiencias sobre algo"*. En el marco de la formación deportiva lo transmitido estaría relacionado principalmente con el deporte.

El concepto de iniciación al deporte ha sido abundantemente atendido por autores prestigiosos dentro del ámbito de las ciencias de la actividad física (Blázquez, 1986 y 1995; Antón, 1988; Devís y Peiró, 1992; Sánchez Bañuelos, 1992; Castejón, 1995 y 2003; Graça y Oliveira, 1997; Ruiz Pérez y Sánchez Bañuelos, 1997; Giménez, 2000; Contreras, De la Torre y Velázquez, 2001; Ruiz, García y Casimiro, 2001; Hernández et al., 2001; Méndez et al., 2009; etc.).

"No todos los autores que desarrollan su trabajo en las primeras etapas del proceso de enseñanza-aprendizaje del deporte coinciden en denominar a este período iniciación deportiva, y aún aquellos que sí lo utilizan lo hacen con significados muy diversos" (García, 2001:11). Sin embargo la mayoría afirman que es un *"proceso cronológico en el transcurso del cual un sujeto toma contacto con nuevas exigencias regladas sobre una actividad físico-deportiva"* (Blázquez, 1995:19). Lo normal ha sido vincular la etapa con el aprendizaje de una única modalidad por medio de *"la enseñanza del marco reglamentario que define su objetivo y las condiciones en que éste puede ser alcanzado, de las conductas tácticas individuales y colectivas que permiten enfrentarse a los problemas que surgen al intentar alcanzarlo bajo tales condiciones, y de los recursos técnicos que configuran a las habilidades espe-

cíficas que es necesario utilizar, también bajo los límites reglamentarios para poder llevar a cabo tales conductas tácticas con mayores posibilidades de éxito" (Contreras, De la Torre y Velázquez, 2001:94).

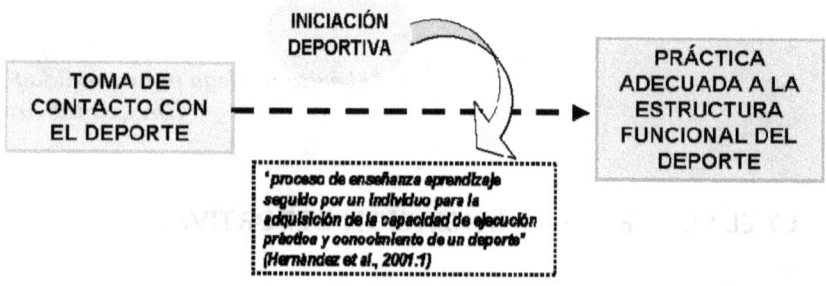

Figura 1. El concepto de iniciación deportiva, adaptado de Hernández et al. (2001).

Versiones más constructivas potencian una iniciación deportiva plural, a través de un estilo basado en la enseñanza horizontal que convierten a este período en *"un proceso en el que el niño se va a iniciar en uno o varios deportes (...)"* (González et al., 2009:19).

Con independencia del ámbito de acción, la etapa se define como el comienzo de la educación deportiva (Delgado, 1994) y por tanto se ocupará del *"aprendizaje de las rutinas indispensables para la práctica del deporte"* (Jolibois, 1975, en Antón, 1990:21). Si bien Romero Granados (2001) considera que supone la toma de contacto con la habilidad específica (deporte) en un determinado contexto (académico, federativo...), también deberían tener cabida en esta etapa los elementos que configurarán la formación motriz general del sujeto. Por tanto en este espacio de aprendizaje deben aparecer tanto las habilidades específicas como las genéricas (Giménez y Sáenz-López, 2002).

En la práctica debe superarse las nociones sobre elementos técnicos, tácticos y reglamentarios (Contreras, De la Torre y Velázquez, 2001) y percutir en el desarrollo del niño como persona (Romero Cerezo, 1997), aludiendo a los planos cognitivo y motriz (Amador, 1995), por medio del desarrollo de contenidos procedimentales, conceptuales y actitudinales (Contreras, 1998). Los esfuerzos se dirigirán hacia la formación integral (Águila y Casimiro, 2001:34), estimulando los diferentes ámbitos del desarrollo del ser humano por medio de los mecanismos específicos del deporte que corresponda (Antón y Dolado, 1997).

La perspectiva integral no hace más que enredar un término aparentemente sencillo. Nosotros intentamos aportar luz diciendo que la iniciación deportiva es *"el espacio de referencia en la trayectoria deportiva de un sujeto, donde de manera programada participa de experiencias motrices diversas, en un contexto positivo que contribuye a su formación total"*.

Dentro del fútbol, la fase de formación recibe el nombre de fútbol base. Este es el período donde el niño va adquiriendo las habilidades propias del deporte hasta dominarlas (Morcillo, 2004) y *"abarca desde el inicio de la actividad del niño en el fútbol, hasta su acceso al proceso de máximo rendimiento"* (Sans y Frattarola, 2009:377).

I.2. LOS LÍMITES TEMPORALES DE LA INICIACIÓN DEPORTIVA

La iniciación deportiva *"no sólo debe considerarse como el momento en que se empieza la práctica deportiva, sino como una acción pedagógica, que teniendo en cuenta las características del sujeto que se inicia y los fines a conseguir, evoluciona progresivamente hasta llegar al dominio de la especialización deportiva"* (Blázquez, 1986:35). Lejos de ser un instante, la etapa tiene que ser contemplada como *"un proceso que lleva consigo una vivencia global"* (Ruiz Pérez y Sánchez Bañuelos, 1997:20), que *"abarca desde que el individuo toma contacto con el deporte hasta que es capaz de jugarlo con adecuación a su estructura formal"* (Hernández et al., 2001:1) o bien hasta que el deportista demuestra que puede practicarlo con suficiente autonomía (Águila y Casimiro, 2001).

Sin duda es un período extenso, cuya magnitud estará en función de la edad con la que el deportista comienza su aprendizaje, de las condiciones del sujeto que aprende y de las propias características de la disciplina que se quiere dominar (Hernández Moreno, 1994).

*"Aunque la iniciación en el deporte es posible en cualquier momento de la vida, es natural que el término haya sido empleado, prefe-

rentemente, cuando se refiere a los más jóvenes" (Ruiz Pérez y Sánchez Bañuelos, 1997), concretamente a aquellos que están en plena edad escolar (Tabernero, Márquez y Llanos, 2002). Queda asumido que el aprendizaje debe comenzar en las primeras edades (Giménez, Saénz-López e Ibáñez, 1999), en el período comprendido entre los 6-7 y los 14-15 años (González *et al.* 2009), porque tras la pubertad se incorporarían una serie de mecanismos negativos que serán difíciles de ensombrecer (Giménez, 2000). Precisar en mayor grado el instante del comienzo ya no es tan sencillo y de hecho es una asunto que *"siempre ha tendido una gran discusión"* (Castejón, 1994:140). Prueba de esta dificultad es el estudio de Silva, Fernández y Celani (2001) donde 93 entrenadores de 10 modalidades deportivas son incapaces de acordar una edad universal para el comienzo de la formación deportiva Quizás esta falta de acuerdo encuentra su explicación en la diversidad de factores que pueden condicionar la fecha de comienzo, pues parámetros como la maduración, las experiencias previas y la motivación del deportista (López y Castejón, 1997), las características del deporte (Sánchez Bañuelos, 1997; Delgado, 1994) o las exigencias de especialización y de máximo rendimiento asociadas a la disciplina (Blázquez y Batalla, 1995), pueden alimentar el debate.

Actualmente las condiciones sociales también son un elemento de influencia a la hora de determinar el comienzo de la iniciación deportiva. Romero Granados (1997) señala que no es difícil imaginar a un niño practicando deporte desde los 4-6 años porque generalmente se piensa que es lo que hay que hacer para detectar los talentos deportivos del futuro. Muchos profesionales con el anhelo de convertir a sus niños en verdaderas estrellas, les apremian para que aparezcan en el deporte cuanto antes (Pacheco, 2004).

En principio para enjuiciar si el comienzo precoz es positivo se debe analizar el tipo de práctica que acompaña a este acercamiento al deporte. Las energías deben trascender el debate cronológico para insertarse en la actuación de los responsables encargados de regularizar el proceso de aprendizaje. Todo lo que haga el aprendiz, cuánto haga y cómo lo haga son variables mucho más significativas que el tiempo absoluto que dedique a la actividad (Côte, Baker y Abernethy, 2003). Por lo tanto acertar con la selección de las tareas que inducen a una buena formación o con la utilización de unos estilos de enseñanza que desprendan verdadero potencial educativo, convertirán la etapa en productiva para los jóvenes deportistas con independencia del momento en que la practican (Blázquez, 1986; Seirul-lo, 1986).

Dejarnos llevar únicamente por la edad tiene sus riesgos. Insistimos en subrayar que el aspecto cronológico debería recibir una importancia justa. Este parámetro es una señal sensible para determinar el comienzo de un programa de aprendizaje deportivo, pero no siempre es un argumento fiable, puesto que en ocasiones no coincide con la madurez biológica del deportista (Delgado, 1994). Las cualidades asociadas a una edad en ocasiones son ficticias, ya que cada niño según su historia personal vivirá estas condiciones de una manera propia (Bini, Leroux y Cochin, 1995). El técnico deportivo debe estar muy atento a los comportamientos del aprendiz, para conocer el momento evolutivo por el que atraviesa y aplicar la pauta de acción más conveniente. Por eso Romero (1997) piensa que aunque la edad de iniciación no distará mucho de los 7-8 años se debe tener en cuenta que:

- la edad cronológica y biológica no coinciden.
- la iniciación deportiva lleva implícito un principio de especificidad que es la base de la futura especialización.
- las características del deporte pueden condicionar el momento.
- las condiciones individuales de los deportistas son un factor a considerar.

Realmente el niño está preparado para el aprendizaje deportivo desde el mismo momento en que se le facilitan actividades acordes a su nivel de realización (Blázquez y Batalla, 1995). Implicarse en la práctica deportiva no significa tener que ser instruido de inmediato en contenidos para la técnica, la táctica, la condición física o el reglamento. Estar dispuesto también denota que puede experimentar ciertos contenidos motrices que indirectamente configuran la personalidad deportiva (Velázquez, 2003). Esto nos debe hacer pensar que se debe distinguir entre la edad dedicada a la preparación general, de aquellos otros momentos que suponen el aprendizaje de las mañas concretas de un deporte.

El niño puede comenzar a prepararse para el deporte desde los 5-6, puesto que ya presenta una capacidad para el juego y la competencia en grupo, pudiendo participar en numerosas actividades de facilitación (Diem, 1979). A esta edad el futuro deportista ya tiene cierto dominio motriz, motivación para la práctica y comienza a progresar en su capacidad de aprendizaje (Meinel y Schnabel, 1988). Incluso puede afrontar la ejecución de movimientos y por tanto podrá asimilar algunas técnicas (Linaza y Maldonado, 1987; Ruiz, 1994). Otros como Martínez y Sáenz-López (2000) creen que los 6-8 años son el momento para construir la base de contenidos por medio de una intervención sobre la educación física de base. Incluso algunos como Esper (2002:55) creen que en el período comprendido entre los 7-8 y los 10-11 años es cuando se debe desarrollar en los niños una intervención *"multipropósito, la cual enriquezca su acervo motor planteándoles experiencias motrices"*.

Cuando nos referimos a una práctica concreta sobre el deporte debemos tener más paciencia. Bayer (1986) la cifra en los 11-12 años, puesto que antes de esta edad es imposible que el niño manifieste una participación consciente en los juegos deportivos. La capacidad de relación, estabilidad emocional y capacidad perceptivo-motriz necesaria para participar responsablemente en este tipo de disciplinas no estaría consolidada antes de esta edad (Díaz, Sáenz-López y Tierra (1995), provocando una versión incompleta del deporte que realizan los adultos (Le Boulch, 1991).

Giménez y Castillo (2001) creen que la fase específica puede situarse sobre los 8-10 años, aunque siempre dependiendo del trabajo motriz básico realizado hasta ese instante. Blázquez y Batalla (1995) suponen que mientras los 6 años son ideales para comenzar el ciclo general, la exclusividad no debería permitirse hasta los 9-11 años. Pintor (1988) apuesta por una formación reglada sobre los 8-10 años y Blázquez (1995) es más generoso con la formación de base y por ello no sitúa la especificidad deportiva hasta los 13-14 años.

A los 10-11 años debería comenzar la preparación en los deportes de colaboración-oposición (Feu, 2002) ya que un niño desde los 8-9 años ya tiene el desarrollo suficiente en las cualidades físicas, motrices y psíquicas para poder hacer frente a las exigencias de estas disciplinas (Martínez y Sáenz-López, 2000). Esta edad que coincide con la categoría alevín, es también para muchos autores la más apropiada para abordar el trabajo específico del fútbol (Lealli, 1994; Bini, Lenoroux y Cochin, 1995; Lapresa, Arana y Ponce de León, 1999; Mombaerts, 2000; Benedek, 2001; Pino y Cimarro, 2001; Greghaigne, 2001; Sans y Frattarola, 2001; Lago, 2002; Ardá y Casal, 2003; Romero, 2005).

En la Figura 2 podemos ver las edades de iniciación sistemática al fútbol que proponen Bompa (1988), Raya, Fradua y Pino (1993), Lealli (1994), Sobral, (1994), Wein (1995), Filin (1996), Romero (1997), Lapresa Arana y Ponce de León (1999), Benedek (2001) y Frankl (2005).

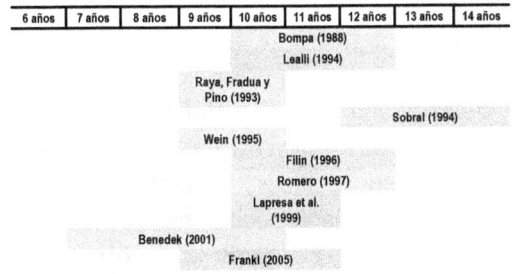

Figura 2. Edades de iniciación sistemática al fútbol.

Un comienzo precoz incidiendo en la motricidad básica está más que justificado, porque sobre estos contenidos se afianzará la posterior práctica deportiva (Diem, 1979; Pintor, 1990; Díaz, Sáenz-López y Tierra, 1995; López y Castejón, 2005), pero ser demasiado ambicioso y decantarse por aspectos específicos del deporte de forma prematura para intentar conseguir mejores niveles de rendimiento es algo que deberían plantearse los técnicos (Blázquez, 1995). La impaciencia por adelantar etapas es una estrategia peligrosa e inútil, pues el exceso de ejercicio antes de la maduración puede no producir ningún efecto en el aprendizaje (Romero Granados, 1997), quizás porque las habilidades cognitivo-motrices no se desarrollan más rápido por enseñarlas a más temprana edad (Comité on Sports Medicine and Fitness & Comité on School Health, 2001).

En la mayoría de disciplinas la edad de iniciación no es un argumento sólido para justificar la excelencia próxima (Durand, 1988), puesto que la razón para *"que un niño acabe rindiendo más o menos,* o desarrolle más o menos su potencial, no está relacionado con la premura con la que el niño se inicial en la modalidad que practican los jugadores adultos" (Martínez y Solla, 2009:155). No obstante Frade (2005, citado en Tamarit, 2006) cree que en el intento por conseguir un futbolista de élite, la cantidad de horas acumuladas son clave y por eso siempre que se produzca un trabajo sobre el balón, sobre el juego y en definitiva sobre el propio fútbol, será interesante comenzar temprano para dominar la especial exigencia del futbolista: el dominio del balón con el pie.

Sin duda dentro de las edades de iniciación deportiva, existen instantes más propicios para el aprendizaje deportivo (González et al., 2009). Por este motivo aunque descifrar una edad de comienzo puede servir de apacible orientación que asiste a la intervención, parece más sensato para incrementar las posibilidades de éxito futuro, detectar el instante de mayor inspiración del deportista, para brindar en este momento las lecciones motrices más sobresalientes. El niño debe hacer coincidir su presencia deportiva, con una serie de momentos que Durand (1988) denomina especialmente sensibles para el aprendizaje, puesto que en ellos *"el organismo es receptivo a ciertas características del ambiente"* (Blázquez y Batallá, 1995:127). Personne (2005:126) se refiere a *"la edad de oro de las adquisiciones motrices"*, que se situa sobre los 8-9 años. Meinel y Schnabel (1988:357) sin embargo creen que es un poco más tarde, a los 10-12/13 años, cuando se produce *"la mejor capacidad de aprendizaje motor durante la niñez"*. El joven aprendiz debe estar inmerso en la práctica deportiva en este preciso instante, para beneficiarse de esa especial lucidez que le permite asimilar los aspectos técnicos y tácticos con *"el mínimo esfuerzo y la máxima eficacia"* (Blázquez, 1986:37).

Para concluir este apartado queremos señalar que también es interesante conocer en que instante finaliza la formación. Este momento es difícil de advertir (Cárdenas, 2006), puesto que en realidad la formación es un proceso inacabado (Fonseca, 2006 citado en Tamarit, 2006), ya que cualquier deportista siempre debería estar en disposición de recibir alguna experiencia que mejore su rendimiento.

Blázquez (1986) y Hernández (1988) creen que la iniciación finalizará cuando el sujeto alcance los elementos motrices esenciales que exige la situación motriz deportiva, conociendo las normas y comportamientos estratégicos básicos, además de saber ejecutar técnicas, moverse en el espacio con adecuación temporal y pudiendo interpretar las comunicaciones motrices emitidas por el resto de jugadores. En definitiva, *"no consideramos a un individuo iniciado hasta que no es capaz de tener una operatividad básica, sobre el conjunto global de la actividad deportiva, en la situación de juego o competición"* (Sánchez Bañuelos, 1992:181)

I.3. FASES EN LA ETAPA DE INICIACIÓN DEL APRENDIZAJE DEPORTIVO

La mayoría de autores que se han ocupado de la enseñanza deportiva, han intentado diseccionar la vida de los sujetos en una serie de ciclos, a los que se les asignan unas obligaciones didácticas y un comportamiento motriz. Tradicionalmente el proceso de educación deportiva se ha dividido en 3 fases (González et al., 2009):

1. Fase de iniciación, familiarización, preparación, presentación global, educación de inicio o básica o cognitiva.
2. Fase de desarrollo, intermedia, formación, configuración instauración, aprendizaje específico, asociativa.
3. Fase de perfeccionamiento, entrenamiento, competición, consolidación de aprendizajes, aprendizaje especializado, final, automática.

Del análisis de las diferentes propuestas se puede observar que existen una serie de rasgos comunes a todas ellas:

- Primero se opta por el perfeccionamiento motriz básico,
- en una etapa posterior, se enseñan los fundamentos de uno o varios deportes, con especial atención sobre los movimientos técnico-tácticos de estos,
- después se intentan mecanizar los movimientos específicos, constituyendo esto la fase anterior a la especialización.

Vegas (2006) afirma que los estudios con base empírica no son demasiados, pudiéndose rescatar los realizados por Bloom (1985) o Côte (1999). Estos autores proponen tres etapas de aprendizaje (Tabla 1).

Tabla 1. Etapas de aprendizaje de Bloom (1985) y Côte (1999).

Bloom (1985)	Côte (1999)	EDADES	CARATERÍSTICAS
EDAD TEMPRANA	EDAD DE EJEMPLIFICACIÓN	6-12 años	Los chicos habrán de practicar una gran variedad de actividades y desarrollar las habilidades motrices fundamentales, tales como carrera, salto y lanzamiento. La base de esta etapa han de ser las experiencias divertidas a través del deporte.
EDAD MEDIA	EDAD DE ESPECIALIZACIÓN	13-15 años	Los chicos han de centrarse en una o dos especialidades deportivas. La diversión ha de seguir siendo el aspecto central de las experiencias deportivas. El desarrollo específico ya es una parte importante de la implicación deportiva de los chicos. Los chicos buscan actividades en las que obtengan experiencias positiva con los entrenadores, alentadas por hermanos mayores, éxito, o simplemente diversión.
EDAD TARDÍA	EDAD DE INVERSIÓN	Más de 16 años	Los aspectos estratégicos, competitivos y el desarrollo de habilidades características del deporte son los aspectos más importantes de la etapa. Se pasa de una etapa caracterizada y dominada por el juego, a unas supremacía de la práctica deliberada.

En el ámbito deportivo no existe una propuesta concreta que estipule los tiempos y fases en que debe fraccionarse el aprendizaje (Alonso y Lago, 2009). Las posibilidades son diversas, reflejando en la mayor parte de los casos limitaciones cronológicas que no deben considerarse dogmas irreductibles sino una pista dependiente de las particularidades de la muestra en cuestión. Lo verdaderamente interesante es llegar a conseguir el desarrollo de unas capacidades, con relativa independencia del momento en que se alcancen, por lo que estos períodos no deberían condicionar con rigurosidad el proceso de enseñanza-aprendizaje (Vegas, 2006). De este modo los criterios de promoción, lejos de ser únicamente cronológicos deberían basarse en aptitudes (Wein, 1995; Malina, 2001; Hayves, 2003; Alonso y Lago, 2009).

La distribución en fases no es taxativa ni exacta, más bien responde a la lógica interacción entre cada una de las etapas (Sans y Frattarola, 2009). Cada período tendrán unas características singulares según sus objetivos y contenidos, pero también con una relación positiva para que se pueda evolucionar de manera consecutiva en pos de la conquista del éxito deportivo (Ruiz y Sánchez, 1997). Las división no deben implicar la fragmentación del deporte en elementos, sino una orientación que facilite un discurrir ordenado del aprendizaje (Sánchez, Latorre y Fradua, 2001).

A continuación vamos a señalar las aportaciones más significativas. En primer lugar recurriremos a aquellas genéricas, que hablan de los escalones a recorrer dentro del aprendizaje deportivo. Después nos ocuparemos de aquellas que han construido el itinerario formativo de los futbolistas.

Comenzamos con la propuesta de Antón y López (1988) quienes dividen el período de aprendizaje deportivo en 4 fases, incluyendo un primer ciclo dedicado a los contenidos de tipo general. Estos autores no establecen una correspondencia cronológica, proponiendo únicamente la secuencia sobre la que debería articularse el proceso de enseñanza-aprendizaje (Tabla 2).

Tabla 2. Fases del aprendizaje deportivo según Antón y López (1988)

ETAPA	CARACTERÍSTICAS
CONJUNTO POTENCIAL DE HABILIDADES MOTRICES BÁSICAS GENERALES	Son los rudimentos motrices para afrontar la siguiente fase.
APRENDIZAJE	1º, conocimiento del deporte por medio de una exposición teórica de los aspectos más significativos. 2º, se utilizan juegos predeportivos, para practicar una serie de destrezas en un ambiente lúdico. 3º, se practica el deporte de manera global, con juego simplificados. 4º, se aprenden técnicas fundamentales. 5º, se aborda el dominio técnico asociado a una demarcación y a las características del sujeto que ejecuta. 6º, se empieza un trabajo colectivo, progresando en el número de componentes y en la dificultad de la actividad. 7º, la fase de juego. 8º, la competición.
FIJACIÓN Y ESTABILIZACIÓN DEL APRENDIZAJE	Se intenta formar para la participación deportiva inteligente y consciente. Sin que el deportista asimile automatismos por la vía de la repetición, se intenta que integre movimientos como resultado de la integración de estos en unos patrones motrices genéricos y con capacidad de ajustarse a las condiciones.
PERFECCIONAMIENTO	

Pintor (1990) resalta la colocación de un ciclo inaugural de preparación a la iniciación deportiva sobre los 9 años, así como la inclusión de una práctica deportiva múltiple, como apoyo al deporte de referencia que no es acometido en exclusividad hasta los momentos finales (Tabla 3).

Tabla 3. Fases del aprendizaje deportivo según Pintor (1990)

EDAD Y FASE	CARACTERÍSTICAS
9-10 años FORMACIÓN MOTRIZ BÁSICA	Es previa a la primera etapa de iniciación, y esta compuesta por actividades de educación física de base y juegos múltiples. Los objetivos fundamentales son: • Adquirir el conocimiento del propio cuerpo y su capacidad de movimiento. • Aprender las habilidades motrices básicas en la acción del propio cuerpo y en el manejo de objetos. • Desarrollar la motivación hacia la actividad física. • Favorecer el desarrollo natural de las capacidades físicas y la maduración psicológica.
9-12 años 1ª ETAPA DE INICIACIÓN	Es una fase multideportiva, construida en base a juegos múltiples y toma de contacto con variadas disciplinas deportivas. Los objetivos de referencia son: • Conocer globalmente varios deportes. • Conocer las reglas básicas. • Conocer y aplicar los principios generales y específicos que rigen los juegos deportivos colectivos de cooperación-oposición. • Participar en competiciones de forma intrascendente. • Desarrollar las cualidades físicas de forma natural. • Adquirir hábitos higiénico-deportivos.
12-14 años 2ª ETAPA DE INICIACIÓN	Aunque ahora se reduce el número de deportes practicados, la formación básica sigue siendo un referente, puesto que se pretende ampliarla y consolidarla. Los objetivos son: • Competir formalmente en dos o tres deportes complementarios y compatibles. • Adquirir las habilidades coordinativas generales y específicas de los deportes practicados. • Ampliar el conocimiento de reglas. • Adquirir nociones básicas sobre la táctica individual y colectiva. • Desarrollar las cualidades físicas acordes con la edad.
14-16 años PERFECCIONAMIENTO BÁSICO	Es una fase de especialización genérica, conformada por la práctica de un deporte de manera específica y otro de forma complementaria. Los objetivos son: • Mejorar las habilidades motrices específicas. • Iniciar la mejora generalizada de las cualidades físicas. • Mejorar la capacidad táctica individual. • Consolidar el aprendizaje de los medios colectivos básicos anteriores y aprender otros nuevos. • Perfeccionar el conocimiento de las reglas. • Iniciar el conocimiento y aplicación de nociones estratégicas individuales y colectivas.

EDAD Y FASE	CARACTERÍSTICAS
16-18 años 1ª FASE DE ESPECIALIZACIÓN	En este momento se elige un deporte para competir y otro complementario para practicar. Los objetivos marcados para esta etapa son: • Conseguir la especialización de habilidades motrices en función de las características individuales. • Incrementar la capacidad física general. • Ampliar y perfeccionar la práctica de medios colectivos básicos. • Iniciar la táctica compleja. • Profundizar en el conocimiento del reglamento. • Ampliar el conocimiento teórico de factores tácticos, estratégicos y de condición física. • Mejorar la aplicación de nociones estratégicas individuales y colectivas.

Las fases de implantación del aprendizaje deportivo que propone Lasierra (1990) son cuatro. Emplea como recepción del aprendizaje un ciclo para el dominio del balón, caracterizado por la incidencia sobre lo aspectos técnicos (Tabla 4).

Tabla 4. Fases del aprendizaje deportivo según Lasierra (1990)

ETAPA	OBJETIVOS
FASE DE RELACIÓN	• Conseguir la integración social. • Relacionar al alumno con el móvil y con el terreno. • Conseguir el respeto y el cumplimiento de las reglas de juego. • Estructura las nociones básicas de cooperación y oposición y asentar los medios básicos de colaboración y oposición.
FASE DE DESARROLLO DE LOS ELEMENTOS BÁSICOS DE LA TÁCTICA INDIVIDUAL	• Desarrollar los patrones motrices básicos para dotar de los recursos necesarios para la adaptación a las diferentes situaciones de juego. • Desarrollar cada una de las intenciones tácticas de ataque y defensa de forma inteligente. • Dotar de los recursos para actuar continuamente en todas las posibilidades de ataque y defensa.
FASE DE DESARROLLO DE LOS ELEMENTOS BÁSICOS DE LA TÁCTICA COLECTIVA	• Conocer y dominar cada una de las posibilidades de coordinación de las combinaciones tácticas. • Saber adaptar la solución más adecuada a las diversas situaciones planteadas. • Dotar de los recursos para variar las posibilidades de respuesta.
FASE DE DESARROLLO DE LOS SISTEMAS DE JUEGO.	• Organizar las acciones individuales en movimientos coordinativos de equipo. • Estructurar los movimientos básicos regulando las capacidades de decisión individuales en función del abanico de situaciones posibles.

Blázquez (1995) aplica una etapa intermedia polideportiva dedicada a los fundamentos generales técnicos y tácticos y ofrece directrices sobre el trabajo de condición física asociado a cada fase (Tabla 5).

Tabla 5. Fases del aprendizaje deportivo según Blázquez (1995)

EDAD Y DENOMINACIÓN	CARACTERÍSTICAS	OBJETIVOS
6-7 años a 9-10 años. ESTRUCTURA MOTRIZ, EXPRESIÓN MOTRIZ GENERALIZADA	Coincide con los planteamientos de la educación física escolar, por lo que la fase estará ubicada en la escuela. Sólo un mal uso provocado en este ámbito, conllevaría un complemento motriz auxiliar.	Desarrollar las capacidades motrices básicas por la ejecución de habilidades y destrezas inespecíficas. Generar una vinculación entre la experiencia poseída por el niño y las nuevas estructuras a incorporar. Diversificar al máximo la intervención. Vincular el trabajo a juegos para que la intervención este asociada con formas globales.
9-10 años a 13-14 años. TOMA DE CONTACTO CON LAS PRÁCTICAS DEPORTIVAS, INICIACIÓN DEPORTIVA GENERALIZADA	Es un momento clave. Se trata de poner al deportista en contacto con la disciplina, sin suponer una especialización, puesto que es una fase polideportiva.	Enseñar los fundamentos deportivos. Descubrir la técnica deportiva. Entrar en contacto con la táctica básica y la estrategia de juego. Evitar lo anaeróbico y la musculación. En consecuencia, favorecer lo aeróbico.
13-14 años a 16-17 años. DESARROLLO, INICIACIÓN DEPORTIVA ESPECIALIZADA	En la adolescencia se pueden atisbar las condiciones futuras y por ello se puede afrontar la especialización. Sin embargo, aún no se puede dejar de lado la formación general. El éxito inmediato está todavía ensombrecido por la preparación para el rendimiento futuro.	Introducir al joven en una especialidad deportiva que se supone será la definitiva. Preparación orgánica y funcional general que permita soportar en el futuro, las cargas de entrenamiento especializado. Entrenar la preparación física general y especial para la especialidad escogida. Desarrollar la técnica específica aplicada a la especialidad. Desarrollar la táctica especializada.
15-16 años en adelante. PERFECCIONAMIENTO, ESPECIALIZACIÓN DEPORTIVA	Abordar el entrenamiento especializado y el desarrollo de la condición física específica. Enseñar y perfeccionar todas las destrezas del deporte. Dar mayor relevancia a la competición. Conseguir la automatización. Integrarse en ámbitos apropiados.	

Díaz, Sáenz-López y Tierra (1995) fraccionan la vida deportiva del niño casi al completo. Igual que el anterior autor, consideran una fase de preparación, estableciendo a continuación los momentos por los que debería transcurrir el aprendizaje deportivo. Como novedad, estos autores presentan aquellos fines técnico-tácticos más propios de cada ciclo (Tabla 6).

Tabla 6. Fases del aprendizaje deportivo según Díaz, Sáenz-López y Tierra (1995)

EDAD Y DENOMINACIÓN	CARACTERÍSTICAS	OBJETIVO TÉCNICO-TÁCTICO
0-4 años, 1ª ETAPA DE FORMACIÓN BÁSICA	Psicomotricidad y juegos. Estructuración y génesis. Evolución muy rápida. Adquiere patrones motores básicos	Desarrollo del esquema corporal y espacio próximo
4-7 años, 2ª ETAPA DE FORMACIÓN BÁSICA	Educación física de base y juegos Habilidades perceptivas y básicas	Desarrollo de mecanismos perceptivos, propio cuerpo y entorno más amplio.
7-10 años, 1ª ETAPA DE INICIACIÓN DEPORTIVA	Juegos, predeportes y deportes reducidos Mejora de las cualidades físicas y la coordinación. Habilidades básicas aplicadas a juegos deportivos reducidos	Desarrollo de mecanismos perceptivos y toma de decisiones. Familiarización global y perceptiva con el deporte; sus medios y reglamento. Iniciación al juego colectivo y competitivo.
10-12 años, 2ª ETAPA DE INICIACIÓN DEPORTIVA	Deporte reducido y juegos. Desarrollo global de habilidades específicas. Consigue la madurez cognitiva Etapa de máxima sensibilidad de aprendizaje.	Desarrollo de mecanismos de percepción, decisión y ejecución. Desarrollo de instrumentos técnicos globales; combinaciones gestuales. Desarrollo exhaustivo de situaciones básicas: 1x1, 2x2...
12-16 años, 1ª ETAPA DE PERFECCIONAMIENTO	Deporte reducido, deporte, ejercicio y juegos competitivos. Integración de conductas. Crisis de pubertad, problemas de coordinación. Especialización en un deporte	Trabajo más específico. Pulimentar los modelos técnicos. Iniciar medios colectivos básicos. Aplicar a situación de competición. Conocer fases del juego.

EDAD Y DENOMINACIÓN	CARACTERÍSTICAS	OBJETIVO TÉCNICO-TÁCTICO
16-19 años, 2ª ETAPA DE PERFECCIONAMIENTO	Deporte, ejercicios y juegos. Amplitud de la integración de conductas. Mayor equilibrio psico-físico. Especialización dentro del deporte practicado.	Ejecución técnica especializada. Desarrollo de medios técnico-tácticos colectivos complejos. Ampliar medios a utilizar en situación real.
19- años, ETAPA DE MÁXIMAS PRESTACIONES	Deporte, juego y ejercicio. Edad variable, según especialidad deportiva. Puede derivar en deporte: elite o recreativo.	Élite: máximo rendimiento y alta especialización y ampliación de ésta. Recreación: aplicar al juego lo aprendido de forma motivante.

Díaz (1996) presenta 4 etapas para la formación del deportista. En esta periodización de la vida deportiva echamos en falta las directrices asociadas a cada una de las etapas, si bien el enunciado de cada una de las fases es relativamente elocuente (Tabla 7).

Tabla 7. Fases del aprendizaje deportivo según Díaz (1996)

ETAPA
FORMAS BÁSICAS DE MOVIMIENTO
PROCESO LÚDICO MOTRIZ
EXPERIENCIA MOTRIZ ESPECÍFICA
JUEGOS DEPORTIVOS

Oliver y Sosa (1996) construyen las fases de iniciación deportiva al balonmano estableciendo los objetivos, contendido y algo tan original como los requisitos para jugar en equipo. Este modelo es perfectamente asumible en cualquier otro deporte colectivo, para ello sólo bastaría con sustituir la referencias concretas hechas al balonmano por otras que se adaptasen mejor al deporte en cuestión (Tabla 8).

Tabla 8. Fases del aprendizaje deportivo según Oliver y Sosa (1996)

ETAPAS		OBJETIVO, CONTENDIO Y JUEGO
1ª ETAPA, INICIACIÓN ESPECÍFICA	Objetivos	Transferir motricidad general a específica de balonmano. Adquirir patrones motrices básicos de los elementos técnicos en espacios amplios, dotándolos de contenido táctico. Asimilar principios tácticos individuales junto al aprendizaje técnico. Fomentar interés y motivación hacia la práctica deportiva en tiempo de ocio. Satisfacer las necesidades lúdicas. Iniciar en espacios amplios aplicando los principios tácticos individuales en los elementos técnicos. Encadenar elementos técnicos individual y colectivamente, aplicando los principios tácticos individuales al juego real adaptado. Construir la formación táctica elemental.
	Contenidos	Capacidades perceptivo-motrices. Principios tácticos individuales, ofensivos y defensivos. Juegos. Reglas adaptadas.
	¿cómo jugar en equipo?	Fase 1 y fase 2: espacios amplios, encadenar elementos técnicos individual y colectivamente, defensas individuales, etc.
2ª ETAPA, APRENDIZAJE ESPECÍFICO	Objetivos	desarrollar motricidad específica de balonmano. Encadenamiento de elementos técnicos. Adaptar principios tácticos a espacios reducidos. Inicio a medios básicos tácticos colectivos. Consolidar sistemas ofensivos y defensivos en dos líneas. Aplicar contenidos a situaciones de juego real. Inicio a diferentes fases de juego. Fomentar actitudes de respeto, apertura y comunicación. Valorar los aspectos positivos de la práctica deportiva en equipo. Desarrollar la formación táctica ya adquirida.
	Contenidos	Capacidades perceptivo-motrices. Principios tácticos individuales ofensivos y defensivos. Medios básicos tácticos colectivos ofensivos y defensivos. Aproximación al reglamento real.
	¿cómo jugar en equipo?	Fase 3: defensa y ataque en dos líneas.

ETAPAS	OBJETIVO, CONTENDIO Y JUEGO	
3ª ETAPA, APRENDIZAJE ESPECIALIZADO	Objetivos	Adaptar los elementos técnicos y los principios tácticos individuales a los diferentes puestos específicos. Consolidar los medios básicos tácticos colectivos ofensivos y defensivos. Iniciación a sistemas ofensivos 3:3 y 2:4 y defensivos 5:1 y 6:0. Desarrollar estructuras básicas de contraatque y repliegue. Consolidar contenidos en situaciones de juego real. Fomentar actitudes de tolerancia, cooperación y superación personal. Crear hábitos de higiene y salud mediante la práctica deportiva. Desarrollar la formación táctica en puestos específicos.
	Contenidos	Capacidades perceptivo-motrices. Principios tácticos individuales. Elementos técnicos. Medios básicos tácticos colectivos. Reglas de juego sin adaptaciones.
	¿cómo jugar en equipo?	Fase 4: sistemas de juego.

Santos, Viciana y Delgado (1996) proponen un modelo de iniciación deportiva al voleibol, que puede ser trasladado a la práctica deportiva de otras modalidades. En esta propuesta quedan reflejados los procedimientos asociados a cada una de las etapas en función de los objetivos que se pretenden conseguir. Destaca el interés por los aspectos emocionales que se trazan para la primera fase (Tabla 9).

Tabla 9. Fases del aprendizaje deportivo según Santos, Viciana y Delgado (1996)

FASE	PROCEDIMIENTO	OBJETIVO	RESULTANTE
1ª, Iniciación al Juego	Juegos y competiciones variadas	Motivar. Enganchar	Desarrollo Motriz. Aprendizaje de la técnica básica.
2ª, Iniciación Técnica	Ejercicios técnico-tácticos. Juegos y competiciones	Creación de bases técnico-tácticas y físico motrices	Mejora del aspecto técnico-táctico. Desarrollo físico-motriz.
3ª, Formación	Ejercicios integrados	Desarrollo técnico-táctico	Aplicación al juego
4ª, Competición	Entrenamiento del rendimiento	Formación del jugador	Mejora en competición.

Sampedro (1999) considera tres etapas para la formación táctica en los deportes de colaboración-oposición. Aunque la planificación se ciñe a la táctica como contenido, no deja de ser importante la secuencia aportada por este autor (Tabla 10).

Tabla 10. Fases del aprendizaje deportivo según Sampedro (1999)

EDAD Y DENOMINACIÓN	CARACTERÍSTICAS
5-8 años INICIACIÓN TÁCTICA	Desarrollo del potencial general.
9-12 años DESARROLLO DE LOS APRENDIZAJES TÁCTICOS	Desarrollo de la competencia del juego adaptado, mini-deporte.
13-16 años PERFECCIONAMIENTO TÁCTICO	Tendente a la competencia motriz.

Giménez (2000) recogiendo las aportaciones de una serie de autores, señala como etapas fundamentales para la iniciación deportiva las que se observan a continuación (Tabla 11).

Tabla 11. Fases del aprendizaje deportivo según Giménez (2000)

ETAPA	CARACTERÍSTICAS
7-9 años	Fase de trabajo de habilidades básicas y genéricas previa a todo trabajo específico en un deporte determinado.
9-11 años	Trabajar las habilidades específicas más sencillas del deporte de forma polivalente, sin buscar la especialización
11-16 años	Trabajar los medios técnico-tácticos de cada deporte en diferentes etapas.
16-17 años	Buscar el desarrollo completo del jugador, sin la especialización en medios y puestos determinados.
17 años en adelante	Pretender la especialización en puestos y posiciones adecuadas para el jugador, donde sean más eficaces, trabajando de manera más específica los medios técnico-tácticos.

Este último autor, ha desarrollado también una propuesta propia, estableciendo los derroteros temporales por los que debería transcurrir la formación deportiva de los niños. Giménez (2000) establece 3 etapas, iniciación, desarrollo y perfeccionamiento, estableciendo los márgenes de acción más apropiados a cada una de ellas (Tabla 12).

Tabla 12. Fases del aprendizaje deportivo según Giménez (2000)

EDAD Y FASE	CARACTERÍSTICAS
8-12 años INICIACIÓN	• Aplicación de las habilidades genéricas en el juego deportivo. 7-9 a 9-10 años. Se pretende trabajar las habilidades básicas y genéricas, empleando como medio de motivación uno o varios deportes. • Inicio del trabajo de habilidades específicas. 9-10 a 11-12 años. Se inicide en la habilidades específicas individuales más sencillas de cada deporte. • Trabajo colectivo básico. 10-12 años. Se comienzo de manera fundamental el trabajo colectivo.
11-12 a 20-22 años DESARROLLO	• Desarrollo genérico (11-12 a 16-17 años). Se atiende de manera específica el deporte en cuestión, pero sin olvidar que todos los jugadores pasarán por todas las posiciones y puestos, mejorando las habilidades y medios técnico-tácticos sin especializarse. • Desarrollo específico (17-18 a 20-22 años). Sobre los 18 años los jugadores finalizan su formación polivalente, siendo atendidos de manera más especializada, es decir, cada uno jugará en el lugar donde es más eficaz y está más preparado para rendir.
20-22 años en adelante PERFECCIONAMIENTO	• Especialización. 22-28 años. Formación especializada, en la que el jugador se encargará de perfeccionar sus habilidades, corregir los errores y buscar alternativas complementarias a los medios técnico-tácticos ya asimilados. • Polivalencia. 28-34 años. La experiencia recaudada a los largo de los años, hace que los jugadores puedan volver a una función polivalente.

En el trabajo de formación Torres (2004) hace una distribución siguiendo 5 etapas. El autor concibe la necesidad de comenzar por una práctica motriz general y dispone como novedad la diversificación final del período en élite o recreación (Tabla 13).

Tabla 13. Fases del aprendizaje deportivo según Torres (2004)

ETAPA	EDAD
Experiencia motriz generalizada.	6-8 años
Iniciación deportiva multilateral.	8-12 años
Iniciación deportiva especializada.	12-16 años
Rendimiento: especialización	16-20 años
Rendimiento-élite-recreación.	Más de 20 años

Seirul-lo (2004) en una clasificación citada por Alonso y Lago (2009) determina que el proyecto deportivo de iniciación a la práctica en deportes de equipos se extienda a lo largo de 10-12 años, dividido en 4 fases que comienza por una práctica inespecífica y polivalente que evolucionando hacia la especificidad (Tabla 14).

Tabla 14. Fases del aprendizaje deportivo según Seirul-lo (2004)

FASES	EDAD
Fase de la práctica regular inespecíficas.	5-7 años
Fase de la formación genérica polivalente.	8-10 años
Fase de la preparación multilateral orientada.	11-13 años
Fase de la iniciación específica.	14-16 años

Hasta aquí hemos mostrado las aportaciones genéricas que se encargan de organizar el aprendizaje deportivo y ahora vamos a presentar aquellas que se ocupan de distribuir el aprendizaje del futbolista. Para elaborar el itinerario educativo del jugador de fútbol se debe tener en cuenta lo siguiente (Sans y Frattarola, 2009:388):

Las diferentes fases sensibles de los jugadores.

1. Las características físicas, fisiológicas y psicológicas de cada edad.
2. La tipología y nivel de las competiciones.
3. Los objetivos planteados según la capacidad evolutiva del jugador.
4. La progresión que debe darse desde el talento del joven jugador hasta la eficacia propia del mundo profesional.

Comenzamos con las 5 etapas de formación del futbolista que Corbeau (1990) propone en su manual de fútbol. El autor no dictamina unas edades concretas para su desarrollo, aludiendo a los atributos fundamentales que deberían consignarse a la etapa (Tabla 15).

Tabla 15. Fases en la formación del futbolista según Corbeau (1990)

ETAPA
Etapa 1. Iniciación.
Etapa 2. El balón, el adversario y yo: el enfrentamiento.
Etapa 3. El balón, el compañero, el adversario y yo: el juego entre dos.
Etapa 4: El balón, el equipo, los adversarios y yo: el juego entre tres.
Etapa 5: El balón, el equipo, los adversarios y yo: el juego entre once.

Para Lealli (1994) son 4 fases las que deben dirigir el aprendizaje del jugador de fútbol. Para ello entre los 8 y los 16 años incluye los contenidos que determinan el itinerario deportivo del futbolista (Tabla 16).

Tabla 16. Fases en la formación del futbolista según Lealli (1994).

EDAD Y FASE	CONSIDERACIONES
8-10 años. Preparación Preliminar.	Práctica multideportiva. Escasa intervención del entrenador, consejos esporádicos. Libertad para la asimilación técnica. Evitar los puestos específicos. Competición adaptada.
10-12 años. Especialización deportiva inicial.	Fase auténticamente razonadora. Sentido crítico. Aceptan el aprendizaje analítico de la técnica. Adquisición de una correcta ejecución técnica. El juego sigue siendo el medio más utilizado.
12-14 años. Especialización profundizada.	Etapa de desequilibrio emocional. La repetición sistemática, medio más idóneo.
14-16 años. Perfeccionamiento deportivo.	Técnica aplicada en conexión con los lances del juego. Incluyendo un significado táctico.

Para Wein (1995) el modelo de enseñanza debe estar dividido en 5 niveles, caracterizados por la presencia de una serie de formas didácticas que propulsarán la formación del futbolista. Como novedad, este autor señala los juegos y formas didácticas fundamentales que deben acompañar a cada período (Tabla 17).

Tabla 17. Fases en la formación del futbolista según Wein (1995).

FASE	EDAD	NIVEL	JUEGOS DE BASE
Juegos de habilidades y capacidades básicas.	A partir de los 7 años.	1er nivel de formación	Malabarismos, Conducción y persecución, Control, pase y tiro a portería, Laberintos, Juegos de entrada, Juegos polivalentes, Triatlón 2:2.
Juegos para el mini-fútbol.	A partir de los 8 años.	2º nivel de formación	Juegos de habilidades y capacidades básicas, Minifútbol 3:0, 3:1, 3:2, 4:4 (con iniciación a portero), Juegos simplificados 2:2 para corrección, Triatlón 3:3.
Juegos para el fútbol a 7	A partir de los 10 años.	3er nivel de formación	Juegos simplificados 3:3 para corrección, Juegos para minifútbol, Juegos de habilidades y capacidades básicas, Fundamental del portero, Triatlón 4:4.
Juegos para el fútbol a 8 y a 9.	A partir de los 12 años.	4º nivel de formación	Juegos para fútbol 7:7, Programas formativos para la compenetración en ataque, Juegos simplificados 4:4, 5:5 para corrección, Programas formativos para la compenetración en defensa, 8:8 en las áreas del campo de fútbol 11 o en el campo completo de fútbol 7, 9:9 en campo reglamentario con frecuentes situaciones.
Fútbol reglamentario.	A partir de los 16 años	5º nivel de formación	Entrenamientos colectivos, Entrenamiento individualizado según deficiencias del jugador o posición en el campo, Fútbol 11:11.

Romero (1997) construye una progresión basada en tres etapas que deben culminar con la práctica del fútbol de adultos. Su modelo se completa con los procedimientos didácticos más adecuados (Tabla 18).

Tabla 18. Fases en la formación del futbolista según Romero (1997).

FASE	EDAD	CARACTERÍSTICAS
Fase de preparación	8-10 años	Es la fase de los aprendizajes básicos. Esto nos llevará a mejorar las capacidades perceptivas, coordinativas y habilidades motrices básicas, creando una base de movimiento, para asentar en ella cualquier exigencia posterior. Se pretende una gran variedad de actividades motrices con un carácter lúdico. Acercamiento a las formas elementales del fútbol y de estrategias de resolución. Se va de los juegos genéricos, a los predeportivos y a los deportes reducidos.
Fase de instauración	10-12 años	Es la fase en que se utilizan los elementos fundamentales constitutivos del fútbol, a través de una enseñanza global, pero orientada hacia el aprendizaje técnico-táctico de forma concreta. Es el momento de los aprendizajes de las habilidades motrices específicas del fútbol, dada la facilidad con que el niño aprende (gran capacidad de excitabilidad nerviosa). Se deben utilizar estrategias globales con polarización de la atención y con modificación de la situación real (deporte adaptado) y resolución de problemas motores. Se realiza el trabajo grupal de cooperación y oposición. La actividad competitiva empieza a ser importante, aunque no debemos olvidar el aspecto educativo.
Fase de desarrollo	13-15 años	Pretendemos la búsqueda de hábitos y destrezas permanentes de la práctica del fútbol. Hay que realizar un desarrollo cuidadoso de la condición física y de las acciones técnico-tácticas (cambios estructurales, funcionales y psíquicos –pubertad-). Importancia de realizar un tratamiento que no rompa y desequilibre al joven. Se empieza a buscar funciones tácticas y estratégicas de ataque y defensa a escala individual y colectiva.

Los autores Garganta y Pinto (1997) realizan una distribución de etapas aludiendo a los diferentes objetivos, contenidos y medios de trabajo relacionados con cada una de ellas (Tabla 19).

Tabla 19. Fases en la formación del futbolista según Garganta y Pinto (1997).

FASE	PREPARACIÓN
Construir la relación con el balón	Ataque, del balón poseído al balón perdido. Defensa, del balón esperado al balón capturado.
Construir la presencia de las metas	Ataque, entre el juego directo y el juego indirecto. Defensa, de la defensa de la portería a la defensa del campo.
Construir la presencia del adversario	Ataque, del espacio próximo al espacio alejado. Defensa, de la pasividad a la conquista del balón; de la defensa anárquica a las tares defensivas.
Construir la presencia de los compañeros y adversarios	Ataque, del juego individual al juego combinado. Defensa, de la acción aislada a la acción en bloque; del juego aislado al juego compactado.
Desarrollar las nociones de espacio y tiempo	Ataque, una estrategia a evitar. Defensa, una estrategia de contacto.

Las fases de Lapresa, Arana y Ponce de León (1999) planifican la vida deportiva del sujeto a largo plazo. Realizan una distribución innovadora de fases, resaltando los siguientes aspectos (Tabla 20).

Tabla 20. Fases en la formación del futbolista según Lapresa et al. (1999).

ETAPA	FASE	CATEGORÍA	CARACTERÍSTICAS
INICIACIÓN	Iniciación psicomotora	Aspirante o prebenjamín	Trabajo de capacidades perceptivo-motrices que permitan al niño llegar a un conocimiento de su propio cuerpo y del entorno próximo que le rodea.
	Iniciación multilateral	Benjamín	Trabajo de habilidades básicas.
	Iniciación específica	Alevín	Adaptación a las situaciones y requisitos concretos del fútbol. Trabajo de coordinación específica de las habilidades del propio fútbol.
PREPARACIÓN	Se busca ya una especialización en los diversos aspectos concretos del fútbol. No se debe encasillar al jugador en una determinada demarcación.		
	Perfeccionamiento	Infantil	Afianzamiento de los fundamentos y acciones específicas del fútbol.
	Readaptación	Cadete	Atender al desajuste corporal por el rápido crecimiento. Comienzo de la preparación física específica.

ETAPA	FASE	CATEGORÍA	CARACTERÍSTICAS
DESARROLLO	Se busca la consecución de una alto nivel de ejecución física, técnica y táctica		
	Tecnificación	Juvenil 1er y 2º año	Se busca la eficacia en el desempeño del juego de los fundamentos físicos, técnicos y tácticos ya dominados.
TRANSICIÓN AL ALTO RENDIMEINTO	Se busca el máximo nivel de eficacia, tanto en el plano individual como colectivo.		
	Rendimiento	Juvenil 3er año	Potenciación de los recursos que permiten un óptimo rendimiento.

Benedek (2001) enuncia también cuatro etapas para el desarrollo del talento deportivo. Cabe destacar el comienzo tan prematuro que propone, asociado a la relación individual con el balón. A los 14 años parece culminarse la fase de aprendizaje deportivo para este autor (Tabla 21).

Tabla 21. Fases en la formación del futbolista según Benedek (2001).

FASE	EDAD	CARACTERÍSTICAS
De familiarización con el balón.	4-6 años	Manejo muy variado del balón de forma lúdica, Formas competitivas básicas como fomento de la motivación, Idoneidad de las actividades por parejas y juegos sencillos para estas edades.
De preparación.	7-10 años	La base del trabajo ha de seguir siendo el juego. Desarrollar los fundamentos básicos para jugar al fútbol. Agrupamientos pequeños y juegos reducidos.
De consolidación, de transmisión de los elementos básicos	10-12 años	Aprendizaje y mejora consciente de los fundamentos básicos del fútbol, asegurando un comportamiento correcto y respeto con compañeros y adversarios. Aplicar lo aprendido en la competición.
De consolidación y fin de formación base.	12-14 años.	Las características de esta fase son la formación técnico-táctica específica así como la preparación física especial básica. Perfeccionar los elementos técnicos y la aplicación de los mismos al juego. Tener presente el cambio morfológico y psicológico de esta edad.

Lago (2001) realiza una temporalización de los medios técnico-tácticos dentro del proceso de iniciación deportiva al fútbol (Tabla 22).

Tabla 22. Fases en la formación del futbolista según Lago (2001).

FASES
Construir la relación con el balón
Construir la presencia del adversario
Construir la presencia de compañeros
Construir la presencia de los compañeros y adversarios
Construir la adecuación espacio-temporal.

Alippi (2002) integra las capacidades genéricas antes de afrontar la enseñanza de los elementos fundamentales del fútbol. Además localiza cada una de las etapas en un determinado momento según unas responsabilidades curriculares que se deben conseguir (Tabla 23).

Tabla 23. Fases en la formación del futbolista según Alippi (2002).

EDAD	CONSIDERACIONES
6-8 años.	Autoconocimiento corporal y habilidades básicas
8-10 años.	Etapa de los fundamentos
10-12 años.	1ª parte, Etapa de los fundamentos
12-14 años.	2ª parte, Etapa de rendimiento y perfeccionamiento
14-16 años.	2ª Etapa de rendimiento y perfeccionamiento.
17 años en adelante	Comienzo del máximo rendimiento.

Los autores Ardá y Casal (2003) transmiten como etapas para la formación del jugador de fútbol las siguientes (Tabla 24).

Tabla 24. Fases en la formación del futbolista según Ardá y Casal (2003).

ETAPA	CARACTERÍSTICAS
Fase I. Construcción de la relación con el balón y construcción del juego colectivo básico.	Familiarización con el juego y sus fases, y especialmente con el balón. Se compite en fútbol 5.
Fase II. Construcción del juego en presencia del adversario.	Situaciones 1:1. Inicio en la elaboración del juego ofensivo. Marcaje al hombre. Se compite en fútbol 7.
Fase III. Construcción del juego en presencia de compañeros y adversarios	En defensa se pasa del marcaje al hombre a las ayudas defensivas y marcaje zonal. Situaciones 2:1, 2:2 y 3:3 en ataque. Se compite en fútbol 7

ETAPA	CARACTERÍSTICAS
Fase IV. Construcción del juego de un equipo contra el equipo contrario en el centro del juego.	Importancia del juego colectivo, de los elementos táctico-estratégicos y del sistema de juego. Se compite en fútbol 11
Fase V. De la enseñanza de la construcción del juego entre once.	El equipo es la base del juego. Circulación del balón y juego intencionado en defensa y ataque. Gestión racional del espacio defensivo y ofensivo. Se compite en fútbol 11

De las 4 fases que determina Brügemann (2004) podemos destacar el especial cuidado que en la última pone sobre la condición física. Antes de este período el interés recae sobre los otros contenidos de la formación deportiva, pretendiendo fijarlos correctamente para que luego sean potenciados por medio de los mecanismos cuantitativos del movimiento (Tabla 25).

Tabla 25. Fases en la formación del futbolista según Brügemann (2004).

EDAD Y FASE	CONSIDERACIONES
5-8 años. Formación de base.	Familiarización con la actividad.
8-12 años. Entrenamiento de base.	Tiempo para establecer normas propias de la situación mediante métodos de entrenamiento.
12-16 años. Entrenamiento de profundización I y II.	Tiempo de periodización y perfeccionamiento.
A partir de 17 años. Entrenamiento de rendimiento.	Tiempo de asentamiento y estabilización de la condición física.

Pacheco (2004) en su propuesta incorpora como novedad las fases de desarrollo asignadas a cada ciclo. Estas son una serie de sucesos asociados a la etapa que pueden observarse en el joven futbolista (Tabla 26).

Tabla 26. Fases en la formación del futbolista según Pacheco (2004).

ETAPA	EDAD	OBJETIVO	FASES DE DESARROLLO
Etapa de Iniciación Deportiva	6/10-12 años	Proporcionar una preparación motora y deportiva multilateral que servirá de base a las adquisiciones motoras específicas del fútbol.	Período de la infancia. Rápida maduración des sistema nervioso. Crecimiento reducido y aumento del peso lento.
Etapa de Orientación Deportiva.	12-14 años	Orientación inicial del joven para la práctica regular del fútbol y desarrollo de la especialidad deportiva.	Período prepuberal y puberal. Rápido desarrollo de las estructuras óseo-morfológicas y menor evolución de las estructuras orgánicas y musculares. Gran aceleración en el crecimiento ya que puede alcanzar hasta 10 centímetros por año en los niños.
Etapa de Especialización Deportiva	15-19 años	Selección final y desarrollo profundo de las capacidades motoras de rendimiento en el fútbol.	Período de adolescencia. Progresiva maduración y consolidación de todas las estructuras. Crecimiento lento de 1 a 2 centímetros por año. Aumento del peso y la masa muscular.

Fradua (2005) construye su propuesta de organización del fútbol infantil siguiendo las directrices marcadas por Garganta y Pinto (1997). El autor afirma que cada una de las etapas debe entenderse como fases que se solapan, adquiriendo una determinada importancia según la categoría de referencia (Tabla 27).

Tabla 27. Fases en la formación del futbolista según Fradua (2005).

FASE	PREPARACIÓN
Construir la relación del niño con su entorno	Motricidad
Construir la relación con el balón	Entrenamiento técnico-táctico
Construir el juego con compañeros y contra adversarios	Entrenamiento técnico-táctico grupal
Desarrollar las nociones de espacio y tiempo, en relación con el juego de equipo	Entrenamiento técnico-táctico de equipo

Sans y Frattarola (2009) dividen la vida deporte en 3 etapas fundamentales: el período formativo, el período de máximo rendimiento y el período de desentrenamiento. En la siguiente tabla aparece el "Período Formativo" por ser el más involucrado en la iniciación deportiva al fútbol. Durante esta fase se intenta formar al jugador para que pueda acceder a la fase de máximo rendimiento (Tabla 28).

Tabla 28. Fases en la formación del futbolista según Sans y Frattarola (2009).

FASE	ETAPA	EDAD/DURACIÓN	PROPÓSITOS
		PERÍODO FORMATIVO	
Fase de promoción	Etapa de familiarización	6/7 años, 2 temporadas, Pre-benjamines de 1er y 2º año.	Durante la fase se pretende iniciar al sujeto en el deporte del fútbol. La coordinación es un contenido fundamental. Durante estos años tiene lugar el proceso de selección de talentos, con el objetivo de contar con jugadores que presenten buenas capacidades para afrontar la fase de alto rendimiento deportivo. Terminada esta fase será el momento de derivar al futbolista hacia aquel ámbito más oportuno: alto rendimiento deportivo, práctica competitiva reglada o práctica lúdica.
	Etapa de Introducción	8/9 años, 2 temporadas, benjamines de 1er y 2º año.	
Fase de alto rendimiento deportivo	Etapa de iniciación	10/13 años, 4 temporadas, 2 años de alevín más 2 años de infantil.	Manejar los diferentes elementos para conseguir una formación general del futbolista.
	Etapa de tecnificación	14-16 años, 3 temporadas, cadete de 1er y 2º años y 1er año de juvenil.	Se asimilan fundamentos del juego según la demarcación y el estilo del equipo.
	Etapa de rendimiento	17-19 años, 3 temporadas, juvenil de 2º y 3er año y 1er año de senior	Se busca alcanzar la máxima eficacia individual, para lo que se necesita un comportamiento altamente positivo en la competición. Se deberán filtrar los recursos al alcance del futbolista, perfeccionando los más destacados y olvidando aquellos menos productivos.

I.4. SITUACIÓN DE LA ENSEÑANZA DEL FÚTBOL

A continuación a tratar de analizar la situación por la que atraviesa la enseñanza-entrenamiento del fútbol en la actualidad. Para ello vamos a utilizar los conocimientos acumulados en todos estos años de trabajo dentro del fútbol base, las impresiones originadas con los espontáneos encuentros con compañeros, técnicos del deporte base y todas las referencias documentales necesarias para dar intensidad al discurso. En ocasiones aparecerán referencias ligadas a la teoría general del aprendizaje en deportes colectivos, pero por lógica traslación sirven como contundente consejo para la preparación de nuestro deporte, el fútbol.

La formación del niño deportista es tan seria que no admite cualquier estrategia de intervención, sino aquella especialmente diseñada para la etapa (Hernández et al., 2000):

1. Evitar la especialización temprana.
2. Dar habilidades transferibles a los diferentes deportes.
3. Respetar con las tareas propuestas la lógica interna del deporte.
4. Plantear situaciones motrices según la acción del juego.
5. Adaptar la intervención al nivel del sujeto.
6. Asegurar que la actividad de enseñanza sea significativa y relevante.
7. Proponer actividades motivantes en consonancia con el interés del alumno.

A menudo podemos comprobar como las instituciones, padres, medios de comunicación... creen que en materia de iniciación deportiva casi todo es válido y que cuanto antes se empiece mejor (Romero, 1997). Esto ha desembocado en un escenario como el que relata Saura (1996):

1. Dar excesiva importancia al aspecto competitivo,
2. Problemas de especialización prematura,
3. Ser copia del deporte adulto,
4. No estar adaptado,
5. Excesiva importancia al aprendizaje técnico,

6. Cada vez hay más entrenadores y menos educadores como responsables del deporte escolar,
7. Modelos selectivos, solamente deporte para los mejores.

El entrenador de fútbol base

Los atributos asociados al proceso de aprendizaje deportivo han permanecido inmutables a lo largo de mucho tiempo. Esta tenacidad por dejar las cosas como están, puede ser debida a la reticencia profesional al cambio metodológico, sobre todo cuando este implica una modificación drástica de los planteamientos existentes (Lisbona et al., 2009). Así no debe sorprendernos que se produzca un aumento de las escuelas deportivas, sin que esto implique en la mayoría de los casos un cambio en las concepciones filosóficas y planteamientos que se configuran entorno al funcionamiento de las mismas (Romero, 1997).

El fútbol también ha sufrido este inmovilismo o "fuerza de la costumbre" (Pacheco, 2004:11), alimentada por la popular e incoherente creencia de que "en fútbol está todo inventado". Este conservadurismo se refuerza con la inclusión de antiguos jugadores dentro de los organigramas técnicos de los clubes. Estos nuevos entrenadores reciben un equipo como premio a su trayectoria, sin acreditar su valía como educadores de pequeños e intentan trasladar sus experiencias, programando entrenamientos que ellos habían practicado de adultos, sin recapacitar sobre su conveniencia con niños (Brüggemann, 2004), o sobre su vigencia (Castejón et al., 2003). En otras ocasiones, la rutina se acentúa porque las categorías inferiores se confían a gente joven, motivada (Tabernero, Márquez y Llanos, 2002), pero con una formación deficitaria o inexistente que debilita su compromiso con la educación integral de la persona (Águila y Casimiro, 2001).

En cualquier caso, la experiencia procedimental de unos y el entusiasmo de otros, parece conceder a estos técnicos de fútbol base el crédito suficiente para compartir importantes jornadas con un grupo de niños. Sin duda, este espíritu es tan admirable como cuestionable, porque la falta de preparación curricular que la mayoría manifiestan, tal y como reconoce la propia UEFA (2003; 2005), desembocará en la articulación de un proceso envejecido, deficitario en sus virtudes y creciente en sus defectos.

Debemos superar tiempos pasados, en los que para hacerse cargo de un equipo de fútbol bastaba con demostrar cierto empeño, tiempos en los que sobraban entrenadores y faltaban educadores (Wein, 1995) y ser conscientes de que en la actualidad el valor social del deporte reclama gran exigencia y especialización de todos los agentes involucrados en el proceso de iniciación deportiva (Sánchez, Latorre, 2003). El técnico actual para las etapas de formación no sólo necesita del conocimiento del deporte, sino que ha de manejar nociones más amplias, debido a que su responsabilidad va más allá de la práctica del fútbol, instalándose en la construcción del jugador como persona (Sánchez, 1996; Morcillo, 2003; Romero, 2005).

El trabajo de formación es una actividad de escasa repercusión social y económica, que normalmente se utiliza como paso obligado para acceder a categorías superiores (Gordillo, 1992). La mayoría de entrenadores la conciben como un trámite, invirtiendo los esfuerzos necesarios para recolectar las ventajas que le permitan subir en el escalafón deportivo. Tristemente la recaudación de méritos y su consiguiente promoción, están sujetas al número de partidos ganados, dejando de lado elementos de valoración más constructivos. Impulsado por esta dinámica y para poder progresar, el entrenador utiliza medios poco acordes con la etapa pero rentables para la proyección de su carrera. La propia configuración del sistema alienta hacia el triunfo, obviándose que más allá de las victorias, la verdadera preocupación del entrenador, debe residir en la formación propia, el conocimiento de los deportistas y de los medios a su alcance para conseguir los objetivos programados (Arias, 2008).

La mayoría de estas virtudes emergerán fácilmente en aquellos con vocación para enseñar. Esto supone que las escuelas de formación tendrían que contar con personas que aglutinen unas cualidades innatas (Ruiz Pérez, 1998). Más allá de su afición, el técnico de formación tiene que reunir como requisito la habilidad para construir programas que favorezcan el desarrollo del niño (Baker, et al., 2003). El técnico debe ser: competente, conocedor no sólo del deporte sino también de los sujetos que tiene bajo su responsabilidad, un buen relaciones públicas, un gestor humano, un operador de materiales (Tabernero, Márquez y Llanos, 2002) y finalmente un administrador de emociones propias y ajenas, con el fin de equilibrar un proceso tan intenso como gratificante.

Parece evidente que sin la preparación y el consejo necesario, no es sencillo albergar estas condiciones. Por tanto, los encargados de las escuelas deportivas deben ser verdaderos especialistas, formados para comprender y actuar según las demandas de los sujetos protagonistas de la intervención (Arriscado y Dalmau, 2009; Sans y Frattarola, 2009).

La victoria en el fútbol base

La improvisación con la que muchos técnicos afrontaban la dirección de la carrera deportiva de los niños ha sido un aspecto que dañaba intensamente el proceso de iniciación. Quizás debido a su desconocimiento curricular, la etapa discurría a diario por el sendero de la espontaneidad.

Por una parte el proceso de enseñanza-aprendizaje no puede ser una situación sin orden ni método, sino un engranaje correctamente organizado para conseguir la mejora de los medios individuales (Águila y Casimiro, 2000). Es imprescindible tener una guía que pueda ordenar el proceso y darle la seriedad y previsión merecida (Giménez, 2000; Sánchez Latorre, y Fradua, 2001).

La otra perspectiva que caracteriza a los programas de entrenamiento, es la paciencia sobre la que deben organizarse, porque el niño fracasará siempre que sea sometido a una intervención que no se aplique de forma progresiva y sosegada (Wein, 1995). Ninguno de los agentes de los que depende la organización del período de enseñanza-aprendizaje debe tener prisa, pues para conseguir un deportista hay que llevar a cabo una planificación a largo plazo (Ruiz y Sánchez, 1997).

Esta tranquilidad es posible cuando se tiene la convicción de que el objetivo de la iniciación no es conseguir resultados al instante (Silva, Fernándes y Celan, 2001), pero dentro del deporte base no es fácil mantener esta idea puesto que la dinámica social prescrita provoca que el marcador sea un factor de importancia ineludible (Seirullo, 1998). El técnico debe saber que merece la pena resistir al impulso popular y no preocuparse si su deportista no gana, ya que los mejores seniors serán los que tengan la suerte de pasar por desconocidos deportistas jóvenes. Con independencia del deporte, aquellos que prometen al principio no serán campeones adultos casi con seguridad (Personne, 2005). Evidentemente con esto no queremos decir que se deba despreciar la idea de luchar y hacer el máximo esfuerzo por ganar, pero los niños no deben tener como único objetivo el éxito en el partido (Pacheco, 2004), pues el enfoque selectivo de rendimiento competitivo se debe evitar en el primer contacto con el deporte (Vázquez, 1992).

La clave está en dar valor al proceso por encima de los productos que lo configuran, pues como entrenadores nos enfrentamos a un camino en continua urbanización, sensible a incesantes contingencias que deberían atraer nuestra atención por encima de rendimientos competitivos ocasionales. Los goles conseguidos en la mañana de un sábado cualquiera no pueden condicionar ningún planteamiento, ya que con este pensamiento no podremos dar prioridad a los aspectos lúdicos (Torres, 2005) que relativizan el significado de la victoria y la derrota, sin interferir en el fortalecimiento de valores como el esfuerzo y la dedicación (Lyón, 2006).

Realmente existe una iniciación deportiva sin victorias, pero no la concibimos sin la deportividad, entusiasmo, respeto... Incluso también se puede entender como un vertiente únicamente recreativa, en la que un niño quiera únicamente sentir la pasión del movimiento, la satisfacción de formar parte de un colectivo o la agradable sensación de experimentar nuevas experiencias. En cualquier caso hay que respetar "que los niños... lleguen en su práctica hasta donde ellos quieran... ya sea para reunirse con amigos que comparten un mismo interés por el deporte elegido, ya sea para expresarse al más alto nivel de la élite nacional" (Bambuck, 1988, citado por Personne, 2005:132).

En definitiva, más allá de cualquier marcador, la victoria se consigue cuando un futbolista cree en lo que hace, le convence hasta el punto de que no quiere renunciar a seguir creyendo y le divierte hasta el extremo de no poder resistirse a intentarlo una vez más. En este caso habremos conseguido el éxito más rotundo de todos aquellos que podrían alcanzarse dentro del fútbol base.

El entrenamiento debe respetar las condiciones del fútbol

Como insistiremos más adelante, la ordenación pedagógica más empleada en el ciclo deportivo inicial, fue configurada sobre la base de las doctrinas afloradas de la revolución industrial (Mercé, 2008). Los principios de esta etapa histórica percutieron sobre las estrategias de formación deportiva construyendo una fase con inconfundibles detalles, organizados bajo el prisma del modelo técnico y la formación atlética.

A través del análisis de numerosos estudios, se puede comprobar como estos métodos tradicionales han predominado dentro de la formación deportiva con independencia de las condiciones de aplicación o de sus objetivos (Méndez, 2009). Durante mucho tiempo los técnicos han recurrido a estos planteamientos sin pararse a valorar su idoneidad.

Con el tiempo los investigadores del campo de las ciencias del deporte comenzaron a rastrear planteamientos diferentes (López y Castejón, 2005) y los últimos años han sido testigos de un cambio en la concepción del desarrollo motor, donde el interés por el producto deja paso a una mayor atención sobre la comprensión de los procesos y cuestiona la repetición mecánica como argumento para la adquisición de habilidades deportivas (Ruiz Pérez, 2001).

Tomando como referencia el contenido (Alonso y Lago, 2009), se empieza a ser consciente de la necesidad de construir programas de aprendizaje subordinados a elementos de cardinal importancia para la configuración del proceso de entrenamiento (Blázquez, 1995; Hernández et al., 2000; 2001):

1. Los objetivos a conseguir.
2. El sujeto que aprende.
3. La estructura del deporte.
4. La metodología.

Cada disciplina mantiene una originalidad manifestada en unos comportamientos y unas conductas motrices diferentes según su estructura funcional (Blázquez, 1995). Estas disposiciones únicas de cada modalidad merecen que sean consideradas de manera específica a la hora de plantear el entrenamiento deportivo (Hernández, 1994). Por ello Juan de Dios Román en el prólogo de la obra de Sampedro

(1999) menciona la necesidad de contar con una metodología propia de cada deporte, que permita circular por senderos ajenos a la neutralidad, en base a la incorporación de principios de acción para las modalidades individuales, para las de adversario y para las colectivas (López y Castejón, 2002).

El entrenamiento específico por especialidades recomendaba para los deportes de equipo entre los que se incluye el fútbol, prescindir de las mediaciones más directivas e incorporar las que implican al jugador con el propósito de soliviantar su inteligencia, creatividad y personalidad (Águila y Casimiro, 2000). Esto supone una apuesta por los métodos que conllevan una implicación cognitiva del deportista (Arriscado y Dalmau, 2009), pero sin olvidar otras opciones metodológicas. En el nuevo panorama de formación deportiva deben convivir de manera cordial las diferentes estratégicas pedagógicas (Castejón, 2005) ya que *"no existe un único método de aprender un deporte ni de entrenarlo"* (Espar y Gerona, 2004:23). Aunque lo nuevos métodos de enseñanza que respetan las condiciones del deporte parecen los más acertados, volver a radicalizar las postura sobre una maniobra didáctica no tiene mucho sentido (Ticó, 2002) ya que *"no hay un método capaz de hacer frente a todos los tipos y estilos de aprendizaje"* (Joyce y Weil, 1985, citados por Cavalli, 2008:33) y por eso es mejor combinar lo positivo de cada modelo (Cox, 1986; Metzlez, 1986; Werner, 1989).

El futbolista, agente cardinal del proceso.

Como hemos comprobado en la realidad de muchos entrenamientos se ha identificado al futbolista con un atleta y ahora vamos a comprobar que en muchas ocasiones la práctica adulta se ha derivado al contexto deportivo infantil.

La iniciación deportiva clásica se ha desarrollado sin tener en cuenta factores tan significativos como la edad de los deportistas. Los principios del entrenamiento se aplicaban a la luz de los dictámenes de la práctica adulta de élite, cometiéndose un gravísimo error, puesto que las condiciones del aprendiz deben ser un factor suficientemente significativo para regular el proceso de preparación (Alonso y Lago, 2009; Martínez y Solla, 2009)

Muchos entrenadores que acudían a sacar el título de técnico de fútbol, en las aulas de la Escuela de Entrenadores de Castilla y León, admitían que habitualmente aplicaban con sus jóvenes pupilos sistemas y tareas de entrenamiento que observaban en equipos profesionales de élite. Ante tal panorama, uno de los grandes problemas del fútbol base reside en la inadaptación, materializada en estrategias en las que se copian parámetros de la práctica adulta y se aplican al niño (Lealli, 1994; Albert y Brüggemann, 1996; Lapresa, Arana y Ponce, 1999; Pacheco, 2004; Arana, et al, 2004; Romero, 2005).

El talante pedagógico actual, considera que la preparación del joven jugador que imita a la del experto futbolista es una incoherencia que resta virtudes al deporte como fenómeno educativo, puesto que las ventajas de esta actividad no se consiguen por el simple hecho de practicarla, sino que brotan cuando el niño practica en un contexto confortable para sus intereses (Lapresa, Arana y Garzón, 2006).

Los planteamientos deben responder a las necesidades del joven deportista (Arias, 2008), con las modificaciones ineludibles para diferenciarlos de la práctica de alto rendimiento y consecuentemente ubicarlos en la dinámica psíquica, física y motriz del niño (Martin, Nicolaus, Ostrowski y Rost, 2004). En definitiva, configurar *"modelos de formación propios, con programas adecuados, que contribuyan a un mejor aprendizaje del juego, respeten las diferentes fases de desarrollo de los jóvenes y sirvan de guía para los entrenadores"* (Pacheco, 2004:13).

Esta adaptación en términos de verticalidad debe combinarse con el ajuste horizontal. Es decir, un niño que se acerca al deporte lo hace con una historia propia, sin ser una página en blanco, por lo que habrá que construir una intervención que parta y aproveche los elementos presentes en cada sujeto (Ruiz y Sánchez, 1997). Sin conciliamos ambas, podremos convertir el fútbol base en un período donde el sujeto evoluciona a su ritmo, descubriendo sus intereses y disfrutando con lo que hace para mejorar las destrezas cognitivo-motrices (Ginsburg, 2007).

Los escenarios de aprendizaje en fútbol base

Partiendo de las peculiaridades de un deporte como el fútbol y a la luz de lo que demandan los sujetos implicados en el asunto, la senda curricular sobre la que debería transcurrir la preparación deportiva inicial tendría que trazarse desde la diversidad, mutabilidad, conflictividad y mediación y no como se ha hecho en gran parte del tiempo, es decir sobre la monotonía, inmovilidad, previsibilidad y modelación.

Ruiz (1998) relata que este aprendizaje deportivo usualmente poco dinámico, fue alterado por los postulados de Schmidt (1975) y su *"Hipótesis de la variabilidad al practicar"*, que señalaba las bondades de la práctica variable y abundante para mejorar en el aprendizaje motor infantil. Aunque ya decimos que históricamente el escenario consignado al aprendizaje deportivo no ha gozado de este carisma, su capacidad de ajuste le ha permitido ir evolucionando hacia lo heterogéneo, problemático, versátil y participativo.

Al contrario de lo que ha ocurrido en gran parte del tiempo, actualmente parece indiscutible que la iniciación deportiva debe materializarse a través de un ambiente diversificado, con numerosas situaciones al alcance del practicante (Durand, 1988) ya que *"enriquecer y ofrecer experiencias múltiples y variables a los niños de edades infantiles, es el procedimiento más adecuado de enseñanza de cualquier habilidad motriz"* (Ruiz, 1995:27) y nos permite obtener deportistas:

1. Con una amplia base motriz sobre la que construir progresivamente su especialización deportiva (Sánchez, 1986; Ruiz, 1994a).
2. Que valoran la necesidad de conocer distintos patrones de movimiento (Castejón, 1995).
3. Que mejoran su capacidad de decisión (Cavalli, 2008).
4. Que aumentan su motivación (Ruiz Pérez, 1995; 1998).

La intervención original es beneficiosa para el deportista y necesaria en un deporte construido en base a escenarios heterogéneos que obligan al sujeto a solucionar situaciones imprevistas (Ruiz, 1995; 1998). Esta práctica puede conseguirse mediante modelos de entrenamiento horizontales, que tengan en cuenta el deporte al completo y utilicen una estrategia en la práctica global. Pero la realidad es que por ejemplo, el planteamiento de enseñanza horizontal no ha sido empleado en nuestras escuelas deportivas porque cuando se utilizan varias disciplinas el progreso es más lento y los clubes, impulsados por las federaciones, han preferido centrarse en un solo deporte para conseguir una buena dosis de aprendizaje específico en los niños (Rodríguez, Calvo y Chacón, 2000). Sin embargo en determinados contextos puede ser más conveniente optar por otras estrategias polideportivas que enriquezcan las posibilidades de acción (Castejón, 1994) y por eso muchos de los itinerarios de formación deportiva actuales van siendo perfectamente conscientes de las ventajas de los planteamientos multideportivos asumiendo que *"la especialización respecto a una actividad sólo debería comenzarse tras un período de varios años en el que el desarrollo psicomotor haya estado protegido y favorecido por la participación en actividades variadas y complementarias"* (Villiumey en el prólogo de la obra de Personne, 2005:16).

Lo mejor sería incluir en los entrenamientos aspectos compartidos por una serie de modalidades afines (González et al., 2009), de forma que las condiciones que precedan al aprendizaje deportivo especializado estén cargadas de múltiples experiencias, construidas por la participación en movimientos y vivencias variadas y satisfactorias que desemboquen en la consecución de un repertorio motriz amplio (Durand, 1988; Pintor, 1988; Ruiz, 1996) puesto que:

1. Aunque en el futbolista la mayor implicación reside en el tren inferior, no debemos descuidar el resto de estructuras ante la posibilidad de que las condiciones morfológicas futuras provoquen un cambio de planes. Las potenciales cualidades de un niño no son totalmente predecibles. El bajito y endeble puede dejar de serlo en el futuro, y como consecuencia sus aptitudes pueden derivarse sorprendentemente hacia otra disciplina. Así evitamos encasillar al niño en base a ciertas características que pueden no confirmarse en el futuro.
2. Las mismas preferencias personales de los niños pueden sufrir cambios, y la institución deportiva debe estar preparada para dar a sus deportistas una amplia oferta de posibilidades de participación. Ante la diversidad de alternativas no se debería obligar al niño a elegir una modalidad antes de experi-

mentar las opciones que tiene a su alcance (Águila y Casimiro, 2001).
3. La utilización de entrenamientos multideportivos supone una buena manera de mejorar la personalidad motriz del deportista. Se trataría de ir perfeccionando progresivamente un deporte mientras se va tomando contacto con algunos otros (Ruiz y Sánchez, 1997; Giménez, 2000). Es posible que el conocimiento de un deporte pueda estar espoleado por la participación previa en otras modalidades que en un determinado momento comparten protagonismo en la vida deportiva del niño.

En la etapa de perfeccionamiento, también se debe mantener la variabilidad en el entrenamiento, lo que sucede es que en este período las actividades polideportivas se utilizan con carácter recreativo y la diversidad en el aprendizaje se consigue con propuestas que enfocadas a la técnica, la táctica y la condición física de forma integrada. Sin embargo, durante mucho tiempo el entrenamiento no ha respetado el deporte por completo y aunque el capricho por los ejercicios técnicos haya ido quedando para contextos poco documentados (González et al., 2009), antiguamente se pensaba que la mejor manera de progresar en un modalidad de equipo era dominando las habilidades técnicas (Hernández, 1994). Esta creencia provocó que los elementos vinculados al ámbito cognitivo no tuvieran espacio dentro de las sesiones de entrenamiento (Espar, 1989; Sans y Frattarola, 2009), que el placer por el juego fuera sustituido por la instrucción (Blázquez, 1986) y que el contexto deportivo no ofreciese al niño la experiencias necesarias para crecer como futbolista, pues sólo aprendía una parte del juego.

El entrenador ha diseccionado el deporte obteniendo una larga lista de registros que el jugador debería dominar para aprender a jugar al fútbol. Este procedimiento ha empobrecido las posibilidades del deportista porque su alcance es muy limitado. Es inútil pensar que así un jugador pueda llegar a experimentar de manera programada todas y cada de las posibilidades que ofrece una disciplina de equipo. Esto *"implicaría que el sujeto necesita una estructura memorística inmensa, además de un necesario tiempo de práctica para aprender todos los programas, insuficiente a todas luces"* (Castejón, 2004a:80).

Si un niño tuviese que aprender el repertorio técnico de un deporte en todas las formas, variantes y combinaciones que se dan en competición y quisiésemos enseñarlo fuera de la situación real, además de llevarnos un tiempo incalculable, también requeriría un esfuerzo extra para su contextualización (Castejón et al., 2003). La costumbre de utilizar tareas externas al fútbol también ha caracterizado el escenario de entrenamiento en nuestro deporte. Esta maniobra no era estimulante puesto que el repertorio de ejercicios utilizado era reducido, los mecanismos de imitación estaban muy presentes y las condiciones de ejecución eran imperturbables.

Un deporte donde abunda la inestabilidad de comportamientos, demanda que el marco de aprendizaje no sea siempre el mismo (Seirul-lo, 1999). El entrenamiento debe construirse a través de suficientes tareas, para incrementar el repertorio motriz (Castejón y López, 2002) y poder influir en la mayoría de registros observados en la competición.

En el período de iniciación deben predominar los contenidos procedimentales. En ocasiones los entrenadores creían poder transmitir ciertos contenidos con la simple transmisión verbal de ideas. La verbalización de lo que parece correcto no necesariamente tiene que traducirse en una ejecución positiva por parte del aprendiz, por lo que el entrenador debe promover la actividad personal del sujeto que aprende (Bonnet, 1983). Es necesario actuar ya que según Espar y Gerona (2004:12) *"los jugadores pueden aprender porque hablemos con ellos y les expliquemos las cosas, pueden aprender viendo como otros jugadores o ellos mismos, realizan una determinada acción. Pero sobre todo los jugadores aprenden cuando son ellos los que hacen las cosas".*

Cuando el entrenador impulsaba la acción del jugador, ésta era sometida a la imitación de imágenes (Blázquez, 1995), sin percibir que la reproducción de movimientos no parece ser una estrategia demasiado útil en un deporte donde no se dan nunca dos situaciones idénticas. Tendrá mucho más sentido fomentar la adaptación que la automatización (Blázquez, 1995; Contreras, 1998; Castejón, 2005), por eso *"el entrenador (...) debe permitir al practicante construir su fútbol situando la práctica en el campo de juego sobre bases creativas, que dejen jugar plenamente la autonomía, la toma de iniciativas y la aceptación de responsabilidades"* (Mombaerts, 1996:16). La idea sería construir un repertorio motriz sensible a diferentes situaciones (Antón, 1990), que el jugador gestione personalmente para adaptarlo a las acontecimientos. De este modo conseguiremos gestos individuales materializados en "acciones inteligentes con un alto contenido decisional" (Águila y Casimiro, 2001:40). Lo importante no es dominar respuestas concretas (Schmidt, 1988 en Castejón, 1995), sino un programa motriz que *"no tiene todos los matices de la habilidad motriz necesaria en cada contexto, pero si una base general que necesitará cierta depuración atendiendo a las demandas específicas que concurran"* (Castejón, 2004:80).

Esto nos dirige hacia la noción de especificidad, puesto que lo más conveniente es utilizar actividades que exijan la superación de obstáculos similares a los que provoca la competición (Giménez, 2000). También implica la utilización de escenarios construidos en base al conflicto motriz, ya que el jugador en la realidad del deporte va a enfrentarse continuamente a problemas que debe resolver tomando decisiones y aplicando diferentes estrategias (León y Rodríguez, 2005). Por eso los contextos de aprendizaje debe admitir la perturbación para trasladar el interés hacia los aspectos cognitivos (Lisbona et al., 2009).

Frente a la costumbre de practicar habilidades motrices sin oposición (Ruiz, 1994a) el ambiente de aprendizaje no puede construirse sin la presencia de adversarios puesto que este elemento es el alma del juego (Garganta, 2002). Cuando existen relaciones de oposición el jugador puede mejorar su participación en términos de ejecución y también de interpretación, puesto que gracias a la realidad simulada, podrá comprender las condiciones en que tiene que utilizar cada recurso (Castejón, 2003). Esto es muy importante, ya que los gestos deportivos practicados fuera de contexto no podrán aplicarse con garantías en una situación de juego (Bunker y Thorpe, 1982) pues al existir diferencia entre el marco de aprendizaje y el espacio deportivo real, el niño encuentra verdaderas dificultades para trasladarlos de un contexto a otro (Jiménez, 2001).

Todo esto nos lleva a la inclusión de los juegos de cooperación-oposición como actividad dominante dentro de las sesiones (Espar, 1989). A pesar de que durante algún tiempo los escenarios de iniciación no prestaron interés suficiente por el juego, debido a que no se le atribuían suficientes posibilidades educativas, en la actualidad no se concibe esta etapa sin la presencia de este tipo de tareas, por lo que se debe incluir desde los momentos iniciales del aprendizaje sin ningún temor a que el niño no este preparado técnica o físicamente para jugar al fútbol.

En definitiva, lo más deseable en el aprendizaje del fútbol es asegurar la participación y las experiencias originales, con un deportista que tenga la mayor cantidad de práctica posible (Castejón, 1995; Antón y Dolado, 1997), por medio de formas jugadas donde motivación y aprendizaje estén en sintonía (Giménez y Saénz-López, 1997). Sin discriminar (Giménez y Saénz-López, 2000), permitiendo la máxima inclusión y presencia de los niños para favorecer la progresión de los talentosos y garantizar la adhesión de todos al deporte (Blázquez, 1995a), a través de una metodología y unos objetivos propios de la edad (Giménez y Saénz-López, 1997). Las virtudes de la práctica variable se consiguen desde un diseño racional y equilibrado (Oliveira, 2001), donde la disparidad de experiencias esté asegurada como estimulo para la transferencia (Landin y Hebert, 1997). Esta posibilidad es interesantísima en el marco de las disciplinas colectivas, puesto que se relaciona con el aprendizaje significativo de destrezas, básico en todas las modalidades que se suceden en un contexto cambiante que exige respuestas ante estímulos impredecibles (Hynes, 2002).

I.5. EL FÚTBOL COMO INSTRUMENTO AL SERVICIO DE LA EDUCACIÓN INTEGRAL.

El deporte es una actividad que no deja impasible a nadie. De la misma manera que es repudiado por algunos, otras voces aclaman sus bondades como estrategia didáctica. Así se han configurado escenarios donde convivían los que disertaban sobre la excepcionalidad del deporte como instrumento pedagógico de alto alcance y quienes lo observaban como un recurso de difícil integración en programas educativos (Águila y Casimiro, 2000). La razón de tal disonancia no debemos buscarla en la disciplina, pues esta es aséptica, neutral. La mayoría de especialistas creen que el deporte es un agente neutro en la formación (Lapresa,et al.,2006), que se torna positivo o nocivo según el uso que se haga de él (Castejón, 1995). De esta forma *"puede desarrollar tanto el espíritu de equipo como engendrar el espíritu individualista, educar respecto a al norma como el sentido de la trampa"* (Blázquez, 1986:16). Aunque *"mal utilizado puede desarrollarse de forma competitiva, injusta, poco participativa, egocéntrica, en definitiva, inadecuada"* (Díaz, et al., 1995:19), también es cierto que sus grandes valedores suelen adjudicarle una gran variedad de valores morales y sociales, desde el "fair-play" hasta la cooperación, la ayuda mutua o la identificación con las normas (Torres, 2005).

Por lo tanto para destacar los valores educativos el deporte debe asegurarse una intervención que pretenda lo siguiente (Feu, 2000):

1. Fomentar la autonomía personal.
2. No discriminar y permitir la participación de todos.
3. Enseñar a ocupar el tiempo de ocio con actividades físico deportivas.
4. Ofrecer diversión y placer en la práctica.
5. Utilizar una competición enfocada al proceso.
6. Favorecer la comunicación, expresión y creatividad.
7. Establecer hábitos saludables de práctica deportiva.
8. Enseñar a valorar y respetar las propias capacidades y las de los demás.
9. Mejorar la condición física y las habilidades motrices básicas y específicas.
10. Permitir la reflexión y la toma de decisiones.

El respeto por estas condiciones permitirá obtener una actividad deportiva de alcance positivo convertida en (Blázquez, 1995):

1. Un proceso socializador.
2. Un proceso de enseñanza-aprendizaje progresivo y optimizador para conseguir la máxima competencia en los sujetos.
3. Un proceso de adquisición de capacidades, habilidades y destrezas, conocimientos y actitudes para manejarse correctamente en una o varias disciplinas deportivas.
4. Un proceso de experimentación.

El comportamiento de los adultos implicados tiene mucho que ver en la confección de la actividad (Cruz, Boixados, Torregrosa y Mimbrero, 1996) puesto que son los propios técnicos deportivos quienes en última instancia pueden decidir sus connotaciones (Gutiérrez, 1998; Giménez, 2000). Lapresa et al. (1999) afirman que los entrenadores podrán optar por dos alternativas (Tabla 29), siendo la orientación formativa la que muestra mayor sensibilidad con la educación.

Tabla 29. Orientaciones de la actividad deportiva en la etapa de iniciación según Lapresa, Arana y Ponce de León (1999)

LA ORIENTACIÓN FORMATIVA:	LA ORIENTACIÓN AL RESULTADO:
Busca potenciar el desarrollo del niño a nivel físico-motor, psicológico y social. Bajo esta perspectiva la competición es un instrumento a través del cual cada uno se supera a sí mismo (más que al adversario), configurándose un "Deporte para Crecer".	Persigue la victoria por encima de cualquier otro objetivo formativo. Responde a intereses y prestigio de clubes, colegios y asociaciones. Convierte a la competición deportiva en un práctica elitista y selectiva, para la que tan sólo son aptos los mejores. De esta forma se aleja al niño menos competente de los beneficios que pudiera aportarle una práctica orientada a la formación. Se configura un "Deporte para Vencer".

Para poder percibir la orientación que cada contexto reclama y ser capaz de gobernarla con maestría es necesario contar con un instructor que incorpore los atributos pedagógicos suficientes. Pero nos tememos que esto no ocurre con el amante del fútbol que se deja llevar por su afición para encargarse de un grupo de chavales, convencido de que su habilidad y gusto por el deporte son cualidades suficientes para encauzar la vida deportiva de esos jóvenes. No se puede dejar el fútbol en manos de estos entusiastas porque a menudo canalizan su estilo sobre el resultado, exprimen al deportista y no son capaces de percibir que existen otras preocupaciones más trascendentales para la trayectoria deportiva de sus pupilos, por lo que desprecian el valor pedagógico nuestro deporte (Pacheco, 2004). El perfil de la persona que desarrolla la formación deportiva infantil, debe ser similar al de un maestro, con clara formación técnica, psicopedagógica y un estilo no vinculado a posturas selectivas y excesivamente competitivas (Castejón, 2003). Si no se cumplen estas premisas, el proceso de iniciación deportiva dejará de ser considerado como tal, por no incorporar algunos de los rasgos que necesariamente deben acompañarle (Amador, 1993 citado por Blázquez, 1995).

Pero el fútbol infantil educativo no depende únicamente de la estrategia del técnico correspondiente. La marca social tiene mucho que decir, porque influye en gran parte de los indicadores que acompañan a la actividad. El fútbol, un deporte que en la actualidad adquiere dimensiones planetarias (Casaís, 2009), es continuamente enjuiciado por los planteamientos competitivos y selectivos que utilizan los medios de comunicación para mostrarlo a la sociedad (Contreras, 1996). Esto hace que paradójicamente nos encontremos con actividades que aún siendo fenómenos socio-culturales sin discusión, encuentran dificultades para consolidarse como estrategia formativa (Águila y Casimiro, 2000).

La búsqueda del resultado, la comercialización o el doping, elementos todos ellos inherentes al deporte profesional, no contribuyen a convertirlo en educativo durante el período infantil (Sáenz-López y Giménez, 1997). El deporte espectáculo, profesional y deshumanizado, se presenta a los futuros deportistas como una actividad sin sustrato, sin embargo darle la espalda sería despreciar una actividad cultural universal (Águila y Casimiro, 2001), en el caso de los juegos deportivos de gran popularidad (Garganta, 1997) y con un impacto en la sociedad que hace que merezca la pena un esfuerzo por acercarlo a los niños (Castejón y López, 2004) a través de modelos de formación adecuados (Castejón, 2003; Pacheco, 2004). Cuando se analiza cada disciplina y se prescinde de lo transgresor, de aquello que no es educativo podemos poner al alcance de los más pequeños una actividad que les permite (Torres, 2005):

1. Aprender a valorar el trabajo en equipo.
2. Percibir que hacer deporte "hace bien".
3. Estimular la capacidad de lucha, el esfuerzo de sobreponerse a situaciones adversas que enseña el deporte.
4. Reforzar el aprendizaje de reglas, el poder aceptar un reglamento, el "fair play" son aprendizajes muy importantes para poder incorporarse en el futuro a la sociedad.
5. Descubrir que el deporte quita del tabaco, aleja de las drogas.
6. Asumir que el deporte mejora los aspectos de socialización, de poder integrarse a un grupo social.

Un deporte con las condiciones adecuadas es imprescindible para el desarrollo de los niños, puesto que colabora en la optimización del bienestar cognoscitivo, físico, social y emocional (Ginsburg,

2007). El plano social es especialmente significativo en el marco de las modalidades de equipo, ya que los niños a la vez que aprenden pueden relacionarse con más compañeros (González, 1996; Giménez y Sáenz-López, 1997). El deporte infantil no deja de ser un fenómeno positivo porque (Águila y Casimiro, 2001):

1. Permite educar para la salud.
2. Es una fuente de motivación, que permiten la participación lúdica, contribuyendo a establecer la práctica física como una actividad habitual en la vida de la persona.
3. Los juegos deportivos inciden en la cooperación por encima de la rivalidad.
4. Pueden estimularse los aspectos relacionados con la expresión y comunicación corporal.

Ante un buen uso, el deporte nunca podrá ser acusado de no servir como medio que fomenta la recreación, la salud o la educación (Díaz, 1995). En este sentido sería muy acertado conseguir que las actividades deportivas que se desarrollaran fuera de la escuela guardasen cierta similitud con los planteamientos propios del área de educación física (Águila y Casimiro, 2001). Fraile (1997), Contreras (1998) y Castejón y López (2004) también señalan algunas condiciones que debería reunir la intervención que desee estimular los valores educativos del deporte (Tabla 30).

Tabla 30. Requisitos del deporte educativo.

Fraile (1997)
1. Desarrollar conductas saludables y hábitos higiénicos.
2. Relacionarse con la formación en valores y actitudes positivas vinculadas con la práctica deportiva.
3. Adoptar una actitud crítica ante el consumo de los escolares.
4. Diseñar metas y objetivos coincidentes y complementarios con los de la educación física escolar.
5. Contribuir a la formación integral.
6. Mejorar las habilidades motrices y capacidades perceptivas. Trabajar de forma polivalente para evitar la especialización prematura.
7. Primar la cooperación por encima de la competición.
8. Actuar como educadores.
Contreras (1998)
1. Que se observen situaciones de cooperación, participación, actividades multifuncionales...
2. Que se utilicen problemas motrices.
3. Que se asegure una aplicación adecuada de habilidades motrices.
Castejón y López (2004)
1. Construir aprendizajes significativos: la funcionalidad precisa comprender la lógica interna del juego. Para ello hay que exponer los principios tácticos fundamentales para asimilarlos y transferirlos a la práctica. Es necesario partir de la totalidad y no de esquemas parciales.
2. Zona de desarrollo próximo: la intervención debe considerar los aprendizajes previos del sujeto. Se priorizarán las habilidades clave que pueden transferirse a otros juegos deportivos. Se huirá de la especialización en cuanto que se pretende un bagaje motor amplio.
3. Atención a la diversidad: el alumno es el centro y por ello se deberá atender a su habilidad e igualdad por razones de sexo. Las programaciones deben mantener una equidad inicial que evite lastimar la autoestima del niño.
4. Atención a la autonomía del alumno: la incidencia cognitiva exige un planteamiento de situaciones problema. La autonomía provocará un pensamiento divergente, ampliado por la promoción de iniciativas, trabajo autónomo...
5. Atención a la comunicación e interacción en el aula: favorecer la cooperación.

Para disfrutar de una actividad verdaderamente educativa también será importante *"conciliar el aprendizaje deportivo y las exigencias relativas al desarrollo del niño y del adolescente"* (Alonso y Lago, 2009a:38), porque *"muchas de las críticas que recibe el deporte y su utilización en la educación deportiva es que reproduce miméticamente el deporte del adulto"* (Torres, 2005:3). Nunca se debe olivar que "educar es poner al deporte al servicio del niño, pero nunca al contrario" (Rousset, 1990, citado por Personne, 2005:136). El deporte que queremos permite que el niño mejore siendo protagonista (Bláquez, 1995), por eso es innegociable centralizar todas las atenciones en el niño que participa y no en el movimiento o ejecución que realiza (Seirul-lo, 1995). Entonces el propósito del deporte educativo no es el deporte, sino el que lo practica (Águila y Casimiro, 2000; 2001). En un entorno educativo *"la actividad físico-deportiva no tiene como fin último y esencial el aprendizaje de determinadas habilidades o el desarrollo de cualidades varias, ya que aunque su consecución es importante, por encima de ello está la concepción del individuo como ser objeto de educación"* (Pintor, 1988:161).

Bajo este prisma, el deporte en las primeras edades es un recurso que colabora junto a otros, en la formación del sujeto. No deberíamos convertirlo en una tarea selectiva (Giménez y Castillo, 2001), de la que sólo participan los más capaces, ya que entonces sólo unos pocos estarían en disposición de mejorar. Sólo aprende el que juega y por lógica sólo se educa aquel que participa.

Pero si la esencia de la actividad reside en el respeto por la igualdad de oportunidades, no menos importante sería el desarrollo multilateral vinculado a la misma (Pacheco, 2004). El entrenador de fútbol debe ir más allá del entrenamiento específico, asumiendo que es responsable de un proceso de enseñanza-aprendizaje y que trata con personas (Díaz, 1992; Ibáñez, 1997; Malina, 2001, Romero, 2005). El fútbol base se debe ocupar de aspectos que superan el entrenamiento, reclamando una intervención global que trascienda del aprendizaje de las habilidades de un deporte concreto y que se inserte en la formación del individuo (Romero, 1997). Así debería insinuarse una contundente intervención sobre la educación, el desarrollo social y el deportivo (Johansson, 2001).

Utilizar todo el tiempo de entrenamiento para el plano motriz con el propósito de obtener un deportista de élite, es discutible desde el punto de vista ético además de poco realista. Puesto que la perspectiva del alto rendimiento no deja de ser una vía minoritaria (Ruiz y Sánchez, 1997) y conscientes de que no todos llegarán a la élite es preciso ofrecer una formación que implique la totalidad de los marcadores de la persona (García, 2001; Pacheco, 2004). Desde la motricidad debemos preparar al futbolista abarcando la mayor parte de las estructuras que lo configuran como ser humano, puesto que debemos prever alternativas ante la posibilidad de que la vía deportiva no cuaje. El fútbol debe ser un valor seguro al servicio de la construcción personal porque como dijo Teodoro Nieto, en su ponencia dentro del marco del "VII Congreso Internacional sobre Entrenamiento Deportivo. Perspectivas sobre el entrenamiento y el rendimiento en fútbol", organizado por el Instituto Nacional de Educación Física de León, en Diciembre de 2001, "no todos llegaran a ser futbolistas pero si todos deben llegar a ser personas". Por ello la práctica infantil más inteligente es aquella que pretende el progreso integral por medio de la creación de hábitos motrices (Iglesias, Cárdenas y Alarcón, 2007). Rutinas que irán dirigidas a asentar comportamientos deportivos, higiénicos, de respeto y educación hacia los demás, que se consideran tan importantes como el entrenamiento técnico (Fradua, 2005). Ser capaces de inculcar el deporte dentro de la personalidad de los niños, para que estos lo conciban como una intensa estrategia fortalecedora de la salud, nos parece un encargo incuestionable.

Cualquier programa de enseñanza del fútbol debe ser articulado desde la perspectiva humana, donde todos los contenidos de enseñanza pudieran ser importantes para el niño (Sánchez, 2003), pero es difícil encontrarse con trabajos dirigidos al desarrollo completo del futbolista. Las propuestas de Wein (1995), Sans y Frattarola (1993; 2009), Lapresa et al. (1999), Lago (2003), Toral, et al., (2005), Fradua (2005) y Alonso y Lago (2009a), son algunas de las más recientes y significativas.

Estos programas deben asegurar contextos de enseñanza-aprendizaje adecuados, debido a que *"lo educativo del deporte no es el aprendizaje de técnicas o tácticas... lo educativo son las condiciones en que puedan realizarse esas prácticas..."* (Seirul-lo, 1992:5). Cuando analizamos los escenarios de aprendizaje deportivo que han caracterizado a los juegos deportivos como el fútbol, podemos observar que no han sido configurados desde una perspectiva educativa, puesto históricamente han estado sometidos al deseo de unas metodologías donde la enseñanza de las habilidades específicas se sintetizó en el aprendizaje estereotipado de una serie de movimientos de referencia, cuyos vínculos estaban más cerca del adiestramiento que de la educación (Devís, 1990a). Para disfrutar de un contexto educativo derivado de la práctica deportiva es necesario separarse de la pauta metodológica que impulsa el modelo tradicional (López y Castejón, 1997; Águila y Casimiro, 2000; 2001) porque también refleja *"una visión del deporte reproductora de los valores del deporte de competición, entendiendo que los mismos carecen de fundamentos educativos"* (Águila y Casimiro, 2001:33). Una enseñanza comprensiva del deporte parece ser una buena opción para estimular los especiales valores del deporte en los niños (Castejón et al., 2003), ya que este modelo es el que mejor cumple con la responsabilidad pedagógica, por incluir en su esencia el conocimiento de conceptos y procedimientos que favorecen la formación integral (Lisbona et al., 2009).

Si hasta ahora nos hemos ocupado especialmente de la intervención sobre las sesiones de entrenamiento, no debemos olvidar que en la enseñanza del deporte también merece una atención significativa el tratamiento de la competición deportiva (Cárdenas, 2006). Preservar lo educativo, implica no soliviantar negativamente ninguno de estos dos escenarios (Castejón, 1997). Es decir, tan negativo es soportar entrenamientos difíciles que suponen desgaste y aburrimiento, como utilizar la competición inadaptada (Personne, 2005). Si las sesiones de aprendizaje deberían potenciar la participación y la interacción entre todos los elementos que componen la acción educativa, para conseguir la estimulación de elementos motrices y cognitivos (Seirul-lo, 1986), *"la competición deportiva durante la edad escolar debe ante todo tener un carácter fundamentalmente educativo"* (Sánchez, 1992:178). Si es así su utilidad esta fuera de toda duda (Baker, Côte, y Abernethy, 2003) ya que exige del sujeto una participación total (Arias, 2008) y puede ser una buena experiencia para estimular el afán de superación de cada uno (Toral et al., 2005). Por lo tanto no se puede limitar este elemento, sino intentar darle el valor necesario, porque la competición en si misma no es negativa, lo es la forma en que se presenta a los niños (Torres, 2005) y la trascendencia ligada al resultado que algunos se empeñan en otorgarle (Giménez y Castillo, 2001).

Si tramitamos adecuadamente la doble dimensión entrenamiento-competición podremos hacer frente al propósito que Antón y Dolado (1997) asocian a la iniciación deportiva. Estos autores creen que es necesario manejar tres imperativos dentro de la formación: jugar, aprender y ganar. En definitiva, no podemos quedarnos en el marcador, porque *"fijarse sólo en el tanteo responde a un visión del juego muy empobrecedora"* (Toral et al., 2005:10). El enriquecimiento depende del grado de diversión, intentando que además el niño aprenda y si es posible experimente lo que es ganar. Pero si para ganar, los niños no aprenden, si para vencer hay niños que no participan y consecuentemente no se divierten, entonces estaríamos ante un enfoque educativo erróneo que cursa con un alto riesgo de abandono.

I.6. EL FUTBOLISTA COMO EJE VERTEBRADOR DEL PROCESO DE ENSEÑANZA-APRENDIZAJE.

La edad infantil y juvenil es un período vital, en el que se desarrollan los requisitos corporales y mentales útiles para la vida adulta, por lo que el interés dentro del marco deportivo debe recaer en la preparación (Brüggeman, 2004). La función de una escuela de fútbol debe ser instruir al niño para que en un futuro se integre en los grupos de adultos (Pacheco, 2004), tutelándole para que evolucione desde el juego infantil hasta la actividad humana (Blázquez, 1995). Para lograr esta evolución es primordial aplicar estrategias específicamente diseñadas para los sujetos que están aprendiendo, donde recursos como el juego se adapten al niño y no al revés (Cavalli, 2008).

Sin embargo, en el aprendizaje deportivo se han utilizado con niños maniobras propias de los mayores (Malina, 2001; Giménez y Sáenz-López, 2002), convencidos de que estos pequeños tienen las mismas aspiraciones, inquietudes y preocupaciones de un adulto. Esta circunstancia configura el deporte como una actividad negativa para el niño (Lapresa et al., 2006). Pacheco (2004) lo constata advirtiendo sobre una serie de situaciones que rodean al fútbol infantil:

1. Hasta hace poco se obligaba a los niños a jugar once contra once en campos verdaderamente grandes para ellos.
2. Hay competiciones desequilibradas con estructura idéntica a la de los adultos. Donde se impone la "campeonitis" reforzando la eliminación del más débil, sin parar a pensar en divisiones más homogéneas donde todos tengan derecho a participar bajo la esencia del placer por el juego.
3. Se empelan métodos de los adultos, especialmente el analítico, que produce sesiones monótonas, donde hay de todo

menos juego, arriesgando la motivación a expensas de una excesiva preocupación por los aspectos técnicos.
4. Se valora un entrenador con personalidad severa, en contraste con lo que debería ser realmente: moderado, tolerante, motivador, conocedor del fútbol y los procesos evolutivos para integrar una actuación adaptada.
5. Incluso está la presencia de las fuerzas del orden público para controlar una actividad que debería organizarse por si sola.
6. El partido es considerado como un espectáculo cuando no debería ir más allá de ser entendido como una sesión de enseñanza-aprendizaje.
7. La presión competitiva y el interés por el resultado raya lo que sucede con los adultos.

El entrenador, la mayoría de las veces desde su perspectiva de deportista experimentado, no ha mostrado la empatía suficiente para percatarse de que lo que sirve para los adultos no siempre es útil en los niños (Díaz, et al., 1995; Castejón, 2005). Así incluso en el marco escolar se han mantenido principios de acción poco adaptados a la realidad de los practicantes (Águila y Casimiro, 2001), sin llegar a percibir que estos no tienen porque dominar lo que manejan los que ya han culminado su etapa de aprendizaje deportivo.

Si desde un sentido ético no es adecuado transferir al niño procesos radicalizados en una dimensión ajena a su circunstancia evolutiva (Giménez y Sáenz-López, 1997), desde una visión utilitaria tampoco parece un procedimiento cargado de sentido, puesto que existen relevantes diferencias con los deportistas maduros en ámbitos tan significativos como el intelectual o el físico (Antón y Dolado, 1997), que seguramente ocasionen una *"falta de comprensión de significados de los movimientos por parte de los niños que sí están asumidos por los adultos"* (Castejón, 2005:106). Además de diferencias morfológicas y fisiológicas evidentes, las divergencias en la gestión de acontecimientos entre el novel y el veterano son significativas. Parece que en este aspecto tienen mucho que decir los factores cognitivos (Gilar, 2003) ya que en el niño el sistema de procesamiento de la información es menos eficaz que en el adulto porque presenta una capacidad de concentración menor y su diligencia para manejar los datos que suceden del entorno está más limitada (Tavares, 1997). Por ello muchas de las propuestas que realiza el deportista maduro no serán aceptadas positivamente por el niño, y esto no será por una falta de actitud como en ocasiones algunos entrenadores creen percibir, la participación negativa esta involuntariamente asentada en un desajuste generado por una aptitud deficiente.

Articular un proceso de entrenamiento análogo al de los mayores es uno de los factores que más problemas provoca en la iniciación deportiva (Lealli, 1994; Bini, Leroux y Gochin, 1995; Castejón, 1995; Brüggemann y Albrecht, 1996; Lapresa et al., 1999; Mombaerts, 2000; Benedek, 2001; Pino y Cimarro, 2001; Garganta, 2004; Pacheco, 2004; Romero, 2005). Estos inconvenientes en palabras de Brüggemann (2004) son:

1. Una serie importante de aprendizajes no se asienten o lo hagan de manera insuficiente.
2. Muchas tareas suponen un sobreesfuerzo para el niño.

Para evitar las circunstancias negativas, el entrenamiento infantil debería cumplir con lo siguiente (Hanh, 1988):

1. Tener finalidades personales diferentes de las que tienen los deportes adultos.
2. Programarse según las necesidades formativas y escolares.
3. Estar adaptado a procesos evolutivos y de maduración de los sujetos que lo practican.

Un paso importante para resolver el conflicto implica tener presente que el niño no es un adulto en pequeño (Antón, 1989; De la Cruz, 1989). Por este motivo la etapa deportiva infantil tiene que distinguirse de la adulta en sus contenidos, en su organización y en las aspiraciones de rendimiento (Brüggemann, 2004). Aunque en ciertos momentos se puedan mantener constantes algunos elementos del propio deporte, habrá que asegurar una puesta en escena particular y aceptar que las posibilidades de ejecución dependen de cada edad.

Por una parte habrá que dinamizar el contenido de manera que se asegure un perfecto equilibrio entre la complejidad del juego y la aptitud del practicante. Por otro lado la modificación del clima deportivo se nos antoja imprescindible, ya que es difícil que los jóvenes deportistas sean capaces de participar dentro de un sistema deportivo tal y como los adultos lo conocemos, pues *"presenta estructuras y contiene situaciones que debido a su complejidad son incompatibles con el proceso natural de desarrollo de los jóvenes"* (Alonso y Lago, 2009:51). La necesidad de un entrenamiento sistemático, el afán de sacrificio o la rivalidad extrema, axiomas estos que pertenecen a escenarios deportivos de élite, deberían estar fuera del entorno deportivo del niño. El sueño de muchos niños puede tornarse en pesadilla cuando *"se juega con ellos, en lugar de dejarles jugar"* (Toral et al., 2005:9):

- Haciendo un equipo titular, y condenando al banquillo a todos los demás.
- Atosigándoles con instrucciones que no entienden.
- Exigiéndoles rendimientos para los que no están preparados, al punto de que el miedo al fracaso les quita las ganas de jugar.

Es necesario ajustarse a la realidad propia del jugador joven, asumiendo que la práctica debe ser la que él demande y no la que el adulto desea (Castejón, 2003; Pacheco, 2004; Martínez y Solla, 2009). Respetar la participación individual eludiendo planteamientos basados en la instrucción que arrincona al niño sometiéndole al absolutismo del entrenador (Águila y Casimiro, 2001) parece ser una máxima fundamental en la iniciación deportiva que también puede conseguirse del siguiente modo (Alonso y Lago, 2009):

1. Insistiendo en la formación individual sin caer en lo analítico.
2. Progresando en contenidos colectivos, asumiendo cada vez más complejidad, toda vez que las capacidades del futbolista evolucionan.

Sin embargo esto no siempre se consigue, y cada vez con más normalidad los niños son obligados a competir para sumar, para clasificarse..., olvidando que su verdadera diversión está en el balón y en el juego (Alippi, 2002). El niño se ve inmerso en tareas encaminadas a la búsqueda de resultados a corto plazo, por medio de prácticas muy competitivas y discriminatorias (Giménez y Sáenz-López, 2002), basadas en exigencias relativas al dominio de la técnica de ejecución y de la táctica (Castejón, 2002). Estos son planteamientos de dudosa calidad educativa que se constituyen como un simulacro del deporte adulto (Castejón, 2002),

En el trasfondo de la cuestión se diluye la obsesión por los resultados. Existe una *"impaciencia colectiva para que los jugadores en formación se desenvuelvan como jugadores de alto nivel"* (Martínez y Solla, 2009:155). Esta conducta se exhibe como una amenaza, puesto que aviva maniobras exigentes, con niveles de carga física y psíquica desproporcionados para la edad de los niños (Giménez y Sáenz-López, 1997), que lo único que consiguen son desgastar a los deportistas antes de tiempo (Roelants en Personne, 2005). Esper (2002:59) indica que *"el campeón de 10 u 11 años, no será nunca un campeón auténtico después. Lo dejará antes, porque estará cansado de hacer 4 entrenamientos a la semana, estará cansado de repetir siempre los mismos ejercicios, estará cansado de sentir siempre a su entrenador con las mismas correcciones, los mismos esquemas, los mismos gritos".*

Enarbolar la bandera del resultado implica desequilibrar la formación por una falta de concordancia en la proyección de metas, que acabará provocando la crisis en el proceso educativo (Delgado, 1994). Este desenlace perturba la realidad infantil, ya que enfrenta el incontenible deseo de victoria del entrenador y la indulgencia competitiva del joven deportista.

Los entrenadores con la complicidad de las instancias deportivas formales, bajo el influjo de la demanda social y en ocasiones, tras el impulso de los afanados padres, con más asiduidad de la deseada, se empeñan en articular una iniciación deportiva con demanda máxima, donde el anhelo de formar al campeón ensombrece incluso la vida infantil del deportista. El sueño del niño de convertirse en una gran figura deportiva es reforzado por las diferentes instancias sociales a cada instante (Vázquez, 2001), sin que todos estos agentes sociales perciban que *"la decisión de iniciar una práctica deportiva y de dedicarse durante muchas horas diarias y bastantes años de la niñez y la juventud al entrenamiento monográfico de una especialidad es muy cuestionable desde el punto de vista ético"* (Blázquez, 1995:42). Es sorprendente que nadie aprecie que en formación apostar por hacer precoces campeones, no sólo es arriesgado sino también cuestionable desde el punto de vista moral (Velázquez, 2003). No es posible predecir con seguridad el rendimiento de un futuro deportista partiendo de su situación en la adolescencia (Personne, 2005). El éxito no está garantizado aún cuando se reúnen unas características genéticas excelentes, combinadas con el entrenamiento adecuado y en un contexto ideal porque "la complejidad de las relaciones entre la inmensidad de variables que afectan al desarrollo de la condición de experto hacen incierto el proceso" (Arias, 2008:31). Esto hace que la vía del alto rendimiento no deje de ser una alternativa minoritaria dentro de la formación deportiva del sujeto (Ruiz y Sánchez, 1997), como se comprueba con el estudio de la Federación Italiana de Fútbol realizado en el año 1999 y donde de 19.000 futbolistas practicantes, sólo 1 fue capaz de llegar a primera división (Pacheco, 2004).

Todos conocemos casos de quienes han sacrificado todo por la gloria deportiva, renunciando a deseos y esforzándose al máximo, para acabar quedándose en el camino del sueño por razones fortuitas (Velázquez, 2003). Por eso aquellos que encaminen al niño hacia la dedicación deportiva exclusiva, con la intención de forjar un auténtico deportista estrella, deberían ser conscientes de que asumen un riesgo. La materialización de los sueños deportivos está sometida a múltiples factores externos como los que mencionan Reilly, Williams, Nevill y Franks (2000):

1. Las oportunidades de practicar y las condiciones en que se desarrollan estas prácticas.
2. Mantenerse a salvo de lesiones.
3. La naturaleza de los consejeros y del entrenamiento recibido durante años.
4. Los factores sociales, personales y culturales.

Por ejemplo, es trascendental la función del entrenador durante la etapa. En ocasiones estos técnicos convierten la iniciación deportiva en un período de promoción propia y así debilitan considerablemente las oportunidades de sus jugadores, ya que los técnicos verán en el resultado el escaparate sobre el que proyectar su carrera profesional y utilizarán mecanismos consagrados al ámbito profesional totalmente inoportunos en el ciclo infantil. En este sentido *"tan improcedente es el comportamiento de quienes les apartan a las primeras de cambio, como la actitud de aquellos que, de buenas a primeras, les suben en una nube, y luego los niños ya no pisan tierra, de manera que ante la primera dificultad, corren el riesgo de darse un batacazo, del que no levantarán cabeza fácilmente"* (Toral et al., 2005:9). Normalmente muchos *"buscando sólo resultados a corto plazo, utilizan siem-*

pre los mismos jugadores/as sin hacer cambios, rotaciones, etc., quedando muchos jugadores todo el partido o partidos en el banquillo sin posibilidad de ir aprendiendo, sin disfrutar de la práctica deportiva y sin sentirse partícipes del trabajo realizado por el equipo" (Giménez, 2000:66). Según el Código de Ética Deportiva del Consejo Superior de Deportes, todos los niños tienen derecho a competir y a divertirse. Además, para conseguir que el fútbol de base sea una vivero de buenos jugadores y mejores personas, tienen que pasárselo bien, aplicarse, convencerse de que sus esfuerzos tienen sentido, percibir que aprenden... y no apurarse tanto por un éxito o fracaso, en el fondo efímero (Toral et al., 2005)

Negar el protagonismo del niño en partidos o entrenamientos por una supuesta falta de nivel reduce su motivación (Castejón, 1995) y refuerza su inicial incapacidad ya que *"igual que aprendemos a dominar el balón jugando con el balón, aprendemos a jugar el partido jugando muchos partidos"* (Olivos, 1992:197). El niño sólo aprende cuando esta ejecutando en primera persona (Alonso y Lago, 2009b) y únicamente se convierte en un sujeto autónomo cuando es protagonista de su aprendizaje (Jiménez, 2000).

Creemos que la iniciación deportiva irremediablemente tiene que evolucionar hacia estrategias donde los deportistas cobren la importancia que merecen, teniendo siempre en cuenta (Romero, 1997):

1. El nivel de desarrollo del niño y sus aprendizajes previos.
2. La promoción de situaciones de aprendizaje que movilicen las estructuras existentes, provocando relaciones de las mismas con el nuevo conocimiento.
3. Provocar la resolución de problemas en situaciones distintas a las ya experimentadas, con el objetivo de que el alumno transfiera los conocimientos ya adquiridos y aprecie la funcionalidad de lo aprendido.
4. Potenciar la interacción entre iguales como base de un aprendizaje cooperativo.
5. Originar situaciones en las que los alumnos deban realizar aprendizajes por sí solos.
6. Promover la actividad mental de los alumnos a través de una reflexión sobre la práctica.

I.7. LA FORMACIÓN MOTRIZ BÁSICA FRENTE A LA ESPECIALIZACIÓN TEMPRANA.

Los programas de entrenamiento deportivo se proyectan como una secuencia organizada de elementos en la búsqueda de un propósito definido. Esta sucesión es articulada teniendo en cuenta las diferentes teorías del entrenamiento y en el caso del aprendizaje deportivo respetando el principio de multilateralidad general y especial, y otros criterios que recomiendan el respeto por las jerarquías en la organización de contenidos. Según estas normas se debe fijar la motricidad básica para poder llegar a alcanzar otras dimensiones más complejas (Castejón, 1995). Por eso, cuando un niño comienza en el deporte no significa necesariamente que tenga que aprender directamente la técnica, la táctica y la preparación física, porque el punto de partida debería estar estabilizado sobre las habilidades básicas y posteriormente ir evolucionando hacia la compleja esfera de los movimientos deportivos (López y Castejón, 2005). En la Figura 3 presentamos una forma de introducir los contenidos en la etapa de iniciación deportiva.

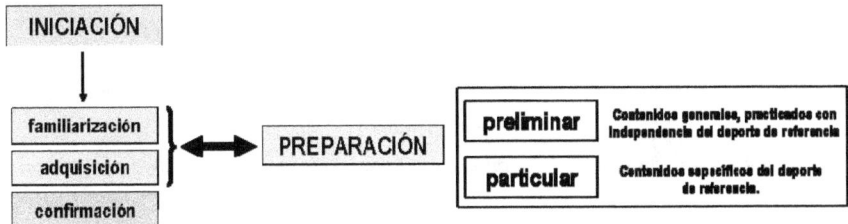

Figura 3. Secuencia de contenidos en la iniciación deportiva.

La iniciación deportiva es el momento adecuado para afrontar la formación motriz elemental, puesto que en la propia esencia de la etapa esta instaurar las bases para poder llegar a la especialización (González et al., 2009). Aunque es una responsabilidad escolar, en el entrenamiento deportivo se deben incluir contenidos para la motricidad básica, reservando un espacio para la realización de actividades de refuerzo o de recordatorio. En la Tabla 31 Giménez y Castillo (2001) se puede observar la correspondencia de contenidos en los diferentes niveles educativos.

Tabla 31. Temporalización de los contenidos relacionados con la motricidad básica en la etapa de Educación Primaria.

CICLO	EDAD	CONTENIDO
1er. Ciclo de E. primaria	6-8 años	Habilidades perceptivo-motrices y Esquema corporal.
2º Ciclo de E. Primaria	9-10 años	Habilidades y destrezas motrices básicas.
3er. Ciclo de E. Primaria	11-12 años	Habilidades genéricas para diferentes deportes

En la pirámide que representa la vida deportiva de un sujeto, la base estaría completada por todas estas habilidades básicas y perceptivas, como elementos esenciales para construir otras estructuras superiores (Durand, 1988; Castejón, 1994; Ruiz Pérez, 1996; Graça, 1997; Lapresa y Bengoechea, 1998; Giménez, 2000; Giménez y Castillo, 2001).

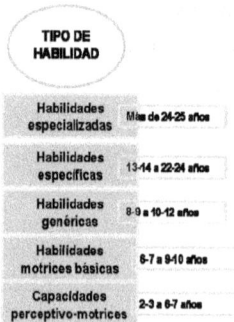

Figura 4. Aparición cronológica de las habilidades motrices en un programa de entrenamiento según Giménez (2000).

Aunque desde el punto de vista teórico la mayoría de profesionales del ámbito de educación física y el deporte señalan que la especialización temprana y la práctica de un solo deporte son elementos que no contribuyen especialmente al desarrollo motriz de un deportista (Romero, 1997), en la práctica estos procedimientos siempre han estado presentes, observándose como el aprendizaje de la técnica ha sustituido al desarrollo del esquema corporal y de la coordinación eliminándose la formación plural (Oliveira, 2001).

Los modelos de preparación que estén desarrollados sobre una amplia base multideportiva han escaseado (Hanh, 1988), en un contexto manipulado por el afán deportivo y competitivo, que lejos de proporcionar la tranquilidad necesaria para poder ir avanzando con equilibrio, ha promovido la precipitación, haciendo que el niño aparezca de manera prematura y específica en la práctica deportiva (Esper, 2002). *"Las vueltas que da todo proceso de maduración, el exceso de atención que se dedica a los más adelantados, las responsabilidades que se echan sobre sus espaldas y la aceleración de su crecimiento les lleva a quemar de manera vertiginosa etapas decisivas en su vida"* (Toral et al., 2005:16). El desajuste entre los ciclos de entrenamiento tendrá unas consecuencias irreparables que no se perciben en un principio, porque se camuflan entre los éxitos que se van consiguiendo en el momento. Mientras la victoria parece disimular cualquier planteamiento, se va construyendo "un gigante con pies de barro", que manifiesta un talento atemporal, producto de unas destrezas deportivas estimuladas fuera de tiempo y forma.

Los aprendizajes deportivos únicamente se logran cuando el que aprende se encuentra en el momento evolutivo óptimo (McGraw, 1966, citado por Castejón, 1994). Igualmente, el dominio de elementos complejos como los gestos deportivos es posible cuando un jugador tiene convenientemente asentados los elementos relativos al esquema corporal, la estructuración espacio-temporal, la coordinación dinámica general y específica (Esper, 2002) y las habilidades y destrezas motrices básicas (López y Castejón, 1997; Velázquez, 2003). Entonces no entiendo como algunos entrenadores se empeñan en enseñar lo específico de su deporte sin que en el jugador estén presentes ciertos fundamentos. Algunos se obsesionan con entrenar el golpeo de cabeza sin preocuparse por incidir en aspectos perceptivo-motrices. Otros se esfuerzan en transmitir el tiro con la pierna hábil de un futbolista, porque así llegarán goles en el próximo partido y desprecian el entrenamiento sobre la pierna débil, sin plantearse un trabajo general sobre la lateralidad, porque interpretan que el tiempo invertido resta camino en la consecución de la victoria. Incluso hay quienes se ilusionan con trabajar el saque de esquina al segundo palo con sus benjamines, disgustándose cuando el lanzador de turno no es capaz de llegar con el balón prácticamente al centro de la portería. A todos ellos les diría que adelantar objetivos de práctica deportiva conduce casi irremediablemente al error y *"hacer más daño que obtener ventajas"* (Torres, 2005:8). Quizás ninguno entiende que el objetivo de la preparación inicial no es conseguir una especialización prematura, sino un sólido soporte para el futuro (Alonso y Lago, 2009a). Hay que convencerse de que el entrenamiento general es indirectamente una práctica deportiva que mejorará la participación, puesto que si un niño aprende a correr, a saltar, a lanzar... también está aprendiendo deporte, debido a que estas habilidades están en la personalidad de cada disciplina y por tanto deben ser consideradas en la formación (Blázquez y Batalla, 1995).

No pretendemos renunciar a ningún deporte. El niño de la escuela de fútbol debe seguir practicando fútbol, porque la formación fundamental no implica la eliminación del trabajo deportivo, ya que con la práctica de cada disciplina también se puede ir consiguiendo el dominio de las habilidades y destrezas motrices básicas (Lapresa y Bengoechea, 1998), toda vez que existe una relación entre la formación general y las habilidades específicas, a razón de que con estas últimas se puede estimular la educación física de base (Le Boulch, 1991). En la capacidad de cada entrenador está la posibilidad de construir instrumentos que siguiendo la senda de su modalidad, ejerciten las capacidades que configuran la formación elemental. Elementos como el equilibrio, la coordinación, los desplazamientos, la lateralidad... deben ser tratados en los programas de entrenamiento de iniciación deportiva (Águila y Casimiro, 2001). Y todos ellos pueden ser alimentados desde la fidelidad al deporte y con la colaboración del resto de modalidades deportivas y físico-motrices (Yánez, 2004).

En cualquier caso las condiciones que preceden al aprendizaje deportivo deben responder a la pluralidad de experiencias, construidas por movimientos y vivencias satisfactorias y que repercutan en la formación de un amplio repertorio motriz (Pintor, 1988). En los deportes colectivos podemos conseguirlo con actividades grupales en forma de juego (Diem, 1979). Esto supone un cambio de estilo ya que las actividades cerradas sobre las que se materializa los planteamientos deportivos específicos, dejan paso al entrenamiento por situaciones problema que permiten interiorizar movimientos para liberar al niño y permitirle aumentar su bagaje motriz desde la originalidad (López y Castejón, 1997). Esta idea nos dirige al territorio de la táctica, configurando un espectro de acción diferente al tradicional, donde las posibilidades de transferencia son enormes por estar asentadas en una serie de conocimientos amplios.

I.8. LA ORGANIZACIÓN DE LOS CONTENIDOS QUE CONFIGURAN LA ENSEÑANZA DEL FÚTBOL.

Los jugadores de deportes colectivos deben estar dispuestos para la toma de decisiones, que se deriva de una correcta percepción del contexto y se materializa en una óptima ejecución de acciones con balón (Antón y Dolado, 1997). El fútbol no es ajeno a esta dimensión, pues para jugar bien el futbolista necesita tener una buena disposición táctica, una aceptable actuación técnica y la suficiente capacidad física (Moreno y Morcillo, 2004). La perfección es trazada por múltiples módulos y por lo tanto la formación debe adquirir una consistencia multidisciplinar, con las derivaciones oportunas que marcan las diferentes concepciones del entrenamiento deportivo.

Curiosamente, aunque en el deporte sus elementos aparecen fundidos entorno a una única realidad, en el entrenamiento cada uno de estos factores se organizaba en secuencias independientes. Aunque las opciones pasaban por organizar los contenidos desde la técnica a la táctica o viceversa (García, 2001), en la práctica siempre se ha pensado que la habilidad en el deporte se identificaba con los factores de ejecución y por este motivo muchos especialistas del entrenamiento de deportes de equipo han centrado sus esfuerzos en enseñar los gestos técnicos desde el principio (Falkowski y Enríquez, 1982).

Sin duda el dominio sobre el balón permite elegir mejores estrategias (French et al., 1996a; 1996b) y se convierte en un medio para liberar la participación puesto que permite dejar disponible la atención para otros cometidos relacionados con la observación del juego (Mahlo, 1969; Castejón, 1995; Garganta, 2002) y así favorecer la intervención inteligente (Lasierra, 1990). Sin embargo, llevar esta idea al extremo provocando que los jugadores desde el inicio se vean involucrados en entrenamientos dirigidos a la asimilación y automatización del gesto deportivo por medio de ejercicios planteados en condiciones poco representativas del deporte de referencia parece un error (Jiménez, 2001). Dar comienzo a la iniciación deportiva a través del aprendizaje de gestos técnicos puede complicar el estreno del niño en el deporte (Castejón, 2005; Cavalli, 2008), limitando la capacidad táctica del jugador en el futuro (Werner, Thorpe y Bunker, 1996). Incluso las carencias en el ámbito cognitivo, producidas por el excesivo interés sobre los elementos mecánicos del movimiento, pueden repercutir negativamente en la propia ejecución de gestos deportivos específicos, puesto que aunque en la mayoría de ocasiones los errores con el balón se achacan a una insuficiencia técnica o física, también puede venir derivados de una lectura deficiente de la situación (Garganta, 2002) o una tardanza en la toma de decisiones (Lapresa y Bengoechea, 1998; Comesaña, 2001). La mitad de los casos en que se pierde el balón es debido a equivocaciones en la decisión y no a una carencia en la fase de ejecución (Wein, 1995).

En esta programación de los contenidos desde la técnica los procesos cognitivos quedaban en un segundo plano (Domínguez y Espeso, 2002) y no fue hasta mediados del siglo pasado, cuando aparecieron autores que se preocuparon de construir modelos que se centran en la comprensión de los principios del juego antes de abordar el perfeccionamiento de los gestos deportivos (Lisbona et al., 2009). Estos nuevos programas consideran que en las modalidades de cooperación-oposición lo verdaderamente importante es resolver el problema que surge del juego, careciendo de importancia el movimiento que desprende de esta exigencia (Bernstein, 1967 citado en Famouse, 1992). En la etapa de iniciación deportiva para resolver los conflictos que aparecen en la competición el jugador no sólo necesita de un nivel óptimo de ejecución (Graça, 1997; Rodríguez, Calvo y Chacón, 2000). Seguramente las condiciones con las que se acerca al deporte bastan, por eso no tiene sentido empezar en la enseñanza por la ejecución de modelos técnicos (Castejón, 1995).

Frente históricos miedos que se resistían a desviarse de la preparación técnica tenemos que decir que comenzar por un aprendizaje desde la táctica es perfectamente posible (Thorpe, Bunker y Almond, 1986; Devis, 1992; Blázquez, 1995; Devís y Peiró, 1995). Este contenido puede ser entrenado desde que el niño se acerca al deporte, debido a que su disposición cognitiva es mucho más temprana de lo que algunos piensan (Ruiz, 1995), de hecho en la infancia se tienen suficientes habilidades mentales para participar en tareas jugadas (Castejón,

2003) por eso los entrenadores deben ocuparse sin ningún reparo de que el niño comprenda lo que tiene que hacer en cada momento olvidándose de si manifiesta una técnica más o menos depurada (López y Castejón, 1997).

Los profesores de la Universidad de Loughborough (Thorpe, Bunker y Almond, 1986) son los pioneros a la hora de atreverse con esta nueva regulación de los contenidos, proponiendo una estrategia que *"se caracteriza por orientarla básicamente de la táctica a la técnica mediante el uso de juegos modificados que poseen similitudes tácticas con los deportes estándar de cada tipo o forma de juego deportivo, y buscando la comprensión de los principios existentes en cada una de dichas formas o tipos mediante la participación"* (Devís y Sánchez, 1996:165).

Los futbolistas comienzan asimilando principios relacionados con la relación con el balón, la interacción con compañeros y adversarios y la ocupación del espacio (Garganta, 2002). Durante este proceso en el que se utilizan juegos simples de baja organización (Fernández, 1987) los niños van perfeccionando la técnica de manera inconsciente, gracias a la actuación sobre el balón cuando se dispone a expresar sus decisiones (Contreras, 1998) y resolver el reto motriz que se plantea (López y Castejón, 1997). Esto les permite comprender el juego y a partir de aquí percibir el sentido de la técnica (Fradua, 2005) y poder perfeccionarla de manera significativa (Giménez, 2000).

La nueva regulación del proceso no deja de lado el mecanismo de ejecución (Lisbona et al., 2009), simplemente entiende que la técnica es importante para jugar, pero no necesariamente supone el acceso al buen juego (Garganta, 2002). Por lo tanto no tiene mucho sentido programar esos entrenamientos en los que se prescinde de valores tan importantes como la oposición para poder facilitar la asimilación de los gestos deportivos. (Ruiz Pérez, 1994a). En este tipo de entrenamientos las posibilidades de transferencia disminuyen considerablemente (Le Boulch, 1997 citado por Personne, 2005), es decir, el niño encuentra dificultades para utilizar los aprendizajes conseguidos en circunstancias de práctica real (Werner, 1989). Esto supone una pérdida de tiempo porque los jugadores son incapaces de intervenir con éxito durante el partido aún demostrando un buen comportamiento en los entrenamientos (Blázquez, 1986). En el fútbol queda representado por los que se mueven con la pelota de manera brillante, son seguros en el pase y muy precisos cuando golpean a portería. Sin embargo cuando juegan el sábado se confunden en la conducción, porque no se percataron de que había un compañero mejor situado para enviarle el balón; no ajustan sus pases ante el acoso del adversario; y a menudo les cuesta conseguir gol porque tienen dificultades para decidir el golpeo de primer toque. Los entrenadores deberían darse cuenta de que durante ese tiempo que utilizan el aprendizaje técnico están formando jugadores de mentira y que para conseguir futbolistas que puedan demostrar durante los partidos lo que han asimilado en los entrenamientos es necesario otorgar a la táctica un lugar protagonista desde que el niño se acerca al deporte.

I.9. LA TÁCTICA, CONTENIDO ESTRELLA EN LA FORMACIÓN DEL FUTBOLISTA

Los deportes colectivos fueron considerados como un sucedáneo de las modalidades individuales, debido a que el impacto del saber científico percutió sobre estos últimos, propagándose posteriormente a los de equipo de forma *"un poco alegre"* (Seirul-lo, 1999:5) llegándose a experimentar una relación errónea (Garganta, 1997) (Figura 5).

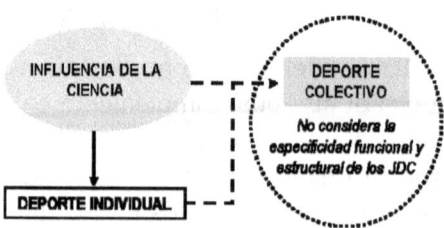

Figura 5. Influencia del saber científico en el deporte.

La dinámica de acción dentro de los deportes individuales es diferente de la que manifiestan los colectivos (Graça, 1997; Cárdenas y López, 2000). Esto es debido a que si bien en cualquiera de estas modalidades se ponen de manifiesto una serie de habilidades deportivas que se componen del *"el aspecto motor propiamente dicho y el aspecto que se puede llamar, dirección intencional objetiva"* (Famouse, 1992:165), el tipo de conflicto motriz que caracteriza a cada disciplina provoca que esos factores del movimiento se expresen con distinta intensidad.

En las disciplinas estéticas, en deportes de cronómetro y en aquellos donde prima la preparación física, la técnica es lo único determinante (Schock, 1987; Castejón, 1995; Giménez, 2000; Espar y Gerona, 2004). Por lo tanto el rendimiento en este tipo de modalidades está asociado a las habilidades cerradas y se relaciona casi exclusivamente con la fase de ejecución (Giménez y Castillo, 2001) puesto que la firmeza ambiental provoca que los mecanismos de percepción y decisión pasen inadvertidos (Díaz et al., 1995) (Figura 6).

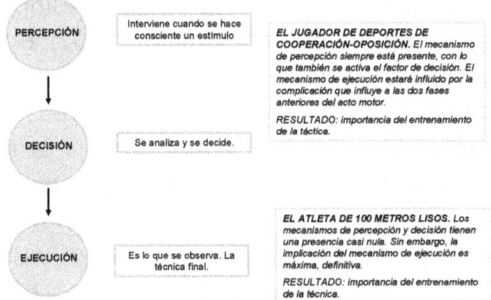

Figura 6. Presencia de los mecanismos del acto motor en las disciplinas deportivas individuales. Adaptado de Díaz, Sáenz-López y Tierra (1995).

Mientras que en las modalidades anteriores el gesto se configura como el objetivo a conseguir (Knapp, 1979), en los deportes de equipo gestionar la incertidumbre del espacio o del rival es tan fundamental como la ejecución (Seirul-lo, 1999), por eso la técnica por sí misma no resuelve el conflicto al que el jugador va a estar sometido. En estos deportes el problema emerge desde una triple dimensión (Garganta, 1997):

1. En el plano espacio-tiempo: en ataque los problemas se relacionan con el uso de la pelota para superar los obstáculos que generan los contrarios. Y en defensa, se trata de producir dificultades que compliquen el propósito de los contrarios.
2. En el plano información: los problemas están vinculados a la producción de incertidumbre de los adversarios. La incertidumbre del adversario depende de las facilidades que los compañeros den al poseedor del balón.

3. En el plano organizativo: se trata de convertir un proyecto individual en algo colectivo.

El objetivo de un jugador no implica la realización estética de un pase, tiro o conducción si éstas no están relacionadas con las demandas del juego. La responsabilidad del futbolista no cesa en la ejecución, sino que depende de la selección del gesto correcto para superar una situación concreta, de la adecuación de este movimiento respecto al objetivo que se persigue, del ajuste espacio-temporal de los programas de respuesta a los fines perfilados y de la velocidad de precisión en la ejecución del movimiento (Lago y López Graña, 2001; Mombaerts, 1996). La verdadera tarea es la adhesión de dos funciones: "qué hacer" y "cómo hacerlo" (Garganta, 2002). Esta circunstancia relativiza el protagonismo de la técnica, puesto que *"la buena ejecución está supeditada a una buena toma de decisiones"* (Espar y Gerona, 2004:37). En segundo lugar resta importancia a la riqueza estética asociada a un estereotipo y centraliza el interés en la funcionalidad del movimiento pues *"la mayoría de acciones son abiertas y no sirve de mucho mecanizar determinados gestos por la presencia constante de adversarios que harán que tenga que estar constantemente adaptando unas acciones a sus respuestas motrices"* (Giménez, 1999:23).

Las connotaciones contextuales son un aspecto definitivo para el tratamiento de cualquier deporte. La seguridad que ofrece la ausencia de rivales compartiendo un espacio de intervención simultánea, hace que la realización del gesto deportivo sufra mínimas alteraciones, siendo posible trasladar el movimiento asimilado en el entrenamiento a la competición (Castejón y López, 2002). Para obtener éxito bastaría con una preparación reproductiva, que tome como referencia un patrón con el fin de automatizarlo sobre una base bioenergética suficiente y un control de las condiciones volitivas en la realidad competitiva. Seirul-lo (1992:12) apunta que *"si yo tengo que saltar una valla de una determinada distancia, y la anterior está a una determinada distancia, el espacio que hay entre las vallas y la altura de las vallas y la colocación de las vallas significa que no puedo modificar mi conducta"*. Con los matices necesarios, el entrenamiento puede reproducir con gran sensibilidad la realidad de la competición. Entonces el deportista debe preocuparse por automatizar comportamientos y posteriormente representarlos en la carrera. Sin embargo, en deportes colectivos ninguna situación puede resolverse según un patrón preestablecido (Seirul-lo, 1999), porque ningún obstáculo se mantiene siempre en el mismo lugar.

El fútbol es un deporte táctico (Rezende y Valdés, 2003) o *"eminentemente táctico"* (Moreno y Morcillo, 2004:13), que no puede identificarse con esas acciones técnicas simples, repetidas y sin oposición (Vankersschaver, 1987), sino con movimientos acomodadas a la situación de juego (Lapresa y Bengoechea, 1998) *"y al tipo somático del jugador, de la forma más funcional y económica posible, para la realización del objetivo del juego"* (Antón y Dolado, 1988:122). En un deporte que se considera un juego continuo de estrategias, de incertidumbre, de emociones, de jugadas variadas, únicas, un juego de imaginación y creatividad (Martínez y Sáenz-López, 2000; Castejón, 2005), la técnica no se considera como un modelo (Antón y López, 1998), sino como un mecanismo para la resolución de conflictos que no responde a imitaciones, sino a planes de acción con capacidad de ajuste a través de estrategias no repetitivas (Castejón, 2005; Castejón, 2006). Además como una ejecución peculiar también puede conducir al éxito, no se necesita alcanzar la perfección gestual sino el enriquecimiento motriz máximo posible (Díaz, Sáenz-López y Tierra, 1995).

Por otro lado, parafraseando a Cappa, "en el fútbol se puede parar de correr pero nunca se debe dejar de pensar", en referencia a que no siempre se está ejecutando, pero continuamente se están tomando decisiones (López, 2000). El futbolista no se limita a realizar acciones técnicas sino que también debe centrar sus esfuerzos en la elección según criterios de creatividad y conocimiento de la situación de juego (Wein, 1995; Mombaerts, 1996; Contreras, De la Torre y Velázquez, 2001; Garganta, 2004; Castejón, 2005). Además desde una perspectiva cuantitativa, durante los noventa minutos de partido, un futbolista puede estar con el balón entre noventa segundos y tres minutos según su demarcación, el resto del tiempo debe estar capacitado para seleccionar y analizar la información y tomar decisiones (Grehaigne, 1992; Seirul-lo, 1999), es decir, la disposición táctica es constante (Garganta, 2002).

Por lo tanto todo lo argumentado nos lleva a pensar que la táctica en deportes colectivos como el fútbol es el factor más trascendente del proceso de preparación (Bayer, 1986; Antón y López, 1988;

Giménez, 2000). Cuando vayamos a construir un programa de iniciación deportiva habrá que valorar si merece la pena mantener las estrategias radicalizadas en depurar la técnica y las capacidades condicionales por medio de ejecuciones siguiendo determinados modelos impuestos o por el contrario será más enriquecedor fomentar la disponibilidad mental y motriz y poner el movimiento al servicio de las intenciones tácticas (Lasierra, 1990; Garganta, 1997; López y Castejón, 1997).

En cualquier caso no se trata de renunciar a ningún contenido (López, 2000), ya que los deportes tácticos también necesitan la ejecución como expresión final de la decisión (Contreras, 1998; Castejón y López, 2002). Además de nada sirve *"ser un buen ejecutor sino se sabe cuando se debe ejecutar, ni tampoco tendremos un buen conocedor del juego deportivo si ante un problema, no se conoce el tipo de ejecución más eficiente"* (Castejón, 1995:101). Lo que es indudable es que a estos elementos se les debe otorgar un papel asistencial (Garganta, 1997; López y Castejón, 1997), de manera que el entrenamiento técnico deje de ser un fin y se convierta en un medio (Antón, 1990; Contreras, 1998), que se cargará de sentido cuando se pone a disposición de la inteligencia y la capacidad de decisión (Antón, 1990; Hernández Moreno, 1995; Garganta, 1997; Contreras, 1998). Esto queda representado en entrenamientos donde los gestos deportivos aparecen de las situaciones de juego y de los problemas derivados de las actividades (Pino, 1999; Rodríguez et al., 2001).

Por lo tanto, dentro de la iniciación deportiva hay que preocuparse por enseñar al niño a jugar mejor (López y Castejón, 1997) y esto nos dirige directamente al entrenamiento táctico, porque un entrenamiento fundamentado en las habilidades técnicas y desarrollado sin considerar la situación de juego, es decir, sin prestar atención a los factores cognitivos, no permitirá obtener un buen nivel en la modalidad deportiva (Vegas, 2006). Excepcionalmente se dedicarán esfuerzos únicamente hacia el factor ejecución, cuando el control del balón sea tan deficitario, que entorpezca la participación en el juego (Rodríguez, Calvo y Chacón, 2000; Cavalli, 2008). Salvo en esta situación, subrayamos que sería un error abandonar las estrategias que construyen la capacidad de adaptación inteligente del jugador a una situación por un entrenamiento dirigido a mejorar únicamente el gesto deportivo (Pacheco, 2004). Esta estrategia parece ser la más laboriosa de las existentes, pero para obtener jugadores inteligentes el único camino es ofrecer un amplio conocimiento del juego, por medio de una enseñanza global sobre la táctica en la que colabora el aspecto técnico (Alonso y Lago, 2009). Únicamente se debe creer en un estilo donde se solicite la intencionalidad del gesto por encima de los elementos mecánicos de la habilidad (Lasierra, 1993; Esper, 2002) utilizando el propio deporte como vehículo de enseñanza, ya que el verdadero reto radica en preparar al deportista para resolver situaciones de juego por medio de una formación cognitivo-motriz que no tenga que escudarse en el dominio técnico (Ruiz Pérez, 1996).

I. 10. APRENDER CON EL DEPORTE.

La planificación tradicional del entrenamiento deportivo ha tenido la costumbre de materializarse siguiendo criterios desintegradores. Hubo quien pensó que la mejor forma de acceder a la compleja esfera de las exigencias deportivas era organizando la enseñanza por partes (Bayer, 1986; Cavalli, 2008), y por eso para facilitar el dominio del contenido completo (Rodríguez et al., 2001) se construyeron lo que se denominaban progresiones pedagógicas (Blázquez, 1986; Ruiz Pérez, 1993a). En la práctica se procedía a descomponer la tarea en segmentos fundamentales (Sáenz-López, 1994) presentándola primero de forma quebrada y luego por medio de una secuencia única que pudiera coincidir con la versión completa (Lasierra y Lavega, 1993a; de Paz, 1995; Díaz, 1996; Castejón, 2003; Castejón, 2005). Por ejemplo, se podían entrenar los gestos deportivos de una disciplina por separado, después unirlos en una situación de juego aislada y por último practicarlos en el juego real.

La utilización de estos procedimientos ha estado muy vinculada al aprendizaje y rendimiento técnico (Sáenz-López, 1994; Castejón, 1995), no obstante, desde una perspectiva más general, en el propio entrenamiento también pueden observarse dinámicas de división de componentes, con la teoría separada de la práctica, la preparación física de la formación táctica y está última de su contexto natural de exposición (Devís y Sánchez, 2000). Este tratamiento analítico dentro de las iniciativas pedagógicas deportivas es bastante significativo porque reclama menos preparación del entrenador en comparación con otras estrategias (Sáenz-López, 1994), porque su sensibilidad ante procedimientos de evaluación es elevada y porque el deportista puede experimentar un buen rendimiento a corto plazo. Sin embargo aún con esas bondades, el tipo de sujetos que aprenden en la iniciación deportiva y las especiales condiciones de deportes como el fútbol, establecen que la mejor manera de aprender un deporte es haciendo que los elementos principales aparezcan de manera conjunta en una misma tarea (Espar, 1998). Por lo tanto hay que decantarse claramente por una estrategia global (Delgado, 1994; Lapresa y Bengoechea, 1998; Giménez y Castillo, 2001; De la Vega, 2003; Vegas y Peralta, 2003; Lapresa, Arana y Garzón, 2006; Vegas, 2006), es decir, por *"la enseñanza del movimiento al completo, tal y como se realiza en la realidad"* (Castejón, 2003:80).

Las ventajas que proporcionan las estrategias globales en el entrenamiento del futbolista son (Wein, 1995):

1. Se presenta una situación de juego real que los niños encontrarán en la competición.
2. Trabaja todos los aspectos del rendimiento.
3. La mejora del entrenamiento se refleja rápidamente en la competición.
4. Motiva al niño de manera que se involucra totalmente en la actividad.
5. Desde el punto de vista de los mecanismos que actúan en el movimiento, implica al mecanismo de percepción, al mecanismo de decisión y al mecanismo de ejecución.

El pensamiento del niño hasta los 11-12 años es global (Le Boulch, 1972; Sáenz-López, 1994) y por ello conecta mejor una intervención que mantenga la conciencia de unidad (Aniz y de Paz, 1997). Por otra parte también hay que *"procurar que la práctica sea gratificante para el niño"* (Antón y López, 1988:96), con una actividad donde se alimente la motivación y las ganas de intervenir (Rink, 1996), como elementos claves para el proceso de iniciación deportiva (Giménez, 2000). Frente a los ejercicios, el juego como tarea completa por excelencia, es lo más motivante (Águila y Casimiro, 2001; García et al., 2001) y en consecuencia la postura global la más interesante porque aumenta la satisfacción, la adherencia y la motivación intrínseca (Gómez, Ortega y Sainz de Baranda, 2008).

Además saber jugar a deportes como el fútbol no implica participar en situaciones aisladas (Cano, 2001) sino gestionar contextos problemáticos por los que discurren multitud de variables interrelacionadas entre sí, que exigen un tratamiento global, para acostumbrar al futbolista a su análisis y consiguiente toma de decisiones (Mombaerts, 1998). La exclusiva naturaleza de este tipo de modalidades hace que se deban romper con las recomendaciones relativas al entrenamiento premeditado, fruto de tareas configuradas por la adicción de esfuerzos personales. Esta idea que recurre a lo analítico debería dejar paso a concepciones más globales de la enseñanza, por eso aquellos que durante sus sesiones aíslen los diferentes componentes del juego, solicitando cada uno de ellos de manera particular, deberían darse cuenta de que el deporte de equipo no puede entenderse como una yuxtaposición de las diferentes partes, sino como un proyecto común donde lo individual sólo tiene sentido dentro de la totalidad (Blázquez, 1995). Nunca el conjunto puede entrenarse en virtud de una atención fragmentada, sino a partir de la consideración única (Contreras, 1998) cuya esencia se mantiene si se respeta la especial sintonía entre los contenidos.

La realidad de los deportes de equipo señala que el éxito se encuentra en las posibilidades de percepción e interpretación (Famouse, 1992; Seirul-lo, 1999) y de decisión y planificación motriz (Hernández Moreno, 1995). Estos canales pueden ser estimulados por procedimientos que partan de la globalidad (Díaz et al., 1995), con situaciones problema que provocan la búsqueda de respuestas ajustadas a las condiciones del entorno, responsabilizando a los mecanismos de percepción y toma de decisiones. Por eso los estilos que respetan la totalidad son los más apropiados para estas disciplinas (Sáenz-López, 1994). Pero durante mucho tiempo se cometió el error de independizar el gesto del acto táctico (Ticó, 2002) quebrantando la realidad deportiva con el falso anhelo de convertir un contenido auxiliar en preferente. Guiados por la obsesión de formar en el "cómo hacer", se prescindía de todas aquellas connotaciones que entorpecieran la adquisición de un gesto ideal, configurándose entrenamientos en ambientes ajenos a la realidad del deporte. Esto provocaba un aparente dominio técnico, puesto que se sustentaba únicamente en el mecanismo de ejecución cuando en la realidad de los deportes de equipo las acciones motrices son fruto de los factores de percepción, de decisión y ejecución (Águila y Casimiro, 2000; Rezende y Valdés, 2003). Los que así procedían deberían haberse dado cuenta de que la adquisición de estas habilidades motrices, en situaciones alejadas del contexto de juego, donde no se pone interés en los elementos cognitivos, no dará lugar a una buena competencia en la modalidad deportiva (Gilar, 2003).

La verdadera competencia depende de las posibilidades de adaptación a los cambios físicos y psíquicos, a las condiciones del medio y a lo que sucede con los compañeros y adversarios (Antón y López, 1988). El jugador debe tener la oportunidad de afirmar su habilidad pero sin olvidar que debe adquirirla en un entorno específico de juego (Morcillo y Moreno, 2004), donde los rivales y compañeros condicionen su ejecución. Esto desacredita aquellos típicos entrenamientos más propios de malabaristas que de futbolistas. Por ello en el fútbol la mayoría de tareas deben tener presente a los tres mecanismos involucrados en el acto motor (Fradua, 2005), pues son los que inducen al jugador a analizar el problema, interpretarlo, solucionarlo mentalmente y ejecutar una actividad motriz como resultado final del proceso (Sánchez, 2003).

Desde la iniciación deportiva, se necesita respetar la interactividad entre contenidos por medio de la aplicación de situaciones reales (Castejón, 1995; Castejón, 2003), porque favorece las relaciones de reciprocidad que otorgan verdadero sentido a cada elemento constitutivo del deporte. De no ser así, los modos de ejecución que se aplican fuera de un entorno de enfrentamiento presentaran una grave distorsión cualitativa (Antón, 1990). Una conducción de balón libre por el campo de fútbol no se parece nada a la que un jugador puede realizar cuando ejecuta un contragolpe tras haber robado el balón en campo contrario. Por este motivo no se debe separar el modo de hacerlo de la razón por la que se hace (Garganta, 2003). Si estas circunstancias se tienen en cuenta en la preparación, conseguiremos educar de manera significativa. "Aprender la habilidad dentro del contexto en que se hace necesaria permite al alumno otorgarle sentido al aprendizaje" (Castejón y López, 2002:50). Interpretando las ideas de Ausubel (2002) aprender con el fútbol permite formarse mejor, puesto que se asimilan con más eficacia aquellos contendidos que se perciben como útiles. Al contrario un entrenamiento basado en la marginalidad no favorecerá la transferencia (Sáenz-López, 1994), puesto que luego el deporte va a reclamar estos contenidos en condiciones diferentes por nacer de un ambiente aleatorio de juego (Garganta, 2002). Por lo tanto el trabajo analítico necesita de un complemento para que puedan asentarse en el juego todos los automatismos conseguidos, mientras que la maniobra integral presenta el beneficio de la simultaneidad de circunstancias, ya que cada uno de los factores se desarrolla en tiempo y modo verdadero.

Para conseguir un entrenamiento completo son importantes las situaciones de juego y sus problemas derivados (Blázquez, 1995; Hernández et al., 2000; Rodríguez et al., 2001). Esto sólo puede conseguirse con la incorporación de ingredientes como el balón, la elección, la finalización, la colaboración y la oposición (Garganta, 2002). En definitiva, asegurando la adherencia entre ejecución y entorno, es decir, una aparición conjunta de técnica y táctica para obtener un beneficio recíproco de ambas (Espar, 1998; Gómez, Ortega y Sainz de Baranda, 2008). Por lo tanto, lejos de desprenderse de la formación técnica, esta estrategia entiende que los gestos deportivos sólo tienen sentido dentro de una atmósfera, rodeados por unas condiciones específicas que deben mantenerse durante el aprendizaje para recoger la utilidad necesaria y ser integrados en el registro motriz personal (Blázquez, 1995; Antón, 1998; Castejón y López, 2000; Giménez y Saénz-López, 2002; Castejón, 2003; Lisbona et al., 2009). Este matiz es muy importante puesto que *"se puede realizar un planteamiento de enseñanza global de la técnica, sin que ello signifique que se opta por una enseñanza del deporte desde la táctica"* (Castejón, 2005:5). Para ello bastaría con presentar los gestos deportivos completos pero disociados del deporte.

Este último ha sido un referente dentro de la formación deportiva tradicional, pensando que al principio el jugador sólo está capacitado para enfrentarse a trabajos técnicos y sólo una vez afianzados estos recursos, podrá participar en situaciones globales absolutas (Giménez, 2000). Independientemente de la dificultad de la habilidad motriz, ésta debe plantearse desde la globalidad y una vez que se intuyen las dificultades se pueden ir programando aprendizajes por partes (Singer, 1986). Incluso en el marco de los deportes colectivos la convivencia entre modelos debe partir del planteamiento global, incluyéndose después una estrategia segmentaria (Sánchez, 1992) y según el planteamiento de Delgado (1994) acabar nuevamente con una fase de aprendizaje integral. En esta secuencia pueden introducirse destellos analíticos cuando se observan verdaderas torpezas motrices vinculadas al mecanismo de ejecución (Devís, 1990; Konzag, 1992; Díaz, Sáenz-López y Tierra, 1995).

Estos errores técnicos aparecen con más contundencia cuando la tarea global de entrenamiento es el partido real. Cuando los entrenadores de fútbol y otros técnicos han descartado el juego de sus proyectos iniciales de formación, por la cantidad de errores que se expresaban en el mismo, estaban descartando el partido completo once contra once en fútbol o cinco contra cinco de balonmano... como herramienta de entrenamiento. Sin duda la cantidad de estímulos que aparecen en estos partidos conlleva una complejidad difícil de asimilar para el jugador (Sans y Frattarola, 2009) que también a mí me llevaría a descartarlo de mis planteamientos didácticos. Ante esta realidad se recurrió la simplificación máxima, con tareas cerradas, simples y analíticas, es decir, absolutamente técnicas, que impedían que los gestos fueran integrados eficazmente en la personalidad motriz del jugador (López y Castejón, 1997). Por lo tanto se paso de una extremo a otro sin considerar que entre ambos planteamientos existían múltiples alternativas intermedias (Giménez, 2000).

Partir de la globalidad supone ir más allá de tareas idénticas al deporte, integrándonos dentro de alternativas que puedan adaptarse a las necesidades discentes y docentes. Por ejemplo en las fases iniciales, es especialmente interesante la propuesta de Sainz de Baranda, Llopis y Ortega (2006) denominada *"tareas con objetos dinámicos"*. Según los autores una posibilidad dentro de la iniciación deportiva al fútbol, puede ser el uso de tareas donde el futbolista debe desenvolverse en un espacio en el que hay otros compañeros que no actúan ni a favor ni en contra y unos adversarios circunstanciales que no pueden participar directamente. Son buenas porque permiten el suficiente número de repeticiones para favorecer el aprendizaje técnico y además se puede mejorar lo táctico puesto que se incide en la percepción y toma de decisiones.

No obstante lo más normal en los planteamientos globales ha sido recurrir a una *"situación simuladora del hecho competitivo, la cual simplificamos para facilitar el umbral de accesibilidad al jugador o para sobreestimular algún aspecto que nos interese focalizar especialmente"* (Espar y Gerona, 2004:13). Estos acontecimientos de ficción son muy positivos desde el punto de vista didáctico porque manteniendo la semejanza con el deporte de referencia permiten derivar la atención hacia propósitos determinados. Así surgen situaciones más sencillas que el juego real, en las que los estímulos sean suficientes como para que el participante aprenda sin ser desbordado por las circunstancias (Bayer, 1986). Águila y Casimiro (2001) proponen dos estrategias:

1. E. Global modificando la situación real: la tarea se ejecuta en su totalidad, pero se modifican algunas condiciones de ejecución.
2. E. Global polarizando la atención: los participantes ejecutan la tarea en su totalidad, pero atendiendo con especial cuidado a algún elemento de la ejecución.

En todas las opciones el niño que aprende podrá comprobar en primera persona sus dificultades, sus posibilidades de participación y sus obligaciones para conseguir avanzar en el aprendizaje (Castejón, 2003). Siendo la perfecta preparación para la disciplina, puesto que cuando el niño va dominando la técnica en juegos que aún no son deportes reales, luego tiene más facilidad para incluirse en actividades deportivas (Castejón, 1994).

Según Sans y Frattarola (2009:381) a pesar de que *"la utilización generalizada de las situaciones reducidas supuso un notable aumento de la eficacia del entrenamiento, respeto a la utilización de formas analíticas"*, no menos cierto es que usarlas exclusivamente provoca que los jugadores tengan problemas para reconocer en la competición algunas situaciones que dominan cuando han sido entrenadas. Por eso no se debe descartar la globalidad pura. Su abuso perjudica la gestión del proceso, pero su aparición ocasional permite mantener la orientación del mismo. Sería un error querer programar sólo con modelos parciales, en el que aún teniendo presentes los principios tácticos esenciales del juego, no se consiga una vinculación total de los mismos con la práctica absoluta (Pazo y Piñar, 2006). Abusar de tareas condicionadas hace que *"los árboles no dejen ver el bosque"*, perjudicándose la comprensión de la disciplina, puesto que el ejecutante no llega a experimentar el juego real y por lo tanto se diluye entre propuestas que guardan únicamente matices esenciales del deporte.

La consolidación de certezas tiene que hacerse a la luz de las tareas completas once contra once. Por este motivo las forma globales puras deben simpatizar con otras polarizando la atención para configurar un aprendizaje de alto valor pedagógico (Castejón y López, 2006). Giménez (2000) recomienda en la práctica una evolución desde actividades y juegos simples hasta otros más complejos como son los predeportivos y deportes (Giménez, 2000).

Figura 7. Organización de los medios de entrenamiento en la enseñanza deportiva según Giménez (2000).

I.11. HERRAMIENTAS PARA ENSEÑAR A JUGAR AL FÚTBOL

La preparación eficaz es la que conserva las características de la disciplina a la que se dirige (Sans y Frattarola, 2003) y como *"el deporte de equipo es más que un conjunto de técnicas, sobre todo es un juego"* (Antón y Dolado, 1997:25), la mejor forma de conseguir una preparación adecuada no es a través de ejercicios técnicos sino empleando el juego de fútbol. Esta forma de entrenamiento genera un contexto de aprendizaje muy positivo porque pone en liza la mayoría de elementos integrantes de las modalidades de equipo (compañeros, adversarios, meta, móvil, reglas), para mejorar las habilidades motrices a la par que otras relativas al ámbito cognitivo y social (Giménez, 2000).

En una etapa como la iniciación deportiva, es posible admitir múltiples planteamientos, pero es difícil comulgar con aquellos que prescindan del juego (Castejón, 1994; Mariot, 1995; Sáenz-López, 1997; Giménez, 2000; Esper, 2002; Giménez y Sáenz-López, 2002), debido a que esta es la herramienta que más intensamente puede influir en las diferentes estructuras de un jugador en fase de formación (Espar y Gerona, 2004), ajustándose a cada nivel y poniendo de manifiesto su progreso y necesidades (Mombaerts, 1996).

Se producirá una repercusión en las aptitudes del futbolista sin caer en la mecanización, ya que la dinámica propia de estas tareas le permite la reconstrucción de acciones, frente a la memorización y recuerdo de los aprendizajes repetitivos (Ruiz Pérez, 1996) y también se conseguirá un efecto en las actitudes puesto que estas condiciones de entrenamiento generan ambientes divertidos, desafiantes (Águila y Casimiro, 2001) y lúdicos (Alonso, 1989) que se presentan como la excusa fundamental para seguir aprendiendo. El ánimo del jugador se impulsa por el carácter competitivo que va implícito en el juego (Brüggemann, 2004), edificando una atmósfera repleta de interés, compromiso y motivación (Blázquez, 1995; García et al., 2001) que es la clave para que el niño aumente su nivel de aprendizaje (Blázquez y Batalla, 1995; Águila y Casimiro, 2001; Castejón y López, 2002) puesto que son los más dispuestos quienes podrán obtener mejores resultados (Delgado, 1994).

Aunque el juego en si mismo se basta para manifestar sus inconfundibles atributos, el entrenador tiene que asegurar una puesta en escena propicia gobernando aspectos tan significativos como la recompensa, los ánimos, la consideración de los logros y fracasos o el conocimiento de los resultados, para estimular el potencial de la tarea (Águila y Casimiro, 2001). Cuando estos y otros detalles no se cuidan entonces el juego se impregna de tintes peyorativos, disonantes respecto al aprendizaje y se convierte en un utensilio recreativo que pierde poder pedagógico. Por eso no vale cualquier interpretación y para disfrutar de sus ventajas desde el punto de vista educativo es necesario respetar una serie de criterios (Tabla 32).

Tabla 32. Criterios a tener en cuenta en la aplicación de actividades aptas para el aprendizaje

Hanh (1988)
1. La actividad se debe construir en forma de reto, suponiendo una implicación suficiente por parte del ejecutante.
2. La dificultad debe ser mediana. Graduada suficientemente para que el niño encuentre el éxito si se esfuerza.
3. El niño debe poder percibir individualmente si su participación es positiva.
4. La tarea debe articularse para que aumente la capacidad actual de rendimiento del sujeto.
5. La actividad debe permitir que el jugador ejecute de nuevo, en condiciones diferentes, para poder mejorar un movimiento ya realizado.
6. Los participantes deben comprender la razón y la finalidad de las propuestas ofrecidas.
7. Las actividades deben ser simples, pudiendo ser resueltas en un tiempo suficiente.
8. Deben solicitar la implicación emocional de los participantes. El niño tiene que demostrar un talante positivo ante la tarea, comprendiendo que está ampliando sus posibilidades motrices.
9. Las tareas deben exigir del niño su compromiso motriz y también mental. Si se consigue, se estará formando deportistas inteligentes, por encima de los clásicos autómatas de que ejecutaban sin reflexión.
Castejón (1995:129)
1. El tiempo destinado a conseguir el objetivo debe ser el suficiente.
2. La actividad propuesta tiene que poder resolverse mediante la motricidad.
3. Actuar de manera planificada, sobre todo en relación al material y la instalación.
4. El profesor no debe únicamente presentar el problema, sino también reforzar los actos que vayan en el sentido apropiado.
Fradua (2005)
1. Debe cumplir con el objetivo para el que es diseñada.
2. Debe ser capaz de solicitar ese comportamiento el número suficiente de veces para poder ser asimilado.
3. Debe generar cierta motivación.
4. Debe garantizar un tiempo suficiente de práctica.

El entrenador necesita tener presentes estos criterios y acertar con la selección de actividades como requisitos para conseguir los aprendizajes previstos (Helsen, Starkes y Hodges, 1998; Espar y Gerona, 2004; Alonso y Lago, 2009). Respecto a la elección, para acertar hay que convencerse de que más allá de una recompensa al trabajo bien hecho, el juego es un verdadero recurso al servicio del aprendizaje (Giménez y Sáenz-López, 2002). Por eso no se pueden confundir las situaciones sólo lúdicas con las verdaderas tareas útiles para la enseñanza de los deportes colectivos. Normalmente las primeras no son muy interesantes porque son situaciones triviales que descansan sobre estilos analíticos, mientras que las segundas parten de "jugar para educar", es decir, son las verdaderamente interesantes porque capacitan al jugador para intervenir de forma inteligente en el deporte. En está línea se asientan las "situaciones problema" (Le Boulch, 1991; Mombaerts, 1996) como propuestas que incorporan escenas auténticas (Hernández et al., 2000), presentadas como obstáculos similares a los que emanan de la competición (Giménez, 2000) para entrenar los procesos cognitivos por medio de las situaciones variables que parten del juego y la exploración a través del creciente entusiasmo que nace de la curiosidad (Cavalli, 2008).

Esta idea de situación singular permite reunir elementos tan significativos para una tarea como son la intensidad de la competición, las condiciones de juego y la presión propia de los contextos reales (Baker et al., 2003; Piñar, 2003; Piñar y Cárdenas, 2004). Rozar la realidad permite que el niño interiorice las causas por las que suceden las cosas (Le Boulch, 1991), implicarle de manera total (Águila y Casimiro, 2000; Airas, 2008), respetarle como elemento nuclear dentro del proceso de enseñanza-aprendizaje (González, 1996) y estimular de manera específica los diferentes mecanismos que configuran su estructura motriz (Castejón, 1995)

Los conflictos motrices no suponen ceñirse a las condiciones absolutas. Únicamente ser respetuoso con "la complejidad real del deporte institucionalizado, practicado con todas sus consecuencias y acciones técnicas, táctica y reglamentarias" (Ticó, 2002: 90). La idea de utilizar juegos debe ir más allá del once contra once (Fradua, 2005) porque el aprendizaje y entrenamiento de los deportes colectivos reclama actividades más versátiles. Los juegos modificados son las estrategias ideales, puesto que permiten "aprender con el deporte" a partir de propuestas simuladoras que sin perder los rasgos del juego deportivo estándar (Lisbona et al., 2009) pueden situarse frente a la realidad del practicante (Torres y Rivera, 1994). Las responsabilidad de generar estas situaciones con la suficiente adaptación al futbolista es del entrenador (Mombaerts, 1996).

La ficción voluntaria de este tipo de actividades, permite la simplificación y orientación de contextos, por medio de episodios interesantes para la formación sin perder la sensibilidad de la disciplina deportiva. Para conseguir esta perturbación interesada del deporte hay que maniobrar sobre los *"elementos invariables del juego"* (Águila y Casimiro, 2001:36). Alonso y Lago (2009:130) afirman que este es un *"criterio pedagógico en el que el entrenador puede apoyarse para construir el grado de complejidad de la tarea propuesta, adaptándola al nivel de aprendizaje de los practicantes y permitiendo la estimulación o inhibición de las intenciones y acciones técnico-tácticas buscadas"*. Según estos autores, en fútbol los dispositivos implicados en la construcción de una tarea son: el espacio de juego, el tiempo, los compañeros y adversarios, la meta, las reglas y el balón. Por medio de la gestión de estos componentes podemos obtener una actividad nueva tantas veces como sea necesario. Cada combinación contribuye a la confección de un rico repertorio de situaciones motrices. Esto será posible siempre que la adecuación se produzca en términos auténticos, es decir, que el ímpetu por poseer una gran recopilación de tareas no provoque la creación de situaciones que vayan en contra de los principios fundamentales del juego. Si actuamos con la suficiente cordura, conseguiremos una adecuada progresión del aprendizaje (Giménez, 2000), un deportista que regularmente esta enfrentado a nuevos retos que mantienen vivo su interés y cumpliremos con el principio de la variabilidad en el entrenamiento deportivo. Pero cuidado, aún admitiendo que las modificaciones facilitan las posibilidades de transferencia y consolidación, también se debe tener presente que abusar del cambio no permite la permanencia de comportamientos (Alonso y Lago, 2009). La diversificación se debe hacer respetando la pauta de aprendizaje más adecuada (Hernández et al., 2001). Sin caer en la superficial aplicación de actividades hay que mantener el congruente sosiego, puesto que a través de la reiteración también llegan efectos positivos (Brüggemann, 2004). La clave está en conquistar el equilibrio entre lo nuevo y lo que es conocido, en el intento de poder ir refrescando las habilidades que progresivamente se van adquiriendo (Durand, 1988).

más fácil		menos fácil
	para el ataque	
amplio En 20x20 metros	**ESPACIO** Ejemplo: jugar un 4 contra 4	reducido En 10x10 metros
superioridad en ataque 5 que atacan contra 3 que defienden.	**PROPORCIÓN NUMÉRICA** Ejemplo: jugar a mantener la posesión del balón en un espacio de 20x20 metros.	inferioridad en ataque 3 que atacan contra 5 que defienden.
poco restricitivos Toque libre Pierna libre Todo el campo sin zonas 3 porterías	**REGLAS VARIAS** Número de toques Pierna de acción Zonas Número de porterías	muy restrictivos A un toque Sólo pierna izquierda Balón pasa por una zona. 1 portería.

Figura 8. Grado de variabilidad de diferentes parámetros en el diseño de tareas según Fradua (2005).

El proceso de entrenamiento debe graduarse por medio de un surtido de proposiciones que vayan mutando sutilmente en sus ingredientes fundamentales hacia la conquista de una destreza creciente. El punto de referencia lo constituyen las "tareas estrella", como recursos de confianza de cada técnico para generar respuestas personales e imprescindibles. Bonnet (1983) aconseja incrementar los recursos por medio de la utilización de variantes sobre las tareas principales.

En cualquier caso la modificación de los juegos debe producirse en base a unos retos asequibles (Águila y Casimiro, 2000), que impregnen la actividad de la dificultad óptima (Arias, 2008). La complicación debe ser tal, que sin configurarse como inalcanzable, pueda poner en compromiso las facultades del ejecutante para poder hallar soluciones (Ruiz Pérez, 1995; Castejón y López, 2002). Esto es muy importante porque inducir al fracaso, provoca en el sujeto sentimientos negativos que perjudican su motivación (Alonso y Lago, 2009). Entonces hay que ajustar la tarea con el objetivo de mantener intactos los niveles de compromiso (Giménez, 2000). En este planteamiento emerge el criterio del interés, en el sentido de que si a un jugador le gusta hacer aquello que sabe que pude realizar (Espar y Gerona, 2004), las actividades de entrenamiento estimularán la voluntad de aprender cuando oscilen entre la esperanza de conseguir éxito y el miedo al fracaso (Brüggemann, 2004). Si nuestras opciones de preparación se instauran fuera de este espacio de seguridad, entonces el interés y las posibilidades de aprendizaje decaen alarmantemente.

Capítulo 2.
Los métodos de enseñanza de los deportes colectivos. Especial referencia al fútbol.

"Lo que haces habla tan alto que no me deja escuchar lo que dices"
Oliver Mendell Holmes

Los aspectos metodológicos en el marco de los deportes colectivos y por supuesto dentro del proceso de enseñanza-aprendizaje del fútbol son una cuestión delicada, porque no existe un léxico unánime, sino un enredo conceptual (Sicilia y Delgado, 2002). Este barullo provoca que se utilicen términos diferentes para circunstancias idénticas o que se empleen estas palabras para propósitos equivocados (Yañez, 2004; Vegas, 2006, Alarcón et al., 2009). Ante esta realidad cualquier planteamiento que se precie debería desenmarañar primero, el espacio construido por términos como metodología, método, modelo... a fin de conseguir un discurso transparente y preciso.

La metodología según el Diccionario de la Real Academia de la Lengua, es el "conjunto de métodos que se siguen en una investigación científica o en una exposición doctrinal". Llevado al campo de la educación deportiva, Fraile (2005) señala que responde a la pregunta "¿cómo actuar?", puesto que se encarga de guiar a los técnicos en el aprendizaje de los jugadores. Para ello, la metodología se asienta en una serie de principios pedagógicos (Águila y Casimiro, 1999) que darán lugar a dos sendas diferenciadas: el método tradicional y el método activo (Devís y Peiró, 1992; Águila y Casimiro, 2000). Blázquez (1995) señala las diferentes denominaciones por las que pueden ser reconocidos ambos (Figura 9). Estos apelativos serán utilizados a lo largo del discurso con el objetivo de dar fluidez y ligereza a la redacción.

Figura 9. Denominaciones atribuidas al método tradicional y al método activo según Blázquez (1995)

Los métodos responden a la pregunta "¿cómo enseñar?" (Blázquez, 1986; Bayer, 1992) y representan la manera de conducir la enseñanza (Sicilia y Delgado, 2002), siendo la senda que nos permite alcanzar los objetivos" (Delgado, 1991). En la práctica, lo "tradicional" comulga con una organización centrada en la relación unidireccional del entrenador con el deportista, sometiendo a este último a proyectos analíticos, mecanicistas y monótonos sobre un deporte cada vez; la maniobra "activa" concibe la pluralidad de experiencias, intercalando deportes afines, en una atmósfera donde la implicación personal del deportista se conjuga con la supervisión del técnico para ajustar el aprendizaje a los intereses del niño (Méndez, 2005).

Estas dos perspectivas se encarnan en una serie de modelos, es decir, en un conjunto de planes organizados que sirven para orientar la enseñanza (De la Torre, 1998). En el marco de la formación deportiva cohabita el modelo tradicional o técnico, con otros denominados genéricamente como alternativos o tácticos (Sánchez Bañuelos, 1992; Blázquez, 1995; Devís, 1996; Águila y Casimiro, 1999; Méndez, 2003, 2005, 2009; Castejón, 2002, 2004, 2005; López y Castejón, 2005) (Figura 10). Este caudal metodológico enriquece las posibilidades de acción con la misma intensidad que incrementa el dilema entorno al marco pedagógico. Para simplificar diríamos que entre todas la versiones metodológicas al alcance del técnico una se identifica con el modelo técnico y todas las demás presentan rasgos contrarios a este (Sicilia y Delgado, 2002).

Figura 10. Modelos de entrenamiento en iniciación deportiva al fútbol.

El modelo tradicional plantea una iniciación deportiva vertical, es decir, en cada ciclo de entrenamiento sólo se puede aprender una modalidad deportiva. La otra opción metodológica también contempla la intervención horizontal, que se basa en la integración de diferentes modalidades deportivas en un mismo período preparación (Hernández et al., 2001). Además de esta diferencia, también existen matices característicos a cada estilo en los elementos formales involucrados en el proceso de aprendizaje (consideración del alumno, del entrenador, la relación entre ambos, el carácter educativo, el papel de la motivación...) puesto que cada uno de ellos responde a la sensibilidad marcada desde el entorno metodológico en el que se expresan.

Aunque en un principio el protagonismo indiscutible recaía sobre el modelo tradicional, actualmente esta opción metodológica se ha visto obligada a compartir protagonismo con los modelos que enseñan el fútbol insistiendo en el aprendizaje de la táctica y la toma de decisiones (Alonso y Lago, 2009). Esta convivencia es perfecta para el entrenador ya que siempre se necesita de varias alternativas pedagógicas para hacer frente a la realidad educativa.

Holt, Strean y García-Bengoechea (2002) piensan que aún no existe un enfoque ideal para la iniciación deportiva, pero sí existen opciones que se ajustan mejor que otras, por eso coincidimos con Moreno y Morcillo (2001) en que el aprendizaje desde la táctica que asumen los métodos alternativos es la más opción más completa para afrontar el proceso de formación de un deportista dentro de las disciplinas abiertas y no previsibles. Esto no quiere decir que debamos obviar otras opciones puesto que la intervención ideal es la que resuelve cada acontecimiento utilizando lo mejor de cada maniobra pedagógica (Devís y Sánchez, 1996).

II.1 EL MÉTODO TRADICIONAL

Los métodos del deporte moderno en su gestación estuvieron influidos por el pensamiento científico técnico que impregnaba la revolución industrial (Contreras, 1998; Contreras, de la Torre y Velázquez, 2001). En el siglo XX el auge de la psicología conductista provocó que las teorías basadas en el "condicionamiento operante" se aplicaran a diferentes ámbitos, entre ellos el del aprendizaje motor (Ruiz Pérez, 1996; Rodríguez et al., 2001). En el deporte apareció un método preocupado por la ejecución y desde entonces ha dominado el panorama de formación deportiva, vinculándose a la práctica totalidad de programaciones de entrenamiento con independencia de la disciplina y el tipo de sujetos que la desarrollaban (Bayer, 1986; Devis, 1990; Read y Devis, 1990; Lasierra y Lavega, 1993a; Ruiz Pérez, 1993; Hernández Moreno, 1994; Cárdenas y Moreno, 1996; Devís y Sánchez, 1996; Díaz, 1996; Werner, Thorpe y Bunker, 1996; Graça, 1997; Seirullo, 1999; Contreras, de la Torre y Velázquez, 2001; Alonso y Lago, 2009).

Los deportes colectivos no fueron una excepción y por eso fueron sometidos a un proceso de fragmentación, descomponiéndolos en partes significativas que después son aisladas para enseñarlas de manera progresiva antes de volverlas a unir para conformar la realidad completa inicial (McNamee, 1992). Entre los diferentes elementos los gestos deportivos siempre cosecharon un interés obsesivo (Bonnet, 1983), convirtiendo a la iniciación deportiva en una etapa de orientación técnica (Ruiz Pérez, 1996) en la que se concede muy poco espacio a la enseñanza del juego (Grehaigne y Guillén, 1992 citados por Garganta, 1997).

Aunque supuestamente en el presente parece superada la tiranía del modelo técnico, con poca aceptación ya en el ámbito docente

(Yañez, 2004), en la práctica todavía es una estrategia de gran calado en ciertos contextos de entrenamiento. En mi opinión el método tradicional ha sido una constante en los diferentes espacios deportivos porque ha estado acompañado de un carisma científico que concedía aparente prestigio a los técnicos que los aplicaban. Según Thorpe (1992) ha perdurado porque su presencia en la literatura especializada era incontestable. García (2001) por su parte cree que la razón para entender su insistente presencia en los programas de entrenamiento reside en la sencillez, puesto que arrimarse a los gestos deportivos es más simple que decantarse por la enseñanza de conceptos. Los contenidos son muy conocidos para el técnico y la información que el jugador recibe es muy fácil de identificar, con lo que resulta una estrategia cómoda que se va transmitiendo entre generaciones de entrenadores (Esper, 2002). Y por último quizás se haya mantenido por la obsesión de cuantificar el proceso de enseñanza-aprendizaje, que impulsa a los responsables del deporte a buscar elementos que les permitan obtener datos objetivos de la evolución de los deportistas. La técnica es un elemento que se acomoda muy bien en este proceso ya que es más fácil evaluar la ejecución de una habilidad que la toma de decisiones (Turner y Martinek, 1995).

II.1.1. Características generales.

El método tradicional piensa que la habilidad de un deportista depende del dominio de la técnica (Famouse, 1992; Solá, 2010). Por esta razón el entrenamiento de este contenido es una responsabilidad que se debe afrontar con rigurosidad (Read, 1992) asumiendo desde el principio un lugar indiscutible en las sesiones de entrenamiento, (Blázquez, 1986; Thorpe, 1992; Ruiz Pérez, 1993; Blázquez, 1995; Allison y Thorpe, 1997).

Después hay dos características más que marcan la filosofía del método tradicional (Bonnet, 1983):

1. La suma de los esfuerzos individuales trae consecuencias positivas en el colectivo.
2. La técnica aprendida de forma analítica puede aplicarse adecuadamente en situaciones de juego.

Al plantear el proceso se considera al niño como una "caja vacía" (Blázquez, 1995b), como una "tabla rasa" (Rodríguez, Calvo y Chacón, 2000), como un "libro en blanco" (Alonso y Lago, 2009), que debe ir completándose. Para ello no se tiene en cuenta el repertorio motriz del sujeto que comienza y se hace "borrón y cuenta nueva" programando desde un punto de inicio común para todos los componentes del equipo.

Al inicio el método utiliza una estrategia analítica (Díaz, 1996) que se lleva a cabo a partir del análisis secuencial y lineal de la disciplina (Bonnet, 1983). El entrenador pretende insistir en cada una de las partes del deporte por separado para que puedan interiorizarse mejor (Lasierra y Lavega, 1993a; Águila y Casimiro, 2001). Después cuando el niño reúne un número suficiente de aciertos, y gracias al carácter reversible de la estrategia, es reclamado para participar en una situación verdadera donde tendrá que poner de manifiesto las aptitudes mecanizadas durante la preparación individual (Lasierra, 1990). Según las directrices del modelo, sólo a partir del éxito, es decir, del dominio de la técnica se pueden introducir otros elementos como la táctica y otras estrategias como el juego (Thorpe y Bunker, 1982; Alonso y Lago, 2009).

El proceso que sigue el entrenador en el método tradicional queda resumido en la Figura 11.

Figura 11. Procedimiento seguido por el entrenador cuando aplica el método tradicional en la iniciación a un deporte.

La selección y organización de los elementos esta sometida al criterio de utilidad, es decir, se enseñaran de manera cronológica en función de su implicación en el rendimiento (Blázquez, 1995b; Rodríguez, Calvo y Chacón, 2000). Por eso la mayor atención recae sobre la técnica (Ruiz, 1993), de forma que en fútbol, la conducción, el regate, el pase, el tiro... aparecen desde el principio y dependiendo del juicio del entrenador, quien basándose en las percepciones de su época de aprendiz los organiza en el tiempo (Sánchez, 1992; Blázquez, 1995; Ibáñez, 1997; García, 2000; Águila y Casimiro, 2001; Contreras, de la Torre y Velázquez, 2001).

La programación también se confecciona según razones de complejidad creciente (Méndez, 2005; Alonso y Lago, 2009), utilizando una secuencia en la que primero aparece lo más básico y después aquello más complicado (Blázquez, 1995b). Para gestionar esta dificultad las directrices del modelo tradicional recomiendan descomponer el deporte generando situaciones más simples que eviten enfrentar al jugador con escenarios de potencial fracaso (Cavalli, 2008) y después elaborar encadenamientos de ejercicios (Ibáñez, 1997) que Blázquez (1986:38; 1995b:264) denomina *"progresiones pedagógicas"* y define como *"una serie más o menos larga de ejercicios que comparten una graduación en la dificultad"*, para facilitar el acceso a la tarea final (Ruiz, 1993). Bayer (1992:58) describe este procedimiento perfectamente: *"el principiante no pude acceder directamente a este ideal perfecto que representa el gesto del campeón, y el maestro descompone entonces el gesto complejo en elementos más simples que, mediante asociación de unos con otros, permitirán llegar progresivamente al modelo propuesto. De aquí las numerosas sistematizaciones elaboradas por la literatura deportiva para definir los gestos básicos o los gestos más simples, que cada vez más complejos y respetando una jerarquía, conducen a los gestos del campeón (...)"*. Como no se concibe el papel pedagógico del error, se tienen que confeccionar estas actividades facilitadoras del éxito. No obstante algunos autores como Rodríguez et al. (2001) respetan la posibilidad de utilizar esquemas ramificados donde a partir de la falta se buscan alternativas

En la filosofía de la enseñanza por partes se encuentra la necesidad de automatizar conductas (Ticó, 2002). Para conseguir esta forma de procesar los contenidos el método tradicional, clasificado de técnico, mecánico y analítico, también es asilado (Read, 1992), es decir, incorpora el aprendizaje "en dique seco" (Blázquez, 1986:39) ya que todo se entrena en un contexto diferente al que realmente otorga sentido a las cosas (Bunker y Thorpe, 1986; Devís, 1992; Ruiz,

1993). En la base de este planteamiento está la convicción de que existen una serie de técnicas idénticas que no modificarán su puesta en escena durante el juego y por tanto pueden ser aprendidas a partir de la simple reproducción (Blázquez, 1995b). Entonces la verdadera preocupación se sitúa en enseñar el modelo de hacer, aunque sea separado de la razones de hacer (Giménez y Sáenz-López, 2002; Garganta, 2002) y para ello se crean unas situaciones ideales para que la integración de automatismos nos se ve entorpecida.

En este contexto ideal se localiza como modelo perfecto el gesto del campeón (Blázquez, 1986), *"que se le presenta al jugador mediante diferentes formas (verbales, visuales, etc.) y a través de la repetición de esa técnica tipo se intenta conseguir la automatización del modelo, para una vez conseguida esta automatización transferirla a diferentes contextos en los que pueda ser aplicada"* (García, 2001:145). El patrón será presentado por el entrenador, porque como dice Cruyff (2002:26) *"si tú no sabes hacerlo, no puedes enseñarlo".* El técnico asume un papel predominante y la responsabilidad de producir en primera persona los elementos técnicos que se quieren transmitir y desde la perspectiva del experto encargarse de corregir los productos de los deportistas (Blázquez 1995b). El entrenador necesita ser un buen ejecutante, puesto que cualquier desviación en su demostración puede ser tomada por el alumno que le imita en todo lo que hace (Blázquez, 1995b). Además de la exposición práctica también debe recurrir a la explicación verbal de la tarea (Águila y Casimiro, 2000) detallando todos los aspectos que conducen a la correcta participación y dando las órdenes oportunas para que se cumplan (McNamee, 1992). Se puede observar una relación de carácter directivo entre el entrenador y el deportista (Delgado, 1991; Águila y Casimiro, 2001), que se difunde hasta coartar la iniciativa personal del aprendiz (Ruiz, 1996) y se refleja en la pasividad del jugador, quien debe estar al servicio del movimiento copiando todas las habilidades que se le ofrecen (Contreras, 1998). A partir de un objetivo se debe emitir una respuesta (Rodríguez et al., 2001) por lo que se genera una visión estática del aprendizaje (Méndez, 2005). La falta de dinamismo también se impulsa por la propia actuación del entrenador, quien se mueve por la intuición y no deja de repetir las estrategias que el mismo experimentó como aprendiz en el pasado (Blázquez, 1995b). Estamos ante técnicos con una escasa formación pedagógica y didáctica (Águila y Casimiro, 2001) que intentan encubrir sus carencias recurriendo a lo tradicional.

Recopilando, las responsabilidades del técnico en el método tradicional son (García, 2001):

1. Encargarse de suministrar el patrón de ejecución. Normalmente lo hace él mismo, pero sino puede valerse de otros instrumentos (otro jugador, material audiovisual...).
2. Vigilar la validez de los ejercicios y tareas. Controla el tiempo, el lugar de desarrollo y todas las demás variables de aplicación. Además se encarga de mantener los niveles de disciplina.
3. Ocuparse del conocimiento de los resultados, orientando estos hacia los parámetros de eficacia mecánica. La corrección de las actividades depende del grado de ajuste de la ejecución con un patrón considerado perfecto por el entrenador.

El inmovilismo en los comportamientos se observa también en la propia estructura de las lecciones, que apenas se ha modificado con el paso del tiempo (Alonso y Lago, 2009), guardando el siguiente esquema (Allison y Thorpe, 1997; Contreras, de la Torre y Velázquez, 2001; Pacheco, 2004):

1. Se comienza por un calentamiento sin balón.
2. A continuación se aplican habilidades técnicas descontextualizadas del juego. Se practica sin tener en cuenta los factores que configuran el deporte.
3. Por último, se pasa a un juego formal (5 contra 5, 7 contra 7, 11 contra 11).

Esta organización es al que puede conducir con mayor garantía hacia la victoria, porque en la sensibilidad del método el resultado ocupa un lugar destacado, condicionando todo el proceso a la obtención de éxitos. La habilidad debe ser demostrada continuamente por el aprendiz, teniendo que estar preparado para responder ante el entrenador, los padres, sus compañeros... con independencia de que su desarrollo personal quede ensombrecido por estas diligencias (Contreras, de la Torre y Velázquez, 2001).

Tenemos ante nosotros un método especialmente dedicado a los adultos que se aplica a los niños con leves matizaciones (Águila y Casimiro, 2001; Vegas, 2006). Esta apreciación le convierte en una estrategia cuestionable desde el punto de vista educativo pues según un enfoque constructivo de la enseñanza algunas de estas características se perciben como un ataque a la construcción personal del deportista. A continuación vamos a tramitar todos aquellos atributos que según nuestra concepción de la enseñanza deportiva enturbian la atmósfera que debería rodear al fútbol infantil.

II.1.1.1. Debilidades asociadas al método tradicional

Con debilidades quiero subrayar los preceptos del método tradicional que no colaboran en la construcción de una enseñanza positiva. Muchos de los rasgos de este método cuando se difunden en la escena de los deportes colectivos y en la etapa de iniciación deportiva representan un verdadero obstáculo en la formación (Romero y Vegas, 2002). Las deficiencias podrían agruparse según tres planos significativos (Contreras, de la Torre y Velázquez, 2001):

El educativo.

El del contenido a enseñar.

El del sujeto al que va dirigida la intervención.

Además Castejón (2003) añade limitaciones desde la perspectiva teórica pues estamos ante una enseñanza que adolece de un marco conceptual, razón por la cual aún estando asentada en la realidad práctica posee verdaderas limitaciones para la iniciación deportiva.

Precisamente esta realidad práctica ha dejado de tener la coartada del marco bibliográfico. En los últimos años, gran parte de la literatura especializada ha revertido su posicionamiento frente al método, apareciendo reseñas que insinúan sus flaquezas. Al respecto Sánchez Bañuelos (Blázquez, 1995:258) considera que es un método nocivo debido a:

1. Su carácter analítico... *¡pérdida de contacto con el contexto global y real!*
2. El directivismo... *¡pérdida de iniciativa por parte del niño/a!*
3. El desencanto... *¡no es tan divertido como el principiante creía!*
4. Retrasar la culminación del aprendizaje... *¡no se juega hasta que no se domina los gestos técnicos!*
5. Producir aburrimiento... *¡prefiere jugar a...!*
6. Focalizar el aprendizaje en la consecución del éxito ante los demás...*¡sólo se reconoce los resultados demostrados!*

Otros autores como Lasierra (1990), Devís (1992; 1996), Thorpe (1992), Cárdenas (2000) han anunciado también diversas fragilidades del modelo tradicional, tal y como presentamos en la Tabla 33.

Tabla 33. Debilidades del método tradicional en su aplicación dentro de la etapa de iniciación deportiva.

Lasierra (1990)	La programación debe estar al servicio de los sujetos a los que va dirigida. El niño tendrá dificultades para adaptarse a unos patrones de acción que le son impuestos desde fuera. El niño puede encontrar problemas a la hora de transferir los patrones de movimiento ejecutados en circunstancias ideales a situaciones reales de juego. Es dudosa la eficacia de descomponer un gesto técnico en partes. Las intenciones tácticas o el entendimiento de lo que se debe hacer, debe preceder al cómo hacerlo o modalidades técnicas. A menudo se promueven más situaciones ofensivas que defensivas. Estos es un error que debe ser solucionado estableciendo un equilibrio racional entre las formas de ataque y las de defensa.
Devís (1992)	Se ignoran elementos nominales de estas actividades, es decir, no se considera su complejidad, incertidumbre y adaptabilidad. Aísla los pensamientos abiertos, la capacidad de respuesta a situaciones nuevas y las posibilidades de reflexión, decisión, imaginación y creatividad. Relega a muchos participantes al exilio motriz, impidiéndoles que disfruten relamente del juego. Además se constituye como una actividad discriminatoria y selectiva, que favorece la intervención de los que mejor ejecutan, renegando de quienes en ese momento no son capaces de alcanzar un gesto técnico notable, aunque posean otras virtudes.
Thorpe (1992)	La mayoría de los sujetos que se sometían a este tipo de aprendizaje no obtenían progreso. Al final del período escolar apenas se lograba un conocimiento de los juegos deportivos. Los "habilidosos" en realidad presentaban una técnica limitada y una capacidad de decisión pobre. El jugador era dependiente del profesor. No se formaban "espectadores" hábiles.
Cárdenas (2000)	La repetición de ejercicios provoca aburrimiento. El aprendizaje no es significativo puesto que no es fiel a la realidad del juego. El abuso de la enseñanza por instrucción directa provoca la ausencia de creatividad y la formación de estereotipos. Escasa implicación cognitiva de los alumnos. Excesivo protagonismo de la técnica sobre otros aspectos como la táctica o la preparación física. La ausencia de mecanismos de decisión provoca un insuficiente registro táctico por parte del jugador.

Personalmente creo que lo más alarmante es el empobrecimiento al que somete al deportista y al propio deporte. Consume al futbolista por sus procedimientos contrarios a las condiciones que deberían rodear a la formación motriz en la infancia. Y oscurece la disciplina por someterla al rigor de la técnica, ya que en deportes como el fútbol la búsqueda del automatismo motriz cuanto menos tiene que ponerse en duda. ¿Es útil la obstinación por los gestos deportivos en una disciplina de alta complejidad perceptiva? ¿Qué sentido puede tener dentro de un entorno educativo, el uso de la imitación como recurso estrella para el aprendizaje?

La copia reiterativa de modelos como estrategia cardinal dentro de la iniciación deportiva confunde al niño, pues le induce a pensar que el fin último de la actividad es la reproducción de una habilidad específica y no le transmite que lo verdaderamente relevante es aprovecharse de esa habilidad para conseguir el resultado deseado (Gentile, 1972 en Famouse, 1992).

Si tenemos en cuenta que fútbol es más que un control, un pase, un tiro... En el marco de los deportes de cooperación-oposición el método tradicional engaña al niño, pues le insinúa que tendrá éxito si retiene una serie de comportamientos motrices sacados de un patrón contrastado. Esto es un gran error de la pedagogía directiva, pues para el jugador de fútbol la formación de estereotipos, incluso en el plano de la técnica deportiva, por si mismo no resolverá el conflicto que se desprende del juego. Quedarse en la memorización estricta de movimientos es una invitación al fracaso, pues estos deportistas además de dominar una serie de habilidades, tendrán que ser capaces de construir una estrategia de acción, valorar sus posibilidades de intervención e interpretar las condiciones de juego (Ruiz Pérez y Arruza, 2005). Evidentemente desde el contexto de entrenamiento que esta metodología propone, donde la repetición y la mecanización se imponen a la reflexión, es imposible alimentar cualquier requisito cognitivo, y por lo tanto será muy difícil conseguir que el practicante comprenda su deporte (Contreras, 1998; García, 2001). Podemos decir que este modelo provoca un escaso conocimiento del deporte (Thorpe, 1992).

Con la excusa de facilitar el camino del futbolista hacia el aprendizaje, el método recomienda construir situaciones sencillas. Para conseguirlo disecciona el deporte entrenándose por separado la técnica, la táctica o la prelación física. Esto no parece ser lo más sensato porque a costa de conseguir facilidad, se pierde la verdadera dimensión del deporte, ya que en fútbol cada elemento tiene sentido manteniendo su recíproca relación con los demás y si esta interacción se pierde, también se elimina el sentido de cada elemento (Toral, Vicente y García, 2005). Por lo tanto ¿esta estrategia analítica facilita la intervención del niño? Creemos que no, porque *"el aislamiento de la ejecución de los movimientos crea situaciones artificiales que el niño en la fase de operaciones concretas no es capaz de asimilar, pues para él carecen de lógica"* (Águila y Casimiro, 2000:2). En el intento de allanar el camino, renunciando a condiciones aledañas al juego, se pierden identidades que desconciertan al jugador frente al deporte, pues está participando en una maniobra que adolece de aplicación a la situación real. Estaremos consiguiendo que los gestos deportivos practicados se integren en la motricidad del sujeto, pero no será tan sencillo ponerlos al servicio del deporte (Blázquez, 1986). El distanciamiento entre los elementos técnicos y la participación en el juego que se produce durante la enseñanza de los primeros, no contribuye a configurar una participación positiva durante la competición (Esper, 1998). Por eso el método analítico no puede prescindir de los elementos colaterales al deporte: espacio, normas, móvil, compañeros, adversarios, tiempo motriz...

Este aprendizaje por partes subraya la incompetencia del niño (Almond y Warning, 1992), puesto que quienes logran ejecutar bien en los entrenamientos después cuando se convierten en jugadores, cuando se sitúan frente al deporte no saben que hacer con ese conjunto de técnicas aprendidas y fracasan. El refuerzo sólo lo obtienen aquellos más habilidosos y capacitados físicamente, pero discrimina a otros muchos cuyo fuerte es la creatividad y que podrían haber brillado con planteamientos más cualificados (Devís y Peiró, 1995). En cualquier caso ninguno podrá expresar las condiciones técnicas dentro de un ambiente táctico, porque no poseen un conocimiento acerca del juego (Werner y Almond, 1990). Por lo tanto el proceso analítico origina sensación de fracaso y un consiguiente descenso de la motivación (Hernández, 2004).

Si el deporte no se presenta en su dimensión cotidiana, la comprensión no puede conseguirse. Por lo tanto hay que jugar para conocer el juego y así poder enfrentar al niño a un conjunto de técnicas contextualizadas y todos aquellos elementos que las condicionan. El mensaje que se debe transmitir es que los gestos deportivos, en el ardor de la competición, no son más que un medio al servicio del éxito. Renunciar a la transferencia puede ser una de las mayores flaquezas del método tradicional (Graça, y Oliveira, 1997).

II.1.1.2. Fortalezas asociadas al método tradicional

Las connotaciones asociadas al método tradicional hacen que sea una estrategia fácil de utilizar por los entrenadores inexpertos (Turner y Martinek, 1995). Estos técnicos pueden disfrutar de ventajas relacionadas con el control del grupo, la observación de las ejecuciones, la disciplina y la evaluación (Méndez, 2005). El entrenador a priori no tiene que preocuparse de tantas variables como en otras maniobras metodológicas lo que facilita su intervención (García, 2001).

Por medio de la puesta en escena de los valores del método mecanicista, va a ser posible alentar la competencia motriz a corto plazo incrementándose las posibilidades de obtener resultados positivos dentro de las competiciones en que se participe (Sánchez, 1992; Contreras, 1998; Contreras, de la Torre y Velázquez, 2001; Méndez, 2005). Por lo tanto es una forma de trabajo ideal para aquellos ambientes caracterizados por las condiciones competitivas.

Además gracias al método tradicional se podrá conseguir (Díaz, 1996):

1. Mejorar un objetivo concreto. El método es perfectamente aceptable como estrategia correctora. En este sentido es muy útil para corregir errores técnicos considerables, a través de un orientación de la práctica hacia el elemento en cuestión (García, 2001).
2. Enseñar de manera más individual. Ligado a lo anterior, es posible
3. Ejecutar un elevado número de repeticiones. La carga de entrenamiento es perfectamente controlable y cuantificable. Nos aseguramos que el deportista invierte el tiempo necesario para asimilar los contenidos programados.

II.1.2. El modelo técnico vertical en los programas de entrenamiento del fútbol.

Esta alternativa metodológica tiene por objetivo *"coordinar y dominar la técnica"*, observándose un claro énfasis en el desarrollo del mecanismo de ejecución (Jiménez, 2000:39). El interés dirigido al aprendizaje de los gestos deportivos ha sido asumido a lo largo del tiempo por la mayoría de entrenadores de fútbol contaminados por las rutinas derivadas de los deportes individuales y por lo que podían observar en la literatura especializada del momento. Podemos citar a autores como Gayoso (1982), Nieto y Martínez (1982), Vázquez Folgueira (1981 y 1983), Duque Mata (1986) o Cantarero (1995), que hacen planteamientos asentados en el entrenamiento técnico a partir de ejercicios analíticos.

Gayoso (1982) organiza el aprendizaje del fútbol con una serie de progresiones pedagógicas, que se repiten en cada una de las tres partes en que estructura su libro "El niño y la actividad física y deportiva: enseñanza del fútbol":

1. Ejecuciones técnicas individuales ofensivas.
2. Ejecuciones técnicas individuales defensivas.
3. Ejecución del guardameta.

El procedimiento, utilizado también por Nieto y Martínez (1982) en el libro "Fútbol: teoría y práctica de la técnica individual", se compone de una explicación teórica previa y unos ejercicios de asimilación de características muy concretas: ausencia de oposición, control de error, importancia de la repetición para conseguir un gesto ideal...

Vázquez Folgueira (1981 y 1983) también organiza sus 4 fases de iniciación deportiva al fútbol entorno a la técnica deportiva. Para ello se ocupa de la técnica individual con y sin balón, la técnica colectiva y otros elementos facilitadores como los desplazamientos, saltos, giros... (Figura 12)

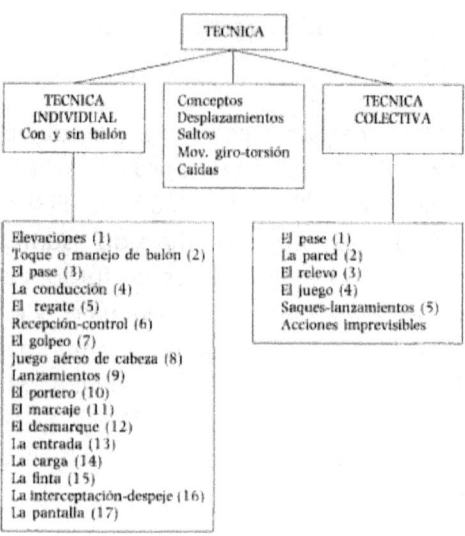

Figura 12. La técnica aplicada a distintos niveles según Vázquez Folgueira (1983)

Por último, tanto en la propuesta de Duque Mata (1986) como en la de Cantarero (1995) se percibe la preferencia por el contenido técnico ya que la estructura de sus obras esta relacionada con los diferentes gestos existentes en el fútbol y la metodología tradicional que siempre se ha utilizado para su el aprendizaje.

II.1.3. Ejemplificación de un programa de modelo técnico para el entrenamiento de fútbol.

PROGRAMA DE ENTRENAMIENTO TÉCNICO EN CATEGORÍA BENJAMÍN Y ALEVÍN

JUSTIFICACIÓN

Según los planteamientos tradicionales desarrollados en el marco de la iniciación deportiva, para aprender un determinado deporte hay que dominar su técnica. En nuestro caso, para que nuestros futbolistas alcancen la maestría necesaria deben manejar un buen número de recursos técnicos y esto hace que el programa de aprendizaje deportivo se centralice casi con exclusividad sobre el mecanismo de ejecución.

Este enfoque de la enseñanza deportiva implica la utilización de escenarios muy concretos, representados por ejercicios donde se prescribe una motricidad aislada, al principio exenta de valores que añadan incertidumbre con el objetivo de facilitar la asimilación del gesto deportivo. Esto es posible debido a que se da por supuesta que si el jugador llega a dominar el balón, aunque sea en estas condiciones, no tendrá después problemas para emplear estas prestaciones físico-técnicas en una situación de juego real.

Estas automatización adquieren sentido sobre un gesto ideal, sacado de un modelo de rendimiento comprobado, que se transmitirá mediante una exposición normalmente a cargo del propio entrenador. Después cada futbolista comienza a repetir las veces que sea necesario una determinada secuencia de movimientos que permita alcanzar el patrón representado. Si se advierten excesivas dificultades o se presumen complicaciones por la dificultad asociada al movimiento, entonces se incorpora una sucesión de ejercicios que faciliten la práctica. Un ejemplo de esto lo tenemos en los encadenamientos técnicos.

El técnico cuando se ha convencido del dominio y ha comprobado que el sujeto ha tenido una cantidad de aprendizaje suficiente, incorpora el juego para que el niño demuestre de nuevo los progresos alcanzados. Normalmente esta actividad global se sitúa al final de la sesión y no incorpora apenas instrucciones tácticas.

Dentro de este panorama, el resto de contenidos (táctica, condición física y preparación psicológica) se admiten pero sin conexión entre ellos. Únicamente se unen en ese juego final, pero esta unión aparentemente no esta sujeta a ninguna directriz porque esta tarea se suele emplear también como compensación exclusivamente lúdica.

OBJETIVOS GENERALES
1. Perfeccionar la técnica individual del jugador, participando en tareas analíticas sobre los gestos básicos del fútbol.
2. Asegurar la condición física del futbolista, de manera que esta no influya de manera negativa en la disposición técnica del individuo.

OBJETIVOS ESPECÍFICOS

Técnicos
1. Dominar los gestos técnicos específicos de ataque para participar con garantías en la fase ofensiva.

Condición física
1. Mejorar las cualidades físicas del futbolista para que puedan colaborar en la adquisición de las habilidades técnicas de referencia.

Psicológicos
1. Mejorar los elementos facilitadotes del rendimiento en competición.
2. Estimular valores relacionados con el juego, con el objetivo de convertirlos en referencia clave para la consecución de resultados.
3. Refinar los elementos asociados al talante del campeón, haciendo de la superación, la valentía, el esfuerzo y la perseverancia, comportamientos de éxito.
4. Participar en situaciones de alta eficacia motriz, asegurando situaciones de elevada pretensión formativa.
5. Desarrollar el talante competitivo, regulando factores del carácter que conduzcan directamente a su estímulo.
6. Hacer del deporte una actividad segura, higiénica y saludable.

CONTENIDOS

- El pase.
- El control.
- La conducción.
- La habilidad con balón.
- El regate.
- El tiro a portería.
- El golpeo de cabeza.

TEMPORALIZACIÓN

N°/s	Contenido fundamental	Propósito
I	Test inicial	Valorar la técnica individual del futbolista.
1	El pase corto	Mejorar el pase como elemento sustancial del juego de equipo.
2	El pase medio y largo	Aprender los distintos tipos de pase que pueden utilizarse según la distancia de estos.
3	El control	Dominar el balón, como exigencia para participar correctamente en el juego.
4	El control orientado	Perfeccionar el control orientado como factor consustancial al juego eficaz.
5	La conducción	Mejorar el desplazamiento con balón.
6	La conducción	Dominar los distintos tipos de conducción en función de la velocidad de acción y la intensidad de la oposición.
7	El ciclo control, conducción, pase.	Mejorar la ejecución de gestos técnicos unidos en una secuencia de acción combinada.
8	El golpeo de cabeza	Golpear el balón de cabeza
9	Habilidad con balón	Aprender a dominar el balón en diferentes situaciones.
10	El regate simple	Mejorar el gesto técnico del regate.
11	El tiro cercano	Practicar tiros cercanos utilizando diferentes superficies de contacto con el balón.
12	El tiro a primer toque	Mejorar el tiro a portería a primer toque y con balones en movimiento
13	El tiro lejano	Practicar tiros desde fuera del área, ante balones recibidos en diferentes situaciones.
14	El ciclo conducción, regate, tiro.	Mejorar la ejecución de gestos técnicos unidos en una secuencia de acción combinada con finalización.
15	El ciclo, conducción, pase, control y tiro.	Mejorar la ejecución de gestos técnicos unidos en una secuencia de acción combinada con finalización.
f	Test final.	Valorar la técnica individual del futbolista.

METODOLOGÍA

Se utilizará una metodología analítica, en la que del deportista ejecuta sin salirse del rigor marcado por el entrenador, quien utilizará preferentemente métodos directivos para desarrollar la unidad de trabajo.

El jugador es un mero repetidor de los modelos transmitidos por el técnico, donde practicará sobre un gesto universal de acción, igual para todos los futbolistas, que sólo podrá ser modificado en función de necesidades personales cuando se observen verdaderas dificultades que obliguen a introducir otras tareas más sencillas.

El único problema que se le plantea al jugador está relacionado con la ejecución motriz. Lo trascendental se inserta en el ¿Cómo hacer? En principio no interesa conocer ¿Qué hacer?, ¿Cuándo hacer?, ¿Dónde hacer?...

La variabilidad del entrenamiento está presente en el contenido de trabajo, puesto que el programa pretende abarcar el espectro de gestos técnicos característicos del futbolista. La monotonía se observa en el tipo de ejercicios constituyentes, la mayor parte de las veces individuales o de pequeño grupo, sin adversario y en situaciones cuya complicación cognitiva es escasa. Esta sensibilidad presente en los ejercicios y en la forma de presentación no ofrece demasiadas oportunidades a la recreación y la diversión.

La estructura de sesión sigue un patrón inalterable, característico de los modelos de enseñanza tradicional: comienza con un calentamiento tipo, sigue con la parte principal y finaliza con un tiempo dedicado a la recuperación.

El calentamiento se inicia con actividades aeróbicas, normalmente identificadas con la carrera continua y los estiramientos y finaliza con una fase específica en la que se da libertad al niño para que practique acciones de carácter técnico-coordinativo orientadas a un elemento técnico particular.

En la parte principal se evoluciona desde las actividades de pequeño grupo hasta las de gran grupo, en ocasiones incluyendo oposición pasiva o de intensidad media. En total se plantean 5 actividades de 5 minutos cada una para completar la sesión. Para finalizar el bloque principal siempre se cuenta con un juego con normas básicas, más a modo de dispersión que como foco de verdadero aprendizaje.

En las sesiones de tiro, se ha creído oportuno eliminar una actividad, puesto que la organización en gran grupo, hacía que el tiempo disponible fuera menor.

Sobre este último aspecto, se utilizan organizaciones de filas e hileras, puesto que son estructuras muy comunes a la hora de estructurar el tipo de trabajo según las metodologías tradicionales.

Las tareas propuestas son la primera opción para el entrenamiento de cada equipo, sin embargo pueden ser adaptadas en sus parámetros estructurales a las características del equipo y la situación del momento. Estos cambios serán posibles siempre que la actividad que resulte, guarde la concordancia suficiente con el objetivo prescrito para la sesión en cuestión. La configuración de los grupos, espacio, tiempo de ejecución... son algunos de los parámetros que el entrenador deberá manejar para que el aprovechamiento del supuesto sea máximo.

En cada tarea, el entrenador comienza demostrando lo que quiere. También puede utilizar a algún alumno hábil, de manera que sea de una forma u otra, el modelo de ejecución queda claro para todos, y se convierta en pauta de acción única. Sobre la manifestación motriz de cada jugador, el entrenador deberá corregir y aconsejar, para intentar conseguir en cada sujeto el gesto tipo ideal. De la misma manera debe asegurar que la cantidad de trabajo sea suficiente, incluso apuntando los tiempos de inicio, fin y ritmos de acción.

EVALUACIÓN

Antes y después de ejecutar las sesiones de entrenamiento, se desarrollan una serie de pruebas para la valoración de la habilidad técnica de los futbolistas. Con estas pruebas se intenta medir el desplazamiento y el golpeo de balón en unas condiciones fuera del juego.

Nos serviremos de una serie de pruebas sacadas de la batería de test técnicos empleada por la "Football Association", y que ha sido validada por el profesor Tim Holt.

1. Conducción con el balón.
2. Conducción con cambios de dirección.
3. Regate.
4. Cabeceo.
5. Golpeo de balón.

Además, durante el programa, cada entrenador realiza una observación cualitativa a través de un diario de campo, en el que valora los sucesos más significativos relativos a la participación del futbolista y a la adecuación de la sesiones.

1	OBJETIVO: Mejorar el pase como elemento sustancial del juego de equipo. CONTENIDO fundamental: El pase corto. *Contenido adyacente: el control.*

CALENTAMIENTO

CALENTAMIENTO:
1. 3' *"elasticidad"*, estiramiento por parejas, dirigido por compañeros.
2. 3' *"aeróbico inicial"*, vueltas al campo de fútbol.
3. 3' *"movilidad articular en 2 filas"*, los jugadores se dividen en 2 filas y realizan ejercicios simples de movilidad articular y desplazamientos variados hasta la posición del entrenador. Después regresan al punto de inicio en carrera.

ADECUACIÓN TÉCNICA:
4. 3' *"técnica libre"*, los futbolistas realizan dominio de balón.

PARTE PRINCIPAL

"exposición del modelo: pase corto con interior y exterior del pie a balón parado y balón en movimiento"

5' *"pasar el balón a la fila frontal y cambiar al lateral"* Se organiza un cuadrado de 10 metros de lado, con 3 niños en cada vértice. Hay dos balones en cada lado del cuadrado. El jugador correspondiente comienza dando un pase a la fila de enfrente y cambiando su posición hacia la fila lateral. Primero el pase es con el interior del pie derecho y luego con el pie izquierdo; después con el exterior del pie; y por último hay que golpear al balón de primera con el interior/exterior del pie derecho/izquierdo.

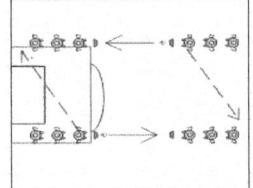

5' *"pasar el balón al compañero haciendo que este pase entre dos chinos"*. Dos jugadores frente a frente, separados por una distancia de 10 metros, en medio de la cual hay una portería de 1 metro de ancho. Cada jugador enviará el balón al compañero intentando que este pase por entre los chinos. Primero el pase es con el interior del pie derecho y luego con el pie izquierdo; después con el exterior del pie; y por último hay que golpear al balón de primera con el interior/exterior del pie derecho/izquierdo.

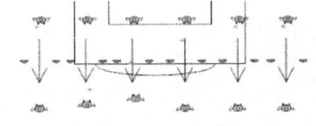

5' *"pasar a un compañero que varia su posición"*. Dos jugadores colocados frente a frente, con una separación de 10 metros. El jugador que va a recibir el balón realiza desplazamientos cortos adelante, atrás y a los lados. El futbolista con balón debe pasar el balón al compañero, anticipando la situación espacial que este va a adoptar. Realizar el golpeo siempre tras un control previo. Alternar pierna derecha e izquierda.	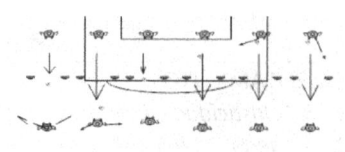
5' *"pasar por el pasillo"* un jugador con balón va avanzando a la vez que hace repetidos pases con los compañeros que han compuesto una hilera. Al llegar al último lugar se coloca en el sitio correspondiente y colabora con otro jugador. Realizar desplazamientos en distintas orientaciones para poder realizar el golpeo con la pierna derecha e izquierda.	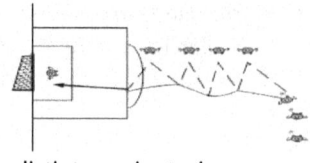
5' *"pase en parejas, tras parar el balón y a la vez que se desplazan por un recorrido previsto"* Dos jugadores se desplazan por la mitad del campo de fútbol-7. El que tiene balón busca a su compañero y e intercambia el balón, este controlará y se dispondrá a realizar una nueva acción. Tener en cuenta que en el mismo espacio, intervienen el resto de parejas. De la misma manera, mantener una distancia propia de la ejecución de pases cortos. Buscar siempre diferentes orientaciones.	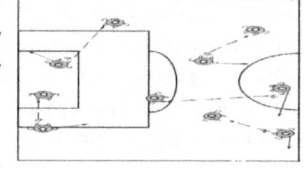
20' *"juego libre"*. Dos equipos juegan un partido en el campo de fútbol-7. Se recomienda prestar espacial atención sobre la acción ejecutada en la sesión, pero sin incidir de una forma programada en este contenido.	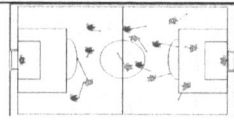
PARTE FINAL	
VUELTA A LA CALMA 5' ejercicios de elasticidad muscular	

2	OBJETIVO: Aprender los distintos tipos de pase que pueden utilizarse según la distancia de estos. CONTENIDO fundamental: El pase medio y largo. *Contenido adyacente: el control.*

CALENTAMIENTO

CALENTAMIENTO:
1. 3' *"elasticidad"*, estiramiento por parejas, dirigido por compañeros.
2. 3' *"aeróbico inicial"*, vueltas al campo de fútbol.
3. 3' *"movilidad articular en 2 filas"*, los jugadores se dividen en 2 filas y realizan ejercicios simples de movilidad articular y desplazamientos variados hasta la posición del entrenador. Después regresan al punto de inicio en carrera.

ADECUACIÓN TÉCNICA:
4. 3' *"técnica libre"*, los futbolistas realizan dominio de balón.

PARTE PRINCIPAL

"exposición del modelo: pase medio y largo con empeine interior a balón parado y balón en movimiento"

5' *"pase entre parejas separadas más de 15 metros"*. Dos jugadores si sitúan en el espacio asignado, uno enfrente de otro y realizan: 10 pases con la pierna derecha a balón parado; 10 pases con la pierna izquierda a balón parado. Una vez realizado, lo anterior, realizan lo mismo en desplazamiento, haciendo un pase al compañero y buscando una nueva ubicación para recibir el balón correspondiente.	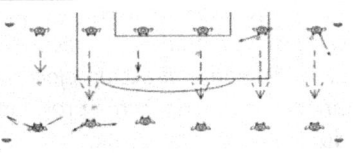
5' *"triángulo de pases"*. Grupos de 4 jugadores. En un vértice hay dos futbolistas, uno de ellos con balón. Este empieza la tarea, dando un pase a cualquiera de los otros dos jugadores, y desplazándose tras el balón. El jugador correspondiente, controlará el balón y realizará la misma acción técnica.	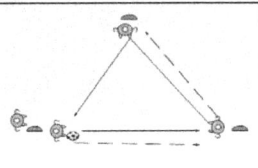
5' *"y de pases"*. Grupos de 6 jugadores, que se colocan formando una *"y"*. Se realiza la siguiente combinación: *ab-ba-ac-cd-de* y *e* comienza una nueva secuencia. Siempre hay desplazamiento donde va el balón.	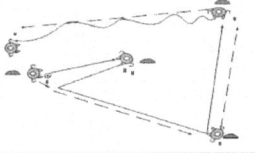

5' *"rueda de pase con cambio de posición"*. 6 jugadores se colocan como se indica. Realizan la siguiente secuencia: *ab-ba-ac-cd-de-e* finaliza con tiro a portería. Después *f* comenzará una nueva secuencia. En cada lugar se utiliza el pie que ha marcado el entrenador (*a, b, c, e*: pie derecho; *d*: pie izquierdo). Hacer el ejercicio por los dos costados. Siempre, el jugador se desplaza al lugar donde ha pasado el balón.	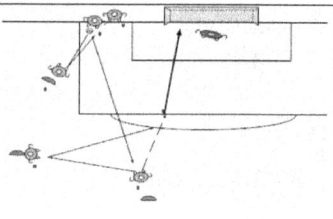
5' *"pase ocupando tres carriles, con desplazamiento simple"*. Se realizan 3 filas, una central y otra a cada lado del campo. Empieza el jugador con balón pasando hacia un lado, en pase de progresión, el jugador correspondiente controlará el balón y volverá a combinar con el compañero del centro, quien ahora abrirá el balón hacia el otro lado y así sucesivamente hasta alcanzar el área y finalizar con un tiro a portería.	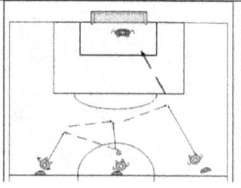
20' *"juego libre"*. Dos equipos juegan un partido en el campo de fútbol-7. Se recomienda prestar espacial atención sobre la acción ejecutada en la sesión, pero sin incidir de una forma programada en este contenido.	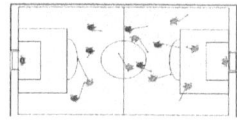 |//
PARTE FINAL	
VUELTA A LA CALMA 5' ejercicios de elasticidad muscular	

3	OBJETIVO: Dominar el balón, como exigencia para participar correctamente en el juego. CONTENIDO fundamental: El control de balón. *Contenido adyacente: el pase.*

CALENTAMIENTO
CALENTAMIENTO: 1. 3' *"elasticidad"*, estiramiento por parejas, dirigido por compañeros.   2. 3' *"aeróbico inicial"*, vueltas al campo de fútbol.   3. 3' *"movilidad articular en 2 filas"*, los jugadores se dividen en 2 filas y realizan ejercicios simples de movilidad articular y desplazamientos variados hasta la posición del entrenador. Después regresan al punto de inicio en carrera.   ADECUACIÓN TÉCNICA: 4. 3' *"técnica libre"*, los futbolistas realizan dominio de balón.
PARTE PRINCIPAL
"exposición del modelo: recepción del balón, dejándolo próximo a nosotros por disminuir la fuerza con la que llega. Se utiliza preferentemente el interior del pie"
5' *"dominar el balón tras pase del compañero"*. Por parejas, un jugador le envía el balón a otro. Primero le mandará el balón raso, después a media altura y por último sobre el pecho. En cualquier caso deberá parar (cuando el balón va raso) o amortiguar (en los balones rasos, a media altura y al pecho), sin que el esférico salga del cuadrado. Hará 5 intentos de cada posibilidad. 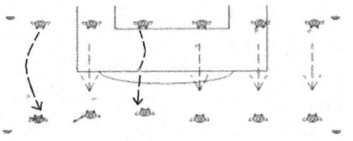
5' *"controlar antes de que salga del rectángulo"*. Por parejas, un jugador se coloca con balón y se lo lanza a otro para que lo controle. Primero este último esta dentro de un cuadrado y debe hacerse con el balón sin que salga de la señal. Se hacen dos tandas de 10 controles variados. Después el jugador que va a controlar parte desde fuera y debe entrar en movimiento al cuadrado y controlar el balón. Este deberá hacerlo en el instante en que el balón está dentro del rectángulo. 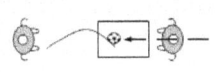
5' *"dificultar el control"*. Por tríos un jugador con balón se lo pasa a otro compañero, que deberá controlarlo ante la oposición leve de un jugador situado en su espalda. Después se hace el control ante un oponente que sale desde un lado (primero por el lado derecho y luego por el izquierdo). En cada caso realizar 10 repeticiones. Al final aumentar la intensidad de la oposición. 

5' *"control y pase"*. En grupos de 4 jugadores, cada uno en una esquina de un cuadrado. Un futbolista hace un pase al compañero situado en la derecha, quien realizará el control y rápidamente un pase entre las señales de conos al jugador también de su derecha. A la mitad del tiempo cambiar el sentido del pase.	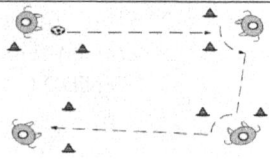
5' *"rectángulo de controles"*. Se forma un rectángulo de 15x10 metros. Con cuatros jugadores repartidos por las esquinas y dos en el centro, uno para hacer controles y otro para manifestar una oposición semi-activa. Un jugador exterior comienza con un pase al compañero interior, quien deberá controlar y buscar un nuevo pase a otra situación. Realizar 10 controles por cada jugador e ir cambiando las funciones.	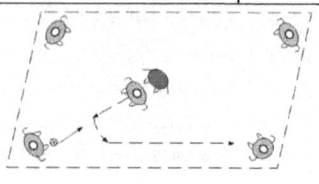
20' *"juego libre"*. Dos equipos juegan un partido en el campo de fútbol-7. Se recomienda prestar especial atención sobre la acción ejecutada en la sesión, pero sin incidir de una forma programada en este contenido.	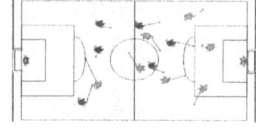 |//
PARTE FINAL	
VUELTA A LA CALMA 5' ejercicios de elasticidad muscular	

4	OBJETIVO: Perfeccionar el control orientado como factor consustancial al juego eficaz. CONTENIDO fundamental: El control orientado. *Contenido adyacente: el pase.*

CALENTAMIENTO

CALENTAMIENTO:
1. 3' *"elasticidad"*, estiramiento por parejas, dirigido por compañeros.
2. 3' *"aeróbico inicial"*, vueltas al campo de fútbol.
3. 3' *"movilidad articular en 2 filas"*, los jugadores se dividen en 2 filas y realizan ejercicios simples de movilidad articular y desplazamientos variados hasta la posición del entrenador. Después regresan al punto de inicio en carrera.

ADECUACIÓN TÉCNICA:
4. 3' *"técnica libre"*, los futbolistas realizan dominio de balón.

PARTE PRINCIPAL

"exposición del modelo: dominar un balón a la vez que lo orientamos para situarlo rápidamente en posición de ser jugado"

5' *"superar el cono"*. Por parejas, cada uno con un cono delante. El que ejecuta (recibe el pase), se sitúa al lado de un cono, recibirá el balón y lo orientará de modo que supere el cono. Se realizan 10 repeticiones con cada pierna y luego se cambia. 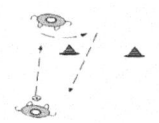

| 5' *"orientar el balón para pasar"*. Por tríos, un jugador empieza con balón pasando a un compañero, este recibirá el balón con una pierna, orientando el control de la mejor manera posible para que el balón quede disponible para jugarlo con el siguiente jugador, quien a su vez hará la misma operación. 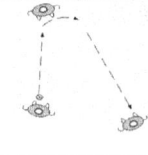 |

| 5' *"recibir de uno y pasar a otro"*. Por tríos, un jugador se sitúa en el medio, estando de frente al jugador con balón. Este le da un pase raso y tendrá que controlar el balón, echándolo hacia un lado para combinar con el compañero que esta a su espalda. Hacer el control 5 veces con el interior del pie derecho y 5 con el pie izquierdo; luego hacerlo con el exterior del pie. Después se cambian las posiciones. 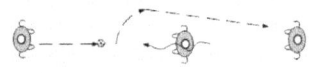 |

5' *"rectángulo de controles orientados"*. Se forma un rectángulo de 15x10 metros. Con cuatros jugadores repartidos por las esquinas y dos en el centro. Hay dos balones, comenzando la tarea con un pase a los jugadores interiores, quienes harán control orientado para combinar con otro compañero externo. Realizar 10 controles por cada jugador e ir cambiando las funciones.	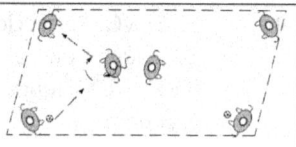
5' *"espacio de controles orientados"* En el espacio del medio campo de fútbol-7, participa todo el equipo, mitad con un color y la otra mitad con otro. En la tarea hay menos de la mitad de balones que de jugadores. Se trata de pasar el balón a un jugador de peto contrario tras haber realizado un control orientado de un balón recibido por otro futbolista. Intentar jugar el balón con el mínimo de toques tras haber realizado el control orientado.	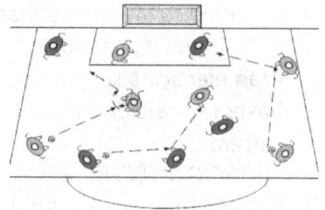
20' *"juego libre"*. Dos equipos juegan un partido en el campo de fútbol-7. Se recomienda prestar especial atención sobre la acción ejecutada en la sesión, pero sin incidir de una forma programada en este contenido.	
PARTE FINAL	
VUELTA A LA CALMA 5' ejercicios de elasticidad muscular	

5	OBJETIVO: Mejorar el desplazamiento con balón.
	CONTENIDO fundamental: La conducción de balón.

CALENTAMIENTO

CALENTAMIENTO:
1. 3' *"elasticidad"*, estiramiento por parejas, dirigido por compañeros.
2. 3' *"aeróbico inicial"*, vueltas al campo de fútbol.
3. 3' *"movilidad articular en 2 filas"*, los jugadores se dividen en 2 filas y realizan ejercicios simples de movilidad articular y desplazamientos variados hasta la posición del entrenador. Después regresan al punto de inicio en carrera.

ADECUACIÓN TÉCNICA:
4. 3' *"técnica libre"*, los futbolistas realizan dominio de balón.

PARTE PRINCIPAL

"exposición del modelo: trasladarse con el balón, utilizando diferentes superficies del pie, a distintos ritmos de tránsito y trayectorias"

5' *"recoger el balón y conducir"*. El grupo trabaja en un área limitada, como por ejemplo dentro de la zona que cuenta para el fuera de juego. Todos los jugadores tienen un balón y se desplazan con él de un lugar a otro. A la señal del entrenador, dejan el balón quieto en el sitio y rápidamente van a por otro para seguir haciendo conducción. Jugar con el espacio, reduciéndolo o ampliándolo para modificar la dificultad de la tarea.

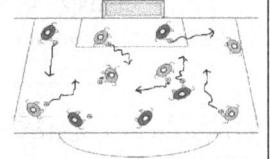

5' *"conducción en línea"*. Se divide al grupo en tres, y se organizan en fila. El futbolista sale conduciendo sobre 10 metros y regresa. Se realiza conducción con el pie derecho; con el pie izquierdo; empleando empeine interior y exterior según la velocidad de traslación. Hacerlo tipo competición relevos.

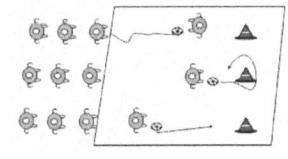

5' *"conducción en curva"*. Se divide al grupo en tres, y se organizan en fila. El futbolista sale conduciendo el balón completando un slalom de 6 conos separados entre sí aproximadamente 1 metro. Primero se realiza sólo con el pie derecho; luego con el pie izquierdo; luego cambiando la utilización del pie según la orientación del balón; después exagerando la curva; y por último bordeando completamente los conos impares.

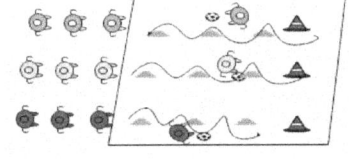

5' *"conducción en curva"*. Se divide al grupo en tres, y se organizan en fila. El futbolista sale conduciendo el balón completando un slalom de 6 conos separados entre sí aproximadamente 1 metro. Primero se realiza sólo con el pie derecho; luego con el pie izquierdo; luego cambiando la utilización del pie según la orientación del balón; después exagerando la curva; y por último bordeando completamente los conos impares.	
5' *"recorrido de conducción"*. Realizar el recorrido que se muestra en la imagen conduciendo el balón: alternando contactos con los pies, slalom, zig-zag, pisando el balón, lateral derecha, lateral izquierda, y en velocidad.	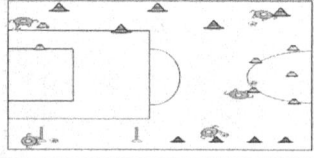
20' *"juego libre"*. Dos equipos juegan un partido en el campo de fútbol-7. Se recomienda prestar espacial atención sobre la acción ejecutada en la sesión, pero sin incidir de una forma programada en este contenido.	

PARTE FINAL	
VUELTA A LA CALMA 5' ejercicios de elasticidad muscular	

6	OBJETIVO: Dominar los distintos tipos de conducción en función de la velocidad de acción y la intensidad de la oposición. CONTENIDO fundamental: La conducción de balón.

CALENTAMIENTO

CALENTAMIENTO:
1. 3' *"elasticidad"*, estiramiento por parejas, dirigido por compañeros.
2. 3' *"aeróbico inicial"*, vueltas al campo de fútbol.
3. 3' *"movilidad articular en 2 filas"*, los jugadores se dividen en 2 filas y realizan ejercicios simples de movilidad articular y desplazamientos variados hasta la posición del entrenador. Después regresan al punto de inicio en carrera.

ADECUACIÓN TÉCNICA:
4. 3' *"técnica libre"*, los futbolistas realizan dominio de balón.

PARTE PRINCIPAL

"exposición del modelo: trasladarse con el balón, utilizando diferentes superficies del pie, a distintos ritmos de tránsito y trayectorias"

5' *"conducciones juntas"*. Se forman 4 grupos a una distancia variable de un cono central (entre 10 y 15 metros). En cada fila hay un balón, de forma que a la señal se sale conduciendo el balón hasta el cono y se gira para volver al punto de origen y cambiar a la fila de la derecha. Primero con el interior del pie derecho; luego el izquierdo; después con el exterior del pie derecho; y por último con el exterior del pie izquierdo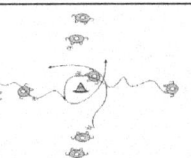

5' *"conducir contra un perseguidor"*. Un jugador sale llevando el balón hasta una señal. A los 2 segundos sale un perseguidor que intentará alcanzarle y desviarle el balón. Realizar el ejercicio con ambas piernas y diferentes superficies. Hacer dos equipos y contar cuantos jugadores llegan hasta la señal sin ser entorpecidos por el perseguidor.

5' *"cruzar porterías"*. En un espacio similar al área de gol, se construyen porterías por medio de chinos separados unos 2 metros. El jugador con balón, intenta atravesar conduciendo todas las porterías en el menor tiempo posible. Gana aquel que lo realiza más rápido.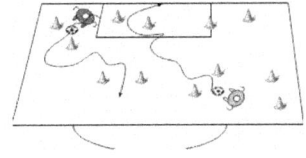

5' *"carrera de relevos"*. Se hacen equipos de 3 jugadores. Relevos sobre 15 metros Cada partida se compone de dos intervenciones por jugador, anotándose un punto el equipo más rápido. 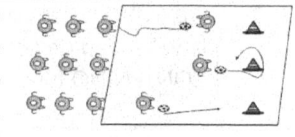 Primero con el interior del pie derecho; luego el izquierdo; después con el exterior del pie derecho; pie izquierdo; y conducción sobre la planta del pie alternando apoyos.

5' *"proteger y mandar el balón"*. El grupo trabaja en un área limitada, como por ejemplo dentro de la zona que cuenta para el fuera de juego. Todos los jugadores tienen un balón y se desplazan con él de un lugar a otro. A la señal del entrenador, se puede quitar el balón de algún jugador y mandarlo fuera 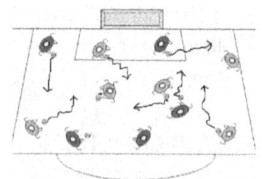 del terreno. El que se queda sin balón debe ir a buscarlo, y no puede participar en el juego hasta que regrese con balón. Jugar con el espacio, reduciéndolo o ampliándolo para modificar la dificultad de la tarea.

20' *"juego libre"*. Dos equipos juegan un partido en el campo de fútbol-7. Se recomienda prestar espacial atención sobre la acción ejecutada en la sesión, pero sin incidir de una forma programada en este contenido.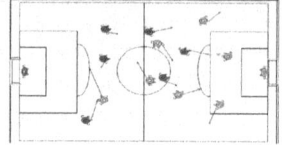

PARTE FINAL	
VUELTA A LA CALMA 5' ejercicios de elasticidad muscular	

7	OBJETIVO: Mejorar la ejecución de gestos técnicos unidos en una secuencia de acción combinada: el control, la conducción y el pase. CONTENIDOS fundamentales: Las acciones técnicas de control, conducción y pase.

CALENTAMIENTO

CALENTAMIENTO:
1. 3' *"elasticidad"*, estiramiento por parejas, dirigido por compañeros.
2. 3' *"aeróbico inicial"*, vueltas al campo de fútbol.
3. 3' *"movilidad articular en 2 filas"*, los jugadores se dividen en 2 filas y realizan ejercicios simples de movilidad articular y desplazamientos variados hasta la posición del entrenador. Después regresan al punto de inicio en carrera.

ADECUACIÓN TÉCNICA:
4. 3' *"técnica libre"*, los futbolistas realizan dominio de balón.

PARTE PRINCIPAL

"exposición del modelo: encadenar en un acción combinando un control, una conducción y un pase, siguiendo un orden coherente"

5' *"puntería a un cono"*. Se divide el grupo en dos partes. Unos se colocan con balón, entre dos conos altos separados por 10 metros. Los demás esperan a una distancia de unos 15-20 metros. El ejercicio se inicia con un pase a un jugador del grupo contrario, que deberá realizar un control orientado y avanzar hasta pasar la señal y realizar un pase de precisión para golpear con el balón a un cono.

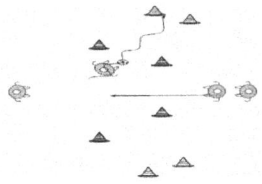

5' *"nuevo espacio"*. Se organizan grupos de 4 jugadores que se meten dentro de un rectángulo de 10 x 15 metros. Se trata de recibir un pase de un compañero, conducir y terminar buscando un pase para ocupar a continuación una nueva ubicación en el cuadrado.

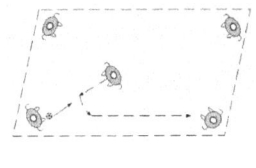

5' *"buscar pase entre porterías"*. Por parejas en un espacio similar al del área intervienen 4 parejas. En el ejercicio se mueven por el terreno, realizando los gestos técnicos propios de la sesión, con la condición de que el pase de combinación con el compañero tiene que ser pasando el balón entre alguna de las porterías marcadas por chinos que hay en el terreno de juego.

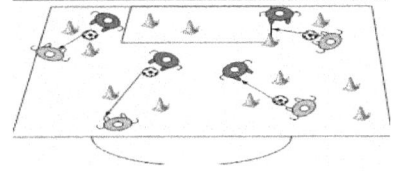

5' *"relevos complejos"*. Se divide el equipo en grupos de 4 jugadores para hacer carreras de relevos sobre una distancia de 10 metros. Fundamentalmente se realiza la siguiente dinámica: conducir hasta la señal y dar un pase al compañero, quien hará control y continuará. Variar superficies y pies de contacto.	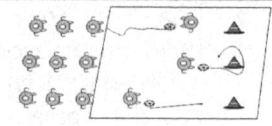
5' *"La trenza"*. En grupos de 3 jugadores se sale desde un fondo del campo hasta el otro lado realizando un situación de ataque organizado por medio de la ocupación de tres carriles. El jugador del centro comienza con balón, dando un pase a un costado; este controla el balón y conduce hacia el pasillo central para combinar con el otro compañero... Se sigue la secuencia, sabiendo que el jugador que da el pase se desplaza sin balón para pasar por detrás del jugador que recibe el balón. En situaciones de área terminar con tiro.	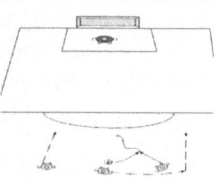
20' *"juego libre"*. Dos equipos juegan un partido en el campo de fútbol-7. Se recomienda prestar espacial atención sobre la acción ejecutada en la sesión, pero sin incidir de una forma programada en este contenido.	
PARTE FINAL	
VUELTA A LA CALMA 5' ejercicios de elasticidad muscular	

8	OBJETIVO: Golpear el balón con la cabeza.
	CONTENIDO fundamental: El golpeo de balón con la cabeza.

CALENTAMIENTO

CALENTAMIENTO:
1. 3' *"elasticidad"*, estiramiento por parejas, dirigido por compañeros.
2. 3' *"aeróbico inicial"*, vueltas al campo de fútbol.
3. 3' *"movilidad articular en 2 filas"*, los jugadores se dividen en 2 filas y realizan ejercicios simples de movilidad articular y desplazamientos variados hasta la posición del entrenador. Después regresan al punto de inicio en carrera.

ADECUACIÓN TÉCNICA:
4. 3' *"técnica libre"*, los futbolistas realizan dominio de balón.

PARTE PRINCIPAL

"exposición del modelo: golpear el balón con la cabeza, probando cada una de sus superficies posibles, con/sin impulso previo y para conseguir precisión o fuerza-distancia"

5' *"cabecear balón"*. Por parejas, separados 3-6 metros. Un jugador le lanza el balón al otro para golpear de cabeza. Mandar el balón con la mano y posteriormente con el pie. Realizar 10 repeticiones, desde parado, con carrera, impulsando con pie derecho, izquierdo o los pies.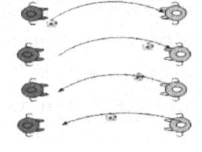

5' *"cabecear balón para derribar un cono"*. Por parejas, separados 3-6 metros y con un cono en medio de los dos. Un jugador le lanza el balón al otro (primero con la mano y después con el pie) para golpear con la cabeza e intentar derribar alguno de los conos que están delante. Realizar 10 repeticiones, desde parado, con carrera, impulsando con pie derecho, izquierdo o los pies.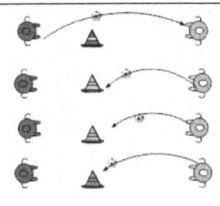

5' *"cuadrado de cabeceos"*. Se forman grupos de 6 jugadores. Se hace un cuadrado de 3-6 metros de lado con un jugador en medio (pasador) y otro que se sitúa para interferir la acción, colocándose entre el balón y el cabeceador; los demás son cabeceadores y se colocan en los lados exteriores. El pasador va lanzado va lanzando el balón a los compañeros de fuera, quienes lo irán devolviendo. Realizar 1 vuelta y cambiar funciones. En cada serie se incrementa la interferencia. Cuidado con posibles daños entre el jugador que cabecea y el que hace de "molestia".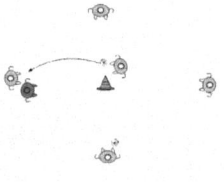

5' *"pasar el balón por portería"*. Se hacen grupos de tres jugadores. Uno defiende una portería de conos de 3 metros, otro es el encargado de pasar el balón y un tercero de cabecear intentando que el jugador de la portería no se haga con la pelota. Buscar cabecear con diferentes trayectorias, desde parado y con impulso. Realizar 15 intentos cada uno.	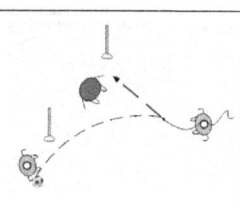
5' *"suma cabeceos"*. En grupos de 3 jugadores, se trabaja para golpear el balón con la cabeza lo más lejos posible. Un jugador lanza el balón hacia arriba y lo golpea de cabeza. Desde el lugar donde dio el primer bote, hace lo propio el siguiente jugador. Así hasta el un equipo consiga recorrer el ancho del campo.	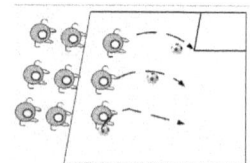
20' *"juego libre"*. Dos equipos juegan un partido en el campo de fútbol-7. Se recomienda prestar espacial atención sobre la acción ejecutada en la sesión, pero sin incidir de una forma programada en este contenido.	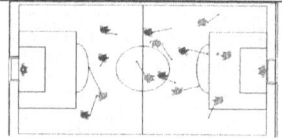
PARTE FINAL	
VUELTA A LA CALMA 5' ejercicios de elasticidad muscular	

9	OBJETIVO: Aprender a dominar el balón en situaciones en diferentes situaciones.
	CONTENIDOS fundamental: La habilidad con balón.

CALENTAMIENTO

CALENTAMIENTO:
1. 3' *"elasticidad"*, estiramiento por parejas, dirigido por compañeros.
2. 3' *"aeróbico inicial"*, vueltas al campo de fútbol.
3. 3' *"movilidad articular en 2 filas"*, los jugadores se dividen en 2 filas y realizan ejercicios simples de movilidad articular y desplazamientos variados hasta la posición del entrenador. Después regresan al punto de inicio en carrera.

ADECUACIÓN TÉCNICA:
4. 3' *"técnica libre"*, los futbolistas realizan dominio de balón.

PARTE PRINCIPAL

"exposición del modelo: dominar el balón en situaciones estáticas y también en movimiento, empleando para ello diferentes superficies corporales"

5' *"levantar el balón y tocar"*. En el área de fuera de juego de fútbol-7 se dejan repartidos 6-8 balones. Los jugadores corren libremente por el espacio, cuando lo deseen un jugador pasa el balón raso a un compañero quien lo tendrá que levantar y dar el número de toques señalados, después dejará el balón otra vez en el suelo. Comenzar dando 2 toques, 3, 4, 5... e ir obligando con pierna derecha, izquierda, alternativas o diferentes partes del cuerpo.	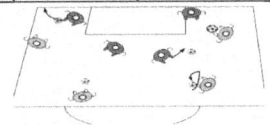
5' *"pie-rodilla-cabeza"*. Por parejas, se va a utilizar el pie, la rodilla y la cabeza. Ejemplo: golpear el balón 2 veces con una de las partes posibles sin que caiga; probar a utilizar cada una de las partes; golpear el balón 2 veces pero utilizando dos partes diferentes; ir aumentando la dificultad.	
5' *"compartir el balón"*. Por parejas, intentan pasarse el balón manteniéndolo sin que caiga al suelo. Primero se hace con la derecha, luego con la izquierda, con toques alternativos y por último incorporando otras partes del cuerpo como rodillas, cabeza o pecho.	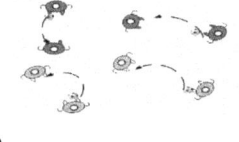
5' *"toque obligado"*. En grupos de 4 un jugador empieza pasando el balón a un compañero y diciéndole un número del 2 al 4. Este número coincide con el número de toques que debe realizar. A continuación le pasa el balón a otro jugador. Obligar a utilizar una parte del pie primero y luego dar progresivamente más libertad.	

5' *"traslado con balón"*. En grupos de 4 jugadores, intentar llevar el balón desde la línea de fondo hasta el final del área de fuera de juego. Se debe llevar en el área y sólo puede botar el balón en el suelo 4 veces. El primer equipo en llegar gana.	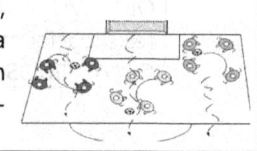
5' *"¿quién da más toques?"*. Por parejas, cada una con un balón. El futbolista pone el balón en el suelo y debe levantarlo para iniciar la cuenta de habilidad en el sitio. El otro jugador le cuenta los toques sin que se caiga el balón. Primero se hace con la derecha, luego con la izquierda, con toques alternativos y por último incorporando otras partes del cuerpo como rodillas, cabeza o pecho. Finalmente, en desplazamiento, intentando recorrer una distancia con el balón en el aire.	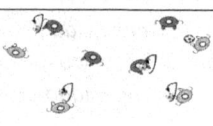
20' *"juego libre"*. Dos equipos juegan un partido en el campo de fútbol-7. Se recomienda prestar especial atención sobre la acción ejecutada en la sesión, pero sin incidir de una forma programada en este contenido.	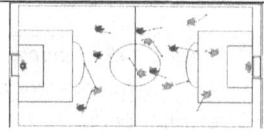
PARTE FINAL	
VUELTA A LA CALMA 5' ejercicios de elasticidad muscular	

10	OBJETIVO: Mejorar el gesto técnico del regate.
	CONTENIDO fundamental: El regate. *Contenido adyacente: la conducción.*

CALENTAMIENTO

CALENTAMIENTO:
1. 3' *"elasticidad"*, estiramiento por parejas, dirigido por compañeros.
2. 3' *"aeróbico inicial"*, vueltas al campo de fútbol.
3. 3' *"movilidad articular en 2 filas"*, los jugadores se dividen en 2 filas y realizan ejercicios simples de movilidad articular y desplazamientos variados hasta la posición del entrenador. Después regresan al punto de inicio en carrera.

ADECUACIÓN TÉCNICA:
4. 3' *"técnica libre"*, los futbolistas realizan dominio de balón.

PARTE PRINCIPAL

"exposición del modelo: progresar con balón hacia un obstáculo y superarle cambiando la dirección del desplazamiento"

5' *"regate"*. Se divide al grupo en grupos de 4 jugadores. En cada grupos se colocan 2 en un lado y a 20 metros los otros 2 con balón. El jugador con balón sale corriendo en línea recta a un ritmo medio. El jugador sin balón sale a encontrarse con el, cuando están próximos, debe evitarle saliendo por un lado. Al llegar a la otra fila, envía el balón al lugar donde se inicia el regate y pasa a ser defensor.

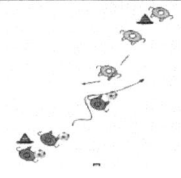

5' *"regatear al triángulo"*. Por parejas, cada una con un balón. Se construye un triángulo con conos, de 1-2 metros de lado. Un jugador conduce hacia un vértice e intenta entrar dentro del triángulo para después salir. Se realiza 10 veces con diferentes orientaciones de desplazamiento. Después se repite pero actuando como oposición pasiva el jugador que no actúa con balón, quien estará metido dentro del triángulo y habrá que evitarlo.

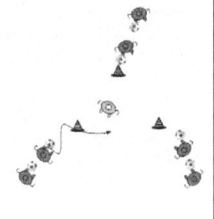

5' *"estrella de pases con regate"*. Grupos de 5 jugadores. 4 de ellos se quedan en los vértices de un cuadrado de 10 metros de lado, mientras que otro se coloca en el centro. Se empieza conduciendo desde un vértice, hacia el jugador central que hace oposición media. Una vez superado, el jugador da el balón al compañero de la derecha, quien hará lo mismo. Cuando se participa como oposición, se ocupa la posición del jugador que se defendió.

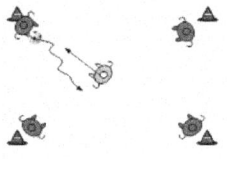

5' *"regatear al cono central"*. Por tríos, cada jugador se coloca en un vértice de un triángulo de 5-8 metros de lado. En el centro del triángulo hay un cono. Cada jugador empieza conduciendo hacia el cono central, para superarlo y dirigirse hacia un compañero para regatearlo y terminar con tiro rápido a mini-portería. Realizar 10 repeticiones aproximándose con pie derecho y otras 10 con pie izquierdo. Modificar la superficie del pie utilizada para la conducción.	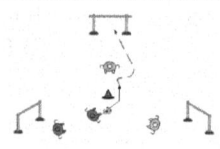
5' *"defender el balón"*. Utilizamos un equipo rojo de 7 jugadores y otro blanco del mismo número de futbolistas. Se hacen parejas, empezando el color rojo con balón. A la señal cada futbolista debe intentar mantener el balón contra el adversario. Sólo se le puede robar a la pareja. Cuando se recupera la pelota, ambos deben cruzar al otro espacio (en este tiempo no se puede robar el balón) y allí empezar otra secuencia. Importante, dosificar a los jugadores (peligro de de fatiga).	
20' *"juego libre"*. Dos equipos juegan un partido en el campo de fútbol-7. Se recomienda prestar espacial atención sobre la acción ejecutada en la sesión, pero sin incidir de una forma programada en este contenido.	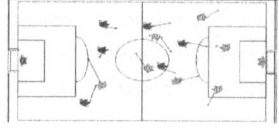
PARTE FINAL	
VUELTA A LA CALMA 5' ejercicios de elasticidad muscular	

11	OBJETIVO: Practicar tiros cercanos utilizando diferentes superficies de contacto con el balón. CONTENIDO fundamental: El tiro a portería. *Contenido adyacente: el control y el pase.*

CALENTAMIENTO
CALENTAMIENTO: 1. 3' *"elasticidad"*, estiramiento por parejas, dirigido por compañeros. 2. 3' *"aeróbico inicial"*, vueltas al campo de fútbol. 3. 3' *"movilidad articular en 2 filas"*, los jugadores se dividen en 2 filas y realizan ejercicios simples de movilidad articular y desplazamientos variados hasta la posición del entrenador. Después regresan al punto de inicio en carrera. ADECUACIÓN TÉCNICA: 4. 3' *"técnica libre"*, los futbolistas realizan dominio de balón.

PARTE PRINCIPAL
"exposición del modelo: tiro a portería utilizando el empeine interior, empeine exterior y empeine total"
5' *"tirar a portería tras control"*. Se coloca a un grupo de futbolistas sobre el interior del área, formando una media luna. Ante la entrega del balón por parte del portero, el futbolista debe hacer un control y tirar a portería. Cuidar que las entregas del portero sean variadas y también precisas. Hacerlo con pierna derecha e izquierda: empeine interior, exterior y empeine total. Ir alternando las orientaciones de los futbolistas. 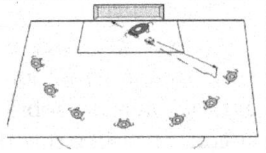
5' *"apoyo y remate"*. Una fila de jugadores a 8-10 metros del área con un compañero que hace de apoyo. Utilizamos primero la orientación frontal y luego las laterales. El jugador combina con el apoyo quien le habilita el balón al lado correspondiente para tirar a portería. El jugador que hizo de apoyo va a por el balón y el que golpea se queda para hacer el pase siguiente. Se realizan 3 golpeos con cada pierna. 

5' *"balón desde la espalda"*. Una fila de jugadores en las proximidades del área. Utilizamos primero la orientación frontal, luego desde la derecha y por último la izquierda. El primer jugador de la fila se sitúa sin balón, el compañero que esta detrás de él, la lanza el balón hacía un lado para golpear a portería. El jugador realiza un pequeño control de balón y después golpea a portería. Tras ello, va a por el balón y el otro compañero se coloca en disposición de tirar a portería el balón que le lance el compañero. Se realizan 3 golpeos con la pierna derecha y 3 con la izquierda desde cada orientación.	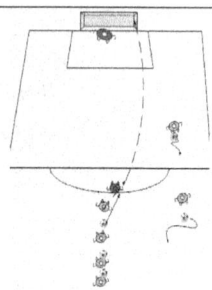
5' *"golpeo tras control"*. Una fila de jugadores se prepara para recibir un balón del portero y golpear a portería dentro del semicírculo de la frontal del área. Cuando reciba el balón, saldrá un jugador desde un lateral (a 5 metros) para dificultar el golpeo. El jugador que tira se va a la fila de defensores y el que realiza la oposición se coloca para golpear.	
20' *"juego libre"*. Dos equipos juegan un partido en el campo de fútbol-7. Se recomienda prestar espacial atención sobre la acción ejecutada en la sesión, pero sin incidir de una forma programada en este contenido.	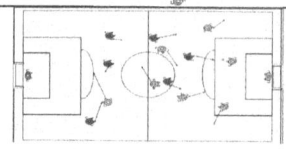
PARTE FINAL	
VUELTA A LA CALMA 5' ejercicios de elasticidad muscular	

12	OBJETIVO: Mejorar el tiro a portería a primer toque y con balones en movimiento CONTENIDO fundamental: El tiro. *Contenido adyacente: el pase y la conducción.*

CALENTAMIENTO
CALENTAMIENTO: 1. 3' *"elasticidad"*, estiramiento por parejas, dirigido por compañeros. 2. 3' *"aeróbico inicial"*, vueltas al campo de fútbol. 3. 3' *"movilidad articular en 2 filas"*, los jugadores se dividen en 2 filas y realizan ejercicios simples de movilidad articular y desplazamientos variados hasta la posición del entrenador. Después regresan al punto de inicio en carrera. ADECUACIÓN TÉCNICA: 4. 3' *"técnica libre"*, los futbolistas realizan dominio de balón.

PARTE PRINCIPAL
"exposición del modelo: golpear el balón a portería sin preparación previa, bien con el pie o con la cabeza"

pase". Trabajo en grupos de 3 jugadores. Se colocan entre ... l y el punto de penalti, pasándose un balón entre ellos. El ... tbolista está separado de ellos, en disposición de golpear ... crea más oportuno el balón que se están pasando sus ... eros. Al principio se permite interceptar y luego tirar a ... Se realiza una repetición por trío, y en cada grupo se va ... para realizar el tiro de manera alternativa.	
5' *"pasar y recibir para golpear"*. Se hacen 3 filas en el centro del campo, en la derecha e izquierda sobre la frontal de área. Hay balones en la fila central y en la fila de la derecha El jugador del centro da un pase a la fila sin balones (izquierda) y golpea un balón enviado de la derecha. Se cambian posiciones a la derecha.	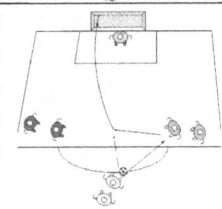
5' *"remate de cabeza"*. Colocados en un fila, se recibe un balón desde la línea de fondo para rematar con la cabeza antes de entrar en el área pequeña. El pase debe ser lo más preciso posible, realizándolo primero con la mano y posteriormente con el pie desde situaciones más laterales.	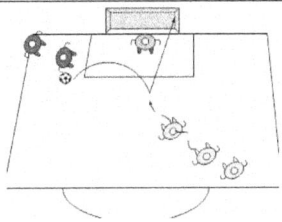

5' *"3 picas"*. Se colocan 3 picas tal y como se observa en el gráfico de la actividad. Los jugadores se colocan en 2 filas a una cierta distancia de las picas: una fila con balón y la otra sin balón. Para los jugadores de la fila de la izquierda las picas se nombran: 1 (pica más a la izquierda), 2 (pica frontal) y 3 (pica más a la derecha). Para los jugadores de la fila de la derecha las picas se nombran: 1 (pica más a la derecha), 2 (pica frontal) y 3 (pica más a la izquierda). El entrenador dice un número; el jugador con balón conduce hacia esa pica y da el pase al jugador que salió sin balón, también hacia su pica correspondiente, y que se encargará de tirar a portería.	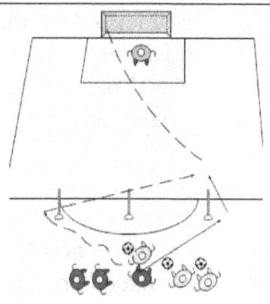
20' *"juego libre"*. Dos equipos juegan un partido en el campo de fútbol-7. Se recomienda prestar espacial atención sobre la acción ejecutada en la sesión, pero sin incidir de una forma programada en este contenido.	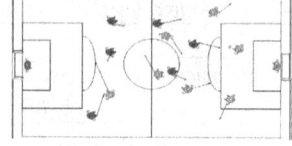

PARTE FINAL	
VUELTA A LA CALMA 5' ejercicios de elasticidad muscular	

13	OBJETIVO: Practicar tiros desde fuera del área, ante balones recibidos en diferentes situaciones. CONTENIDO fundamental: El tiro. *Contenido adyacente: el pase y la conducción.*

CALENTAMIENTO

CALENTAMIENTO:
1. 3' *"elasticidad"*, estiramiento por parejas, dirigido por compañeros.
2. 3' *"aeróbico inicial"*, vueltas al campo de fútbol.
3. 3' *"movilidad articular en 2 filas"*, los jugadores se dividen en 2 filas y realizan ejercicios simples de movilidad articular y desplazamientos variados hasta la posición del entrenador. Después regresan al punto de inicio en carrera.

ADECUACIÓN TÉCNICA:
4. 3' *"técnica libre"*, los futbolistas realizan dominio de balón.

PARTE PRINCIPAL

"exposición del modelo: tiro a portería utilizando el empeine interior, empeine exterior y empeine total"

5' *"tirar a portería tras control"*. Se coloca a un grupo de futbolistas fuera del área de penalti, formando una media luna. Ante la entrega del balón por parte del portero, el futbolista debe hacer un control, aproximarse y finalizar la con tiro lejano a portería. Cuidar que las entregas del portero sean variadas y también precisas. Hacerlo con pierna derecha e izquierda: empeine interior, exterior y empeine total. Ir alternando las orientaciones de los futbolistas.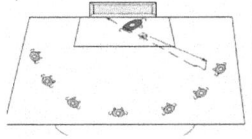

5' *"tiro con acoso"*. Una fila de jugadores con balón y otra fila de jugadores a lado como acoso. El ejercicio empieza cuando el jugador con balón empieza a aproximarse a la zona de disparo (entre área de fuera de juego y línea de área grande). El jugador sin balón sale tras el para acosarle y entorpecerle el disparo a portería. Una vez ejecutado, el que acosa va a por el balón y se intercambian posiciones.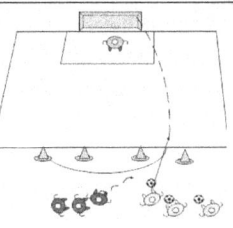

5' *"pared con un compañero y tiro"*. Un jugador sale con balón, realiza un apoyo con un compañero que esta situado próximo, en un costado, y termina golpeando a portería. Colocar al apoyo en un costado y en otro. Posteriormente poner a un defensor que realiza oposición media.

5' *"marcar el primero"*. Se hacen dos filas de jugadores, colocados a unos 5 metros de la línea de fuera de juego. A la señal ambos saldrán a golpear alguno de los 5 balones que están situados próximos a la frontal del área de penalti. Cada uno golpea un solo balón, anotándose un punto, aquel jugador que consiga marcar gol en primer lugar.	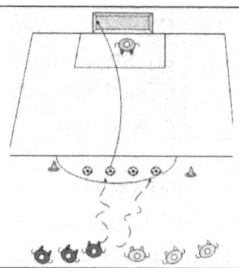
20' *"juego libre"*. Dos equipos juegan un partido en el campo de fútbol-7. Se recomienda prestar espacial atención sobre la acción ejecutada en la sesión, pero sin incidir de una forma programada en este contenido.	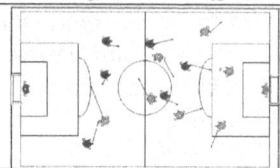
PARTE FINAL	
VUELTA A LA CALMA 5' ejercicios de elasticidad muscular	

14	OBJETIVO: Mejorar la ejecución de gestos técnicos unidos en una secuencia de acción combinada: la conducción, el regate y el tiro
	CONTENIDOS fundamentales: La conducción, regate y tiro.

CALENTAMIENTO

CALENTAMIENTO:
1. 3' *"elasticidad"*, estiramiento por parejas, dirigido por compañeros.
2. 3' *"aeróbico inicial"*, vueltas al campo de fútbol.
3. 3' *"movilidad articular en 2 filas"*, los jugadores se dividen en 2 filas y realizan ejercicios simples de movilidad articular y desplazamientos variados hasta la posición del entrenador. Después regresan al punto de inicio en carrera.

ADECUACIÓN TÉCNICA:
4. 3' *"técnica libre"*, los futbolistas realizan dominio de balón.

PARTE PRINCIPAL

"exposición del modelo: encadenar en un acción combinando de manera organizada una conducción, un regate y un tiro"

5' *"regatear al compañero"*. Un jugador sale desde algo menos de medio campo, para enfrentar a un compañero que hará oposición real. El futbolista con balón, deberá regatear al adversario y terminar tirando a portería. Primero se obliga a tirar desde dentro del área de penalti y posteriormente se obliga a finalizar desde fuera de este espacio. El ejercicio se realiza partiendo de diferentes vertientes (laterales y central).

5' *"lucha por un balón y finalización"* Dos jugadores se colocan a izquierda y derecha de un balón central que tiene otro futbolista. Este último lo lanza y los jugadores de los lados deben correr para apoderarse de él y conseguir gol.

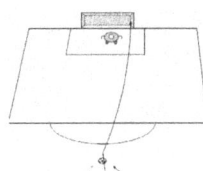

5' *"decidir sobre una portería"* Dos jugadores se colocan a izquierda y derecha de un balón central que tiene otro futbolista. Este último lo lanza y los jugadores de los lados deben correr para apoderarse de él y conseguir gol en la portería que le compañero que ha lanzado el balón indica a la voz de "derecha o izquierda"

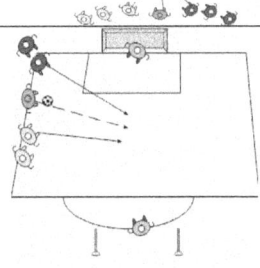

5' *"partido 1x1 y tiro desde el propio campo"*. Dos jugadores juegan durante 20" o a gol un 1x1 en un campo reducido, dividido en dos por una línea central. Deben regatear al contrario y marcar gol, sabiendo que sólo es válido con tiro desde el propio campo.	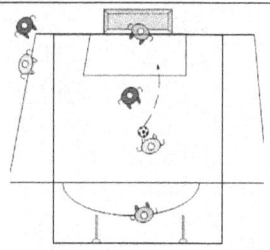
20' *"juego libre"*. Dos equipos juegan un partido en el campo de fútbol-7. Se recomienda prestar espacial atención sobre la acción ejecutada en la sesión, pero sin incidir de una forma programada en este contenido.	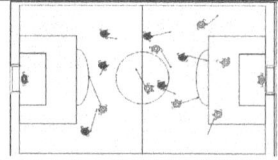
PARTE FINAL	
VUELTA A LA CALMA 5' ejercicios de elasticidad muscular	

15	OBJETIVO: Mejorar la ejecución de gestos técnicos unidos en una secuencia de acción combinada: la conducción, el pase, el control y el tiro. CONTENIDOS fundamentales: Las acciones técnicas de conducción, pase, control y tiro.

CALENTAMIENTO

CALENTAMIENTO:
1. 3' *"elasticidad"*, estiramiento por parejas, dirigido por compañeros.
2. 3' *"aeróbico inicial"*, vueltas al campo de fútbol.
3. 3' *"movilidad articular en 2 filas"*, los jugadores se dividen en 2 filas y realizan ejercicios simples de movilidad articular y desplazamientos variados hasta la posición del entrenador. Después regresan al punto de inicio en carrera.

ADECUACIÓN TÉCNICA:
4. 3' *"técnica libre"*, los futbolistas realizan dominio de balón.

PARTE PRINCIPAL

"exposición del modelo: encadenar en un acción combinando de manera organizada una conducción, un pase, control y un tiro"

5' *"rueda de tiro simple"*. El balón comienza en el jugador de la línea de fondo (próximo al corner), quién da un pase al jugador que tiene frente a él, en la banda. Este se apoyo en el futbolista de la frontal del área, quien de primer toque combina con el compañero que tiene que realizar el tiro a portería. Realizarlo por la orientación derecha e izquierda. Todos cambian la posición a donde pasaron el balón, y el que tira se va a la línea de fondo.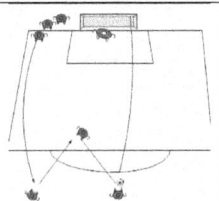

5' *"pasar y recibir para golpear"*. Se hacen 3 filas en el centro del campo, en la derecha e izquierda sobre la frontal de área. Hay balones en la fila central y en la fila de la derecha El jugador del centro da un pase a la fila sin balones (izquierda) y golpea un balón enviado de la derecha. Se cambian posiciones a la derecha.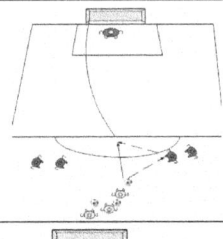

5' *"centro y remate de jugada"*. Se forma un triángulo como se ve en la figura y se sigue una secuencia de pases establecida: el jugador central combina con la referencia de la frontal del área y este se apoya en el jugador de banda quien a su vez envía el balón en profundidad para la carrera del futbolista que inició la combinación. Este último hará pase al área para el remate del jugador de la frontal.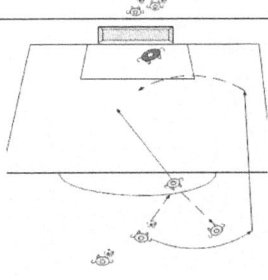

5' *"trenza de remate final"*. Organizados por tríos, ocupando inicialmente la zona central y las dos bandas, se sale desde el medio del campo. El jugador del centro con balón, realiza un pase a una banda y va a doblar a este jugador, quien recibe y con un pase combina con el jugador que apura el otro costado. Este último pone el balón en el área para el remate de sus compañeros.	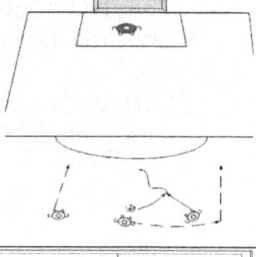
20' *"juego libre"*. Dos equipos juegan un partido en el campo de fútbol-7. Se recomienda prestar espacial atención sobre la acción ejecutada en la sesión, pero sin incidir de una forma programada en este contenido.	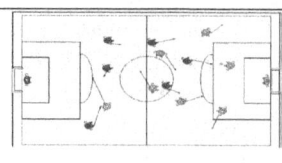
PARTE FINAL	
VUELTA A LA CALMA 5' ejercicios de elasticidad muscular	

II. 2. EL MÉTODO ALTERNATIVO.

Durante varias décadas los investigadores dedicados al estudio del aprendizaje deportivo han obviado el papel que los procesos cognitivos tienen en el desarrollo de la competencia motriz (Domínguez y Espeso, 2002). Por esto no es de extrañar que las escuelas de fútbol hayan aplicado planes de entrenamiento centrados en los aspectos técnicos (Fradua, 2005). Esto supone un error mayúsculo en el tratamiento de nuestro deporte, ya que la competición no reclama tanto la ejecución modélica de un determinado gesto técnico como la capacidad del jugador para comprender lo que sucede en el juego y seleccionar las respuestas que determinen el éxito, según unas coordenadas espacio-temporales concretas (Mombaerts, 1996; Vegas, 2006).

La omisión de los factores cognitivos en los planes de entrenamiento fue soportada hasta que un grupo de inconformistas se planteo seriamente la verdadera valía de las maniobras tradicionales para el niño y para el deporte (Thorpe, 1992). Estos especialistas en materia de juegos deportivos colectivos interpretaron que el participante en estas disciplinas por encima del simple dominio de una serie de gestos técnicos, debe manejarse dentro de un complejo sistema de relaciones (Blázquez, 1995b). Por ello hay que cuestionarse seriamente la validez de los postulados derivados de la psicología conductista para las modalidades colectivas (Torres, 2004). Todas aquellas prácticas características de los estilos tradicionales, basadas en las tareas descontextualizadas, monótonas y ajenas a los intereses y opiniones del deportista (Wein, 1995; Martínez, 2001; Contreras, de la Torre y Velázquez, 2001) comienzan a evitarse ante *"la necesidad de defender un nuevo concepto de aprendizaje, en el que se exija la comprensión por parte del que aprende y no la mera realización de acciones que no entiende..."* (Bruner y Linaza, 1984, en Ruiz, 1990:147).

Frente a las propuestas basadas en la técnica, lo analítico, lo mecanicista... comienzan a gestarse en el panorama internacional nuevas estrategias didácticas que intentan superar la perspectiva tradicional de enseñanza deportiva (Blázquez, 1995b; Torres, 2004), a partir de insistir en aspectos que hasta entonces habían tenido una importancia secundaria o directamente ni se habían considerado (Devís y Sánchez, 1996):

1. La táctica deportiva.
2. La comprensión y el conocimiento práctico en el aprendizaje deportivo.
3. La preocupación por generar aprendizajes significativos.

Las últimas décadas se han caracterizado por el repunte de estrategias que abogan por la comprensión y cuestionan la reproducción mecánica como camino hacia el dominio deportivo (Ruiz et al., 2001). El desarrollo del movimiento para el cambio en el aprendizaje deportivo sigue la siguiente cronología:

A. Primera fase. Desde 1950 hasta 1970.

"Los movimientos estereotipados formulados como estímulo-respuesta dominaron el análisis técnico-táctico de los deportes hasta los años 50" (Solá, 2010:23). A partir de mediados del siglo pasado es cuando comienzan a proliferar autores que se interesan por potenciar el valor educativo de la táctica deportiva, intentando superar de este modo las limitaciones que ellos pensaban que estaban asociadas a los planteamientos mecanicistas (Contreras, de la Torre y Velázquez, 2001). También florecen otros pensamientos progresistas, que otorgan mayor protagonismo al niño y a la compresión de la actividad que se realiza (McNamee, 1992). La doble hipótesis de partida es:

1. Los juegos modificados son un válido instrumento para afrontar la enseñanza de los juegos deportivos.
2. Las habilidades técnicas pueden enseñarse por medio de principios del juego.

Aunque esta iniciativa debe entenderse como un verdadero impulso hacia el cambio, aún es pronto para palpar sus resultados. Realmente la vorágine innovadora se traduce más en proyectos que en realidades, puesto que el interés por el aprendizaje técnico sigue absorbiendo gran parte de la dedicación durante la práctica (Devís y Sánchez, 1996). Apenas podemos rescatar trabajos como el de Mahlo (1969) que insertado en esta línea progresista admite la existencia de principios comunes a los juegos deportivos que pueden trabajarse a través de juegos pequeños.

B. Segunda fase. A partir de 1970.

Es en los años 70 cuando parece superarse el planteamiento clásico centrado en la técnica. Sin duda, en este momento la inquietud de años atrás prospera hasta convertirse en una búsqueda real de alternativas que hagan frente a las limitaciones asociadas a los estilos clásicos de enseñanza deportiva (Almond, 1992).

A lo largo de esta década fue configurándose una manera de enseñanza empeñada en que los niños entendieran el juego que practicaban, aprovechando de paso el estímulo que suponía jugar (Thorpe y Bunker, 1989 en Thorpe, 1992). Esta nueva maniobra se consolidó al abrigo de dos focos fundamentales (Devis y Sánchez, 1996; Contreras, de la Torre y Velázquez, 2001):

- La escuela francesa.

La escuela francesa representada por Claude Bayer, asume como señas de identidad la noción de transferencia y el análisis funcional y estructural de los juegos deportivos, basado en la identificación de los principios tácticos de ataque y defensa comunes a los deportes de invasión. En la práctica respeta las características evolutivas del jugador y se ocupa de estimular los aspectos perceptivos y la reflexión táctica de los jugadores. Durante los entrenamientos se utilizan situaciones-problema para conseguir el aprendizaje de los principios tácticos ofensivos y defensivos y mejorar las habilidades específicas implicadas en la aplicación de estos. Esta corriente dejó su impronta en autores españoles como Gayoso (1983), Blázquez (1986), Lasierra y Lavega (1993a y 1993b) y Hernández (1994).

- La escuela británica.

Representada por el grupo de profesores de la Universidad de Loughborough, se cifra con las siglas TGfU, "Teaching Games for Understanding" ("Enseñanza para la Comprensión de los Juegos Deportivos"). Orientan la enseñanza desde la táctica a la técnica, mediante el uso de juegos modificados que presenten similitudes con los deportes colectivos y que conseguirán estimular la comprensión de los principios fundamentales de cada modalidad gracias a una participación activa. Supone el enfoque comprensivo del aprendizaje deportivo (Cavalli, 2008). Es la referencia para autores tan representativos como Wein (1991) y Devis y Peiró (1992).

Algo parecido a lo que franceses y británicos hicieron, puede encontrarse dentro del contexto español al rastrear la propuesta de Chaves (1968). Este autor cita el término "juegos predeportivos" para referirse a una serie de actividades que facilitan el acceso y dominio del deporte. Posteriormente, dentro del marco nacional las alternativas metodológicas basadas en la consideración del juego son representadas por otros trabajos entre los que cabe resaltar: Duran y Lasierra (1987); Devis (1990a y 1990b); Lasierra y Lavega (1993); Blázquez (1995); Castejón (1995); Santos, Viciana y Delgado (1996); Contreras (1998); Usero y Rubio (1993 y 1996); etc.

Una vez consolidados los antecedentes mencionados, fueron prosperando algunos trabajos que aceptaban el modelo cognitivo como elemento vertebrador del aprendizaje deportivo (Castejón, 2005). Inicialmente el cambio se irradió desde la teoría y así la literatura comenzó a recoger posturas aledañas a los principios constitutivos de los juegos deportivos. A partir de los años 80, se empezaron a difundir estrategias para llevar a la práctica todas las hipótesis marcadas, evolucionando de manera más práctica gracias al soporte de unas creaciones bibliográficas en materia de deportes colectivos que son reflejo de la necesidad por ejecutar aprendizajes con significado, es decir, con sentido y funcionalidad para el deporte y el deportista (Devis y Sánchez, 1996; Contreras, de la Torre y Velázquez, 2001).

II.2.1. Características generales

Cuando se analizan las estrategias metodológicas que surgieron para hacer frente a los paradigmas tradicionales, se comprueba que bajo terminologías distintas se han ido cobijando modelos adscritos a una línea pedagógica muy similar (Rink, 2001; Rodríguez et al., 2001). El estigma inicial, compartido por todas las opciones resguardadas bajo la denominación de modelos alternativos, se relaciona con el valor de lo cognitivo en los procesos de aprendizaje deportivo (Vegas, 2006). Esto es porque se considera hábil en el deporte a quien es capaz de comprender y actuar en consecuencia con lo que percibe en las distintas situaciones que se desprenden de cada episodio competitivo. Así el objetivo fundamental de la mayoría de los proyectos construidos al amparo de estas novedosas alternativas pedagógicas es intentar mejorar la conciencia táctica y la toma de decisiones del jugador, sin olvidar su progreso en las habilidades de referencia, siempre dentro de un marco específico, creado por la aplicación de juegos, formas jugadas, juegos simplificados o modificados y situaciones de entrenamiento que representen pequeñas escenas de juego, utilizadas para que el jugador reflexione sobre los acontecimientos que conforman el juego deportivo (Allison y Thorpe, 1997; Martínez Chávez, 2001; Castejón, 2003; Castejón y López, 2005).

Enarbolar el principio de la comprensión no es suficiente, pues también hay que apropiarse de otra serie de señuelos auxiliares, que en función de cada interpretación metodológica adquieren un valor particular (Tabla 23).

Tabla 34. Principios en los que se basa el método alternativo.

Blázquez (1995)	1. Participación activa de todos. 2. Comprensión del juego. 3. Priorización del juego. 4. Mejora de las posibilidades de los jugadores haciéndoles conscientes de sus progresos. 5. Utilización de las pausas y los descansos para articular positivamente al equipo.
Devís (1996)	1. Partir de la totalidad y no de las partes. 2. Contar con situaciones reales de juego. 3. Plantear situaciones problema, a las que el aprendiz debe buscar soluciones mediante la comprensión y la reflexión. 4. Construir los gestos a partir de las situaciones reales de juego. 5. Sustituir las demostraciones y explicaciones del profesor por la acción del alumno.
Contreras (1998)	1. El conocimiento de las acciones: para aprender una habilidad es necesario situarla en el contexto que cobra sentido. Por tanto es imprescindible manejar la información del entorno y ajustar la actuación a las condiciones que se desprenden de este. 2. La teoría del esquema: su principal exponente es Schmidt. Este autor explica que cuando un sujeto participa en una actividad motriz, guarda la información en un "programa motor general". Estos programas sirven para responder a multitud de situaciones, haciendo que la memoria sea más operativa, por el simple hecho de prescindir de programas específicos. 3. La variabilidad de la práctica. Los programas motores generales pueden formarse gracias a un entrenamiento múltiple. La variabilidad es un requisito para enfatizar los efectos de la iniciación deportiva. 4. La noción de transferencia. Supone que una habilidad ya aprendida condiciona positivamente la asimilación de otra nueva. Esto tiene verdadera importancia, puesto que queremos conseguir un aprendizaje significativo, en el que las habilidades asimiladas estén en clara relación.

Ahondando en las características de esta nueva opción metodológica, me parece obligado comenzar señalando el lugar que ocupa el aprendiz en el desarrollo del proceso de enseñanza-aprendizaje. El niño es la piedra angular del proyecto, pues todo se organiza en función de sus necesidades y demandas (Águila y Casimiro, 2000; Vegas, 2006). Esto surge debido a que los promotores de esta nueva metodología están convencidos de la capacidad de cada sujeto para autogestionar su formación en función de unos ritmos personales de crecimiento (Cárdenas, 2006) y también de la necesidad de respetar estos registros para articular un período verdaderamente provechoso (Blázquez, 1995b). Consentir el papel emprendedor del niño, no debe interpretarse como una desatención, sino como una incitación a confiar en una práctica personal (Read, 1992) y en las posibilidades de construir su aprendizaje a partir de continuos ajustes y reajustes sucesivos en clara interacción con el medio (Méndez, 2005). Estos conocimientos serán fuertemente fijados, pues surgen de la experiencia personal y como tal, debido a esa emocional vivencia serán grabados en la memoria motriz de la que se debe servir el jugador para hacer frente a los problemas derivados de cada situación de juego.

Siguiendo esta filosofía los contenidos de enseñanza ya no se someten a procedimientos relacionados con la adicción de elementos, sino que se insertan dentro de evoluciones más integradas donde cada nuevo descubrimiento va renovando las estructuras existentes. Esto es posible gracias a la sustitución de los planteamientos lineales y escalonados, por otros que parten de un núcleo fundamental que se refina y enriquece continuamente, proyectándose una onda pedagógica basada en las estrategias en espiral donde el juego y el sujeto son factores a tener muy presentes (Bauer, 1994)

Para conseguir esta nueva forma de organizar el proceso de enseñanza-aprendizaje se confía en la táctica. *"El modelo no acepta que la táctica deba esperar al desarrollo de unas habilidades sofisticadas (...)"* (Méndez, 2005:28). Este elemento de enseñanza llegará a convertirse en una sana obsesión para los nuevos educadores en disciplinas de conjunto, en pos de conseguir el crecimiento cognitivo de sus pupilos. La hegemonía de este contenido supone a su vez la aparición de propuestas encaminadas a fortalecer la actuación razonada basada en el descubrimiento del "para qué" y el "porqué" se realizan determinadas conductas (Castejón, 2005). Sin dejar de lado el "cómo hacer", se insiste en la necesidad de tomar conciencia de la utilidad (Contreras, de la Torre y Velázquez, 2001; Castejón, 2003), para focalizar la habilidad del jugador en su capacidad para interpretar sucesos y no tanto en sus posibilidades de ejecución según un modelo determinado.

La nueva perspectiva pedagógica no rechaza el aprendizaje de la técnica, sino que le otorga un carisma diferente, es decir, deja de ser entendido como el modelo ideal que postulaban Grosser y Neumaier (1986), deja de ser una finalidad dentro del entrenamiento y comienza a sentirse como un medio deducido de una situación de juego (Blázquez, 1986) y como un recurso al servicio de una intención táctica (Morcillo y Moreno, 2004).

Dentro de esta sensibilidad metodológica, la secuenciación de contenidos es muy peculiar, ya que rompe con las prioridades asumidas históricamente, al querer postergar la formación de los registros de ejecución a etapas finales. El entrenamiento especialmente destinado a mejorar la ejecución técnica debería abordarse cuando el jugador tenga la suficiente capacidad de comprensión del deporte y sienta verdaderamente la necesidad de aprender un gesto, porque *"los estudiantes aprenden mejor si comprenden que hacer antes de abordar como hacerlo"* (Lisbona et al., 2009:32), Además desde una postura más práctica Thorpe (1992) añade que teniendo en cuenta el tiempo disponible para la práctica deportiva, el niño quizás no pueda llegar a alcanzar el dominio deseado sobre los gestos deportivos, y por tanto sería más útil dedicar este espacio para sugestionar al niño, consiguiendo su definitiva adherencia a la práctica deportiva.

No obstante el método alternativo admite que un entrenador pueda interesarse por un planteamiento más conservador ante ciertas dificultades observadas (Vegas, 2006), ya que estos modelos son perfectamente conscientes de la existencia de niños que necesiten un tratamiento más directo sobre los gestos deportivos porque su intención táctica está continuamente frustrada por limitaciones en la ejecución (Read, 1992; Giménez y Sáenz-López, 2002).

Según los objetivos marcados desde el punto de vista práctico la atención sobre los contenidos básicos podrá plantearse interviniendo sobre una única modalidad con el objetivo de conseguir resultados o enseñar uno o varios deportes con finalidad educativa (Hernández et al., 2001). La primera opción se denomina vertical y está muy relacionada con los planteamientos hechos desde los clubes y federaciones deportivas puesto que pretenden el rendimiento; mientras que la segunda se llama horizontal y encaja mejor dentro de los postulados de las escuelas deportivas y la educación física donde el objetivo básico a corto plazo es la formación (Devis y Sánchez, 1996; Contreras, 1998).

El modelo comprensivo vertical, a pesar de respetar la filosofía común a todos los demás modelos, mantiene el principio clásico que recomienda ocuparse de un deporte (Contreras, de la Torre y Velázquez, 2001; Castejón, 2005), imponiendo una relación de transferencia entre las actividades y la modalidad deportiva (Contreras, 1998; Castejón, 2003), sin considerar las posibles correspondencias entre los contenidos de modalidades deportivas similares (Devís y Sánchez, 1996).

Existe la posibilidad de utilizar el modelo constructivista vertical una vez que se ha aplicado un enfoque horizontal inicial en el aprendizaje deportivo, es decir, después de que los deportistas han adquirido una serie de conocimientos elementales practicando elementos comunes a diferentes disciplinas (Contreras, 2001:175). Esta opción tiene por objetivo *"promover que el alumnado conozca y comprenda las principales características que presenta la modalidad deportiva que aprende y los problemas motores que plantea la consecución de sus objetivos, con objeto de que el alumnado aprenda y profundice en los fundamentos técnico-tácticos propios de cada modalidad deportiva. Para ello, se considerará imprescindible involucrar activamente al alumnado en su proceso de aprendizaje tratando de relacionar lo que aprenden con lo que ya saben"* (Jiménez, 2000:39).

Dentro de los modelos alternativos también están aquellos que creen que durante mucho tiempo se han estado enseñando cosas parecidas por medio de juegos diferentes (Mauldon y Redfern, 1969, citados por Almond y Warning, 1992). Estas modalidades contemplan la existencia de un grupo de deportes con conceptos esenciales muy parecidos, que pueden ser tratados simultáneamente, transmitiéndose en el entrenamiento unos principios estratégicos válidos para cada uno de ellos, que son desarrollados bajo mecanismos de ejecución distintos.

El modelo comprensivo horizontal es un claro ejemplo que utiliza los juegos modificados para transmitir los principios básicos de cada modalidad de una manera activa (Devís, 1996). En esta estrategia se piensa que si el sujeto es capaz de asimilar el sentido de una conducción, no tendrá problemas para aplicarlo en cualquier disciplina deportiva, pues sólo deberá modificar la manera en que se reproduce su pensamiento táctico. Las fases de aprendizaje que este modelo recomienda son: comenzar con juegos modificados aludiendo a los diferentes deportes, después evolucionar hacia situaciones más concretas de juego por medio de minideportes y por último recurrir a modalidades deportivas concretas (Torres, 2004). En todo caso nunca se perderá el objetivo de *"aprender los fundamentos técnico y tácticos e identificar los principios de juego que orienten la acción de juego"* (Jiménez, 2000:39).

También existe un modelo estructural horizontal representado en el contexto español por Blázquez (1986) y Lasierra y Lavega (1993). Gracias a este tipo de entrenamiento, un deportista que adquiera un determinado concepto táctico, por ejemplo la defensa zonal, podrá aplicarlo con independencia del deporte de que se trate (Castejón, 1995). Para el desarrollo de este modelo se recomiendan las siguientes fases (Jiménez, 2000: 39):

1. Comprensión de la estructura reglamentaria básica.
2. Comprensión de los principios generales del juego.
3. Comprensión del comportamiento estratégico individual.
4. Comprensión del comportamiento estratégico grupal.
5. Comprensión del comportamiento estratégico colectivo.

Otra contribución al espectro metodológico es la propuesta por López y Castejón (1998a; 1998b; 2005) y su modelo "integrado técnico-táctico". Estos autores piensan que si bien hay modelos teóricos que recomiendan una enseñanza deportiva centralizada en el aspecto táctico (Bunker y Thorpe, 1982; Thorpe, Bunker y Almond, 1986; Devís y Peiró, 1992), no existen evidencias prácticas que garanticen su utilidad. Entonces para resolver tal inquietud lo mejor será articular un tratamiento simultáneo de los contenidos de técnica y táctica deportiva, a partir de la aplicación práctica de las siguientes fases:

1. Dominio de las habilidades y destrezas básicas.
2. Presentación de la táctica deportiva con implicación de pocos elementos técnicos y de la técnica deportiva con pocos elementos tácticos.
3. Presentación de situaciones de juego similares al deporte definitivo con aplicación de los elementos técnicos y tácticos aprendidos.

En todos estos casos la transferencia de conceptos entre modalidades se hace desde los principios de la táctica y empelando situaciones pedagógicas eminentemente globales (Contreras, 1998; Águila y Casimiro, 2000; Castejón y de la Calle, 2002; Castejón, 2003; Castejón, 2005; Soares y Santana, 2005). Todos rechazan la enseñanza repetitiva y analítica para conseguir la automatización de técnicas, postergando el entrenamiento concreto de este contenido hasta que el jugador asimile su sentido en el juego (Alarcón et al., 2009). La comparación entre las diferentes maniobras pedagógicas en referencia a la organización de los contenidos queda expresada en la Figura 13.

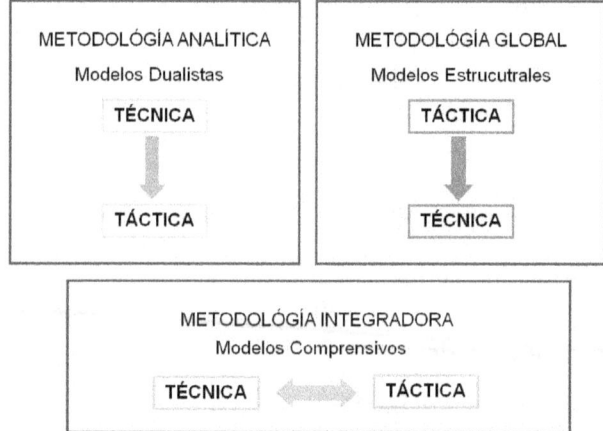

Figura 13. Modelos y metodologías de entrenamiento según Solá (2010).

Sólo se acepta la simulación a partir de la escenificación de episodios singulares que acontecen regularmente en el juego, puesto que la verdadera formación se inserta en la asimilación singular de los elementos constitutivos junto con las relaciones que se establecen entre ellos y que los condicionan (González, 1996; Contreras, 1998).Todo esto es posible gracias a las llamadas formas modificadas del deporte (Martens y Musch, 1990 en Garganta, 1997), representadas por juegos simplificados. Más allá de jugar partidillos (Lisbona et al., 2009) se trata de aplicar actividades que se presentan como pequeñas escenas de la realidad del deporte, que consiguen estimular procesos cognitivos y de exploración para conseguir un aprendizaje activo (Martínez Chavez, 2001).

Esta actividad debe ser un recurso omnipresente en la formación deportiva infantil (Blázquez, 1986; Lasierra, 1990; Read, 1992) no sólo por conseguir estimular fielmente los preceptos básicos de disciplinas como el fútbol, sino porque protege la naturaleza del niño. Los métodos basados en la táctica tienen muy presente que el fútbol es un juego y realmente se aprenderá a jugar cuando se deje jugar (Soares y Santana, 2005), por eso no se debe tener miedo por utilizar este tipo de actividades, sino que deben estar presentes desde el mismo momento en que el jugador se acerca al deporte independientemente de su capacidad (Thorpe, 1992).

Bajo este nuevo prisma no existe miedo al error puesto que es admitido como parte del aprendizaje y se intenta sacar provecho cuando aparece. El empleo de juegos de fútbol implica para el jugador, en el intento por buscar nuevas soluciones, un mayor riesgo de equivocación en comparación con otro tipo de tareas. Durante la indagación seguramente aparezcan equivocaciones, pero la clave está en que el participante sea capaz de asimilarlas con la ayuda del entrenador y regenerar el comportamiento para sucesivas ocasiones. Como vemos, no se trata de dejar desamparado el niño ante las complicaciones, sino orientarle con precisión facilitando su labor para que no se enquisten los errores. La corrección externa tiene que aparecer cuando la intencionalidad ya existe o cuando el error no está relacionado con fallos en el mecanismo de percepción y decisión (Lasierra, 1990), en el resto de los casos debe permitirse una manipulación personal de la equivocación, con el fin de sugestionar respuestas válidas que surjan de la reorganización autónoma (Blázquez, 1995b).

Para graduar la equivocación es necesario contemplar una serie de actividades acordes al nivel del futbolista. Lo normal es que se evolucione desde los juegos deportivos modificados hacia la especificidad del deporte en cuestión (Devís y Peiró, 1995). El técnico debe ser preciso en su oferta deportiva, atinando en la elección de tareas con el objetivo de que estas sean especialmente significativas para el deportista, a partir de un clima funcional, donde el niño tenga un papel dinámico, cargado de autoridad positiva para reconocer problemas, construir soluciones e identificar los recursos que ha empleado en cada acción (Read, 1988, en Devis, 1992; Castejón, 2005). Esto será posible cuando la iniciativa del jugador no quede desbordada por la complejidad de la actividad (Rodríguez et al., 2001). Por eso la dificultad debe estar especialmente ajustada, sin excederse tampoco en su facilidad, puesto que así el ánimo del practicante será el óptimo para progresar en su formación.

Podemos observar como en este nuevo contexto pedagógico el entrenador más allá de ser un demostrador, debe impulsar la reflexión a través de tareas óptimas para los intereses del deportista (Blázquez, 1986). También puede actuar mediante preguntas para ayudar al jugador a la reestructuración conceptual (Contreras, Velázquez y de la Torre, 2001).

Esto se refleja en la estructura de la sesión, en la que tras una puesta a punto, se inserta rápidamente un juego deportivo que pueda admitir sucesivas modificaciones para que el jugador vaya integrando conceptos y estrategias a su medida y de manera contextualizada. Son situaciones problemáticas sobre las que el niño puede actuar inmediatamente (Duran y Lasierra, 1987) para mejorar especialmente su personalidad táctica junto a otros elementos accesorios (habilidades técnicas, condición física y estado mental).

Decantarse por situaciones vinculadas al juego deportivo, supone incluir el enfrentamiento y por tanto la competición. En este contexto, el marcador aparece como un dulce compromiso. No se renuncia a la agradable sensación de la victoria, pero lejos de quedarse solamente con el resultado, se aboga por analizar todo lo que ocurre en el deportista cuando aprende (Rodríguez et al., 2001). En definitiva, no es el producto lo que importa, sino el proceso (Castejón, 2003), porque la verdadera victoria del método es avanzar en los aprendizajes, por encima de cualquier otro marcador insustancial para la formación (Valero, 2005), tal y como se puede observar después de analizar la identidad de los métodos alternativos (Figura 14).

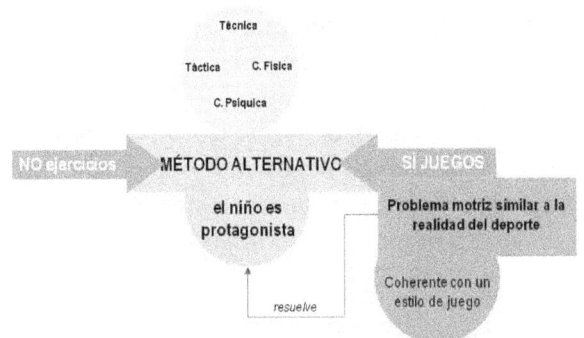

Figura 14. Identidad de los métodos alternativos.

II.2.1.1. Debilidades asociadas al método alternativo.

Desde los entornos más escépticos al cambio siempre se ha dudado del nuevo planteamiento aludiendo a que el niño tendría dificultades para gestionar los recursos cognitivo-motrices derivados del juego si antes no dominaba ciertos elementos técnicos básicos del deporte. Además la levedad con la que se acoge el aprendizaje de los gestos deportivos no sólo puede poner en riesgo la planificación hacia la táctica, sino que es posible que genere unas costumbres negativas, encarnadas en el asentamiento de gestos erróneos que después son difíciles de corregir (Cavalli, 2008). En primer lugar porque estas costumbres motrices se perpetúan en el individuo con una contundencia que dificulta la posible reeducación posterior, y en segundo lugar porque los métodos basados en la táctica, por su propia esencia, dificultan la rehabilitación individual (Díaz, 1996). El equipo esta por encima de sus individuos y más allá de ser una adicción de jugadores, es un todo organizado que condiciona las conductas personales y que por tanto hay que respetar en el entrenamiento (Blázquez, 1986). Se piensa desde los círculos más conservadores que este planteamiento resta valor al trabajo personalizado.

Por otra parte los más pequeños, debido a sus limitaciones en el plano de la percepción y de la memoria (Castejón, 2003) podrían verse en serios apuros cuando se vean envueltos en situaciones eminentemente tácticas. Precisamente este tipo de herramientas usadas en el entrenamiento y denominadas peyorativamente "partidillos", son otro foco de reproche, pues se piensa que no presentan la suficiente contundencia pedagógica y son incapaces de generar verdaderos aprendizajes en el sujeto. Algunos dicen que no se controla la carga de entrenamiento, otros que el tiempo de práctica es aleatorio y en algún caso insuficiente, y casi todos identifican el juego con un descanso totalmente desprovisto de valor formativo. Así, al amparo de esta y otras flaquezas mencionadas, no es raro seguir encontrando cierta resistencia en los ambientes más tradicionales, para abandonar el aprendizaje del gesto deportivo y todas las estructuras didácticas que lleva consigo.

II.2.1.2. Fortalezas asociadas al método alternativo.

Si tuviésemos que elegir de entre todas las virtudes del método alternativo, aquella más sugestiva dentro del marco de iniciación deportiva, no dudaríamos en seleccionar su carácter específico, en referencia a que es una maniobra que entiende perfectamente al niño (Águila y Casimiro, 2000). El enfoque comprensivo admite la desigualdad de niveles y no excluye a nadie, sino que el juego se organiza de manera que todos puedan participar (Devís y Peiró, 1995).

En una etapa tan sensible como la iniciación deportiva este modelo tiene en cuenta al sujeto que aprende (Read, 1992). También es un maniobra perfectamente ajustable a las modalidades deportivas colectivas (Díaz Cueto, 2003), con lo que estos modelos comprensivos pueden ofrecer mayores garantías en la iniciación que aquellos otros calificados como técnicos (Castejón, 2003).

La fidelidad de estas estrategias con respecto a disciplinas como el fútbol surge y se entiende por su respeto e insistencia sobre la comprensión del juego. Al inicio del aprendizaje, los deportes de situación demandan un elevado grado de integración de sucesos dejando temporalmente la ejecución en una anécdota. Por eso concibo como una verdadera bondad del método alternativo su capacidad para formar en la interpretación de acontecimientos, gracias a la continua exposición a estímulos concretos a la que es sometido el jugador (Cavalli, 2008). La contextualización del aprendizaje no sólo permitirá evolucionar en la dirección deseada, sino que además podrá hacerse con suficiente celeridad, pues gracias a estas condiciones se transmiten directamente los avances en el entrenamiento a la situación de práctica real (Díaz, 1996).

Este modelo usa tareas que permiten la formación completa del jugador ya que los sujetos estarán preparados para ejecutar correctamente y describir las acciones que realizan (Arnold, 1991). Esto les permite ser participantes inteligentes con capacidad para decidir y resolver problemas con independencia de la originalidad de los mismos (Lasierra, 1990; Pigott, 1988 citado por Devis, 1992; Giménez y Sáenz-López, 2002).

Gracias a la contextualización del aprendizaje se consiguen futbolistas autónomos, perfectamente dispuestos para asumir las responsabilidades necesarias en cuanto a su aprendizaje (Read, 1992). Esto supone un valor añadido para la formación en deportes en los que manejar las situaciones de incertidumbre es una marca de distinción.

Sánchez Gómez (1998) señala 8 cualidades positivas del método alternativo:

1. Orientación hacia experiencias afectivas del alumnado.
2. Facilita la participación de todo el alumnado al reducir las exigencias técnicas.
3. Integra ambos sexos en las mismas actividades y permite que los alumnos se impliquen en el proceso de enseñanza participando en las modificaciones o inventando nuevos juegos.
4. El aprendizaje se realiza de forma divertida, rápida y sencilla. Alcanzando pronto ciertos niveles de competencia y la participación activa en el juego.
5. A menudo este enfoque metodológico puede favorecer a los jugadores con menor aptitud. Además, el interés por la comprensión táctica y la reducción de las exigencias técnicas facilitan su participación.
6. El desarrollo de la cooperación puede encontrar un marco ideal en este enfoque ya que, entre otras cuestiones tienen cabida algunas propuestas y modificaciones de los juegos. La competición, aunque existe, pierde importancia y trascendencia a favor de la cooperación.
7. Aumenta la implicación y motivación de los alumnos hacia el aprendizaje, la responsabilidad y la participación activa.

8. El profesor cambia su rol y pasa a ser dinamizador que hace reflexionar a sus alumnos y fomenta la comprensión a través de intervenciones en forma de preguntas y comentarios.

II.2.2. Tipos de iniciación deportiva dentro del modelo táctico.

Hasta la década de los años 90 no encontramos en la literatura suficientes referencias dedicadas al aprendizaje-entrenamiento del fútbol desde una perspectiva cognitiva. Progresivamente han ido apareciendo diferentes propuestas, construidas a partir de los modelos tácticos generales, que intentan influir en el futbolista por la vía de la comprensión. Dentro del cambio nos encontramos algunos tratamientos poco definidos o eclécticos (Yagüe, 1999) entre los que destacan las propuestas de Raya (1988), Corbeau (1990), Leali (1994), Benedek (1994), Fradua (2005) y Toral, García y Vicente (2005). Algunos otros programas están más orientados al aprendizaje comprensivo, y aunque en ocasiones también plantean momentos dirigidos al entrenamiento de habilidades, en general todo gira en torno a la táctica (Dietrich, 1989; Bush, 1984; Sans y Frattarola, 1993 y 1999; Wein, 1995; Garganta y Pinto, 1997; Romero Cerezo, 1997; Árda y Casal, 2003; Lago, 2003; Alonso y Lago, 2009).

Entre las propuestas que podríamos denominar de transición, por intuirse un leve cambio hacia los aprendizajes cognitivos, se encuentra la de Raya (1988). Aunque este autor admite que no es suficiente programar un entrenamiento dirigido al aprendizaje de los gestos deportivos, ya que el juego también debe tener una buena importancia en el entrenamiento, en su propuesta siguen manteniéndose en un lugar destacado los contenidos relacionados con la ejecución de movimientos. En este programa de entrenamiento observamos una primera etapa dirigida a que el niño entre en contacto con los diferentes elementos técnicos que componen el deporte y después una fase dirigida a la asimilación técnico-táctica y otra final para conseguir la automatización de la técnica individual, los aspectos técnico-tácticos y la táctica individual.

Corbeau (1990) en su libro "Fútbol, de la escuela... a las asociaciones deportivas" se muestra en la línea del anterior autor, ya que construye una propuesta aparentemente vinculada a lo cognitivo (Figura 27), pero con un desarrollo de sesiones y actividades muy ligadas a las maniobras tradicionales como puede comprobarse en la siguiente cita dirigida al golpeo del balón (Corbeau, 1990:120): *"el tiro a gol es el resultado del juego y exige: el pie de apoyo situado cerca del balón y dirigido a la portería hacia la que se va a chutar, la rodilla ligeramente flexionada hacia el balón; el equilibrio del cuerpo asegurado por los brazos, la cabeza, los hombros, situados por encima del balón para que éste no se escape en el momento del tiro (...)".*

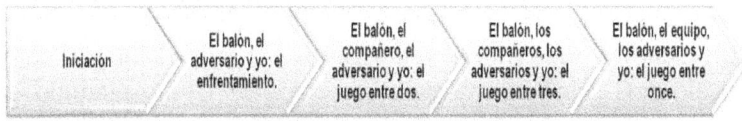

Figura 15. Propuesta para la enseñanza del fútbol de Corbeau (1990).

El modelo de Fradua (2005) lo consideramos dentro de las propuestas eclécticas porque a pesar de considerar como prioridad la comprensión del juego, no renuncia al estilo tradicional con un entrenamiento de contenidos técnicos. En su programa va dosificando los elementos de entrenamiento según las diferentes categorías, de manera que exista un buen equilibrio desde las primeras etapas en las que se pretenden mejorar la motricidad general, hasta las últimas en las que aparecen las habilidades técnico-tácticas. La sucesión de fases se puede observar en la Figura 16.

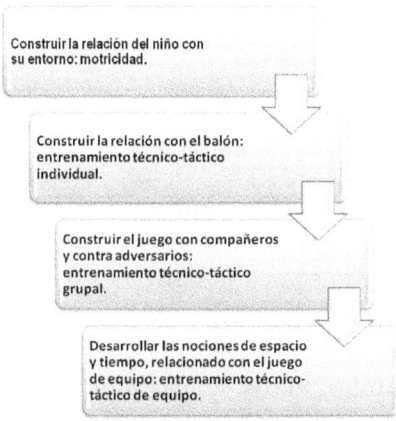

Figura 16. Propuesta para la enseñanza del fútbol de Fradua (2005)

La propuesta de Toral, Vicente y García (2005) en su libro "Dejad que los niños y niñas jueguen: Entrenamiento integral y comunicación positiva", es un ejemplo más de un programa construido a partir de una indiscutible sensibilidad táctica, pero sin renunciar a otras maniobras tradicionales. Aunque el modelo se rige por el convencimiento de que *"a jugar al fútbol se aprende jugando"* (Toral, Vicente y García, 2005:31), los autores creen que utilizar situaciones globales no va reñido con el empleo de otros ejercicios e instrucciones encaminadas a reforzar al jugador. En este plan se intercalan los ejercicios analíticos tradicionales, que poco tiene que ver con el aprendizaje cognitivo, pero que van destinados al refuerzo de diferentes elementos técnicos, con otras tareas que representan escenas parciales del juego para reforzar algunos principios tácticos del deporte. Como ejemplo en la primera etapa de su planificación, denominada "iniciación" podemos observar la convivencia de estrategias analíticas y globales (Figura 17).

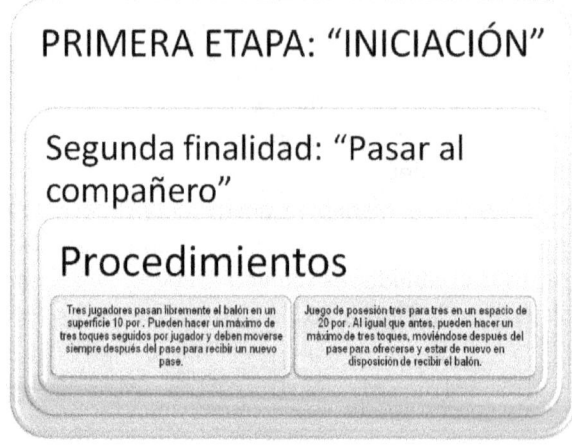

Figura 17. Procedimientos para emplear en la enseñanza del fútbol de Toral, Vicente y García (2005).

La exclusividad del entrenamiento táctico comienza con las obras de Busch (1984) y Dietrich (1989) y el uso de los juegos para desarrollar algunos contenidos importantes en el fútbol. Sans y Frattarola (1993) son los primeros que construyen un programa de entrenamiento infantil utilizando la táctica como contenido de referencia. Para llevar a cabo su propuesta se apoyan en la estrategia global, para respetar las necesidades del niño y la realidad del deporte. Las actividades predominantes son aquellas que llevan implícito un problema motriz que el futbolista, con la asistencia del entrenador, debe ir aprendiendo a resolver de manera cada vez más independiente.

Otro hito dentro de la historia de enseñanza-aprendizaje del fútbol lo marca el modelo propuesto por Wein (1995), en su libro "Fútbol a la medida del niño". Este título tan sugerente nos muestra el estilo con el que el autor quiere marcar la formación del jugador: atención a las necesidades infantiles, consideración del juego como elemento trascendental en la enseñanza y admiración por la relación educativa entrenador-jugador. El modelo de Wein (1995) queda asentado en 5 niveles de formación, con una gradual aproximación al deporte gracias a la dosificación de escenas de juego:

- 1ª etapa, *juegos de habilidades y capacidades básicas*.
- 2ª etapa, *juegos para el minifútbol*.
- 3ª etapa, *juegos para el fútbol-7*.
- 4ª etapa, *juegos para el fútbol-8 y el fútbol-9*.
- 5ª etapa, *fútbol reglamentario*.

Posteriormente, en el ámbito portugués Garganta y Pinto (1997) construyen otra propuesta de enseñanza del fútbol basada en actividades globales asociadas a principios tácticos de creciente complejidad. Estos autores diferencian en cada etapa de su planteamiento las dos fases de juego, de forma que establecen maniobras para la defensa y el ataque. Sin renunciar a la sensibilidad táctica, prevén una primera etapa de familiarización con el balón por medio de actividades cognitivas inespecíficas que ellos llaman: Construir la relación con el balón. Posteriormente plantean períodos de progresiva dificultad perceptiva por medio de la inclusión de actividades que reúnan diferentes elementos estructurales del deporte: porterías, adversario, adversarios y compañeros y espacio-tiempo.

Otro autor especialmente identificado con los estilos tácticos de enseñanza y la utilización del juego como recurso en la iniciación es Romero Cerezo (1997). Esta propuesta se organiza entorno a diferentes situaciones reducidas de juego, que van sucediéndose con diferente complejidad en cada una de las etapas de formación por las que va discurriendo el entrenamiento del futbolista: juego simple, juego colectivo genérico, juego predeportivo, fútbol-5, fútbol-7 y fútbol-11. En este modelo aparece una primera fase "De preparación", en la que sin dejar de lado la realidad del fútbol, se intentan dejar fijadas las bases del movimiento por medio de un entrenamiento sobre las capacidades perceptivas, coordinativas y las habilidades motrices básicas. Posteriormente se recurre a las estrategias globales con polarización de la atención, globales con modificación de la situación real de juego y maniobras de resolución de problemas, para mejorar las habilidades específicas y otras funciones tácticas y estratégicas de ataque y defensa a nivel individual y colectivo.

En la obra de Lago (2003:85) titulada "La enseñanza del fútbol en la edad escolar" aparece una nueva propuesta que "(...) *proponiendo situaciones de práctica facilitadas con respecto a las reales (menor complejidad), sea adecuada a los niveles de interpretación que en cada momento poseen los jóvenes practicantes y, al mismo tiempo, estimule eficazmente la adquisición de los conceptos específicos y las competencias asociadas a cada fase evolutiva o etapa en la enseñanza de los juegos deportivos colectivos".* El modelo queda ambientado a través de una secuencia que se inicia con la familiarización del niño con el balón y sigue con etapas en las que se utilizan actividades que incorporan elementos estructurales del deporte de complejidad cognitiva creciente. En la Figura 18 quedan reflejadas las fases y objetivos que se desarrollaran por medio de unos niveles de juego ideados para que el practicante pueda evolucionar favorablemente.

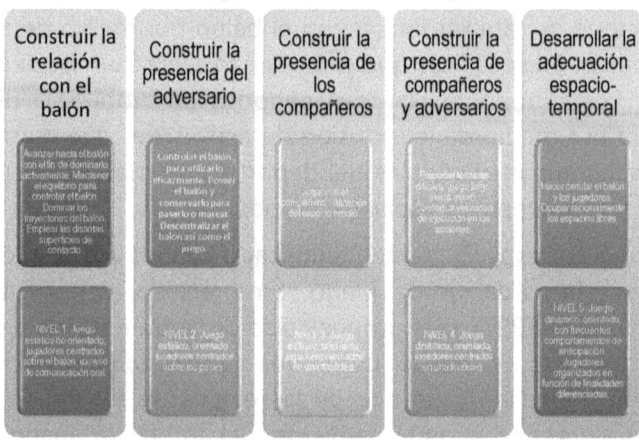

Figura 18. Propuesta para la enseñanza del fútbol de Lago (2003).

Especialmente significativo es el modelo que Ardá y Casal (2003) reflejan en su libro "Metodología de la enseñanza del fútbol". Esta propuesta se basa en el empleo de *"formas motivadoras que impliquen al practicante en situaciones problemáticas que contengan los factores principales del juego: balón, compañeros, adversarios... en las cuales haya que escoger una respuesta y resolver la situación"* (Ardá y Casal, 2003:85). En un claro intento de abordar el juego desde la dimensión táctica y no desde la inadaptada versión técnica, los autores de la propuesta se preocupan del "qué hacer" antes del "cómo hacer", por esta razón:

- Primero, enseñar al niño a pensar, a analizar el juego y a decidir una actuación según la actuación;
- Después, vendrá la enseñanza de la técnica específica para resolver cada situación.

Ardá y Casal (2003) establecen unas fases, unas actividades y un tipo de competición que se van graduando en dificultad hasta conseguir la participación en fútbol-11. La muestra de esta secuencia está en la Figura 19.

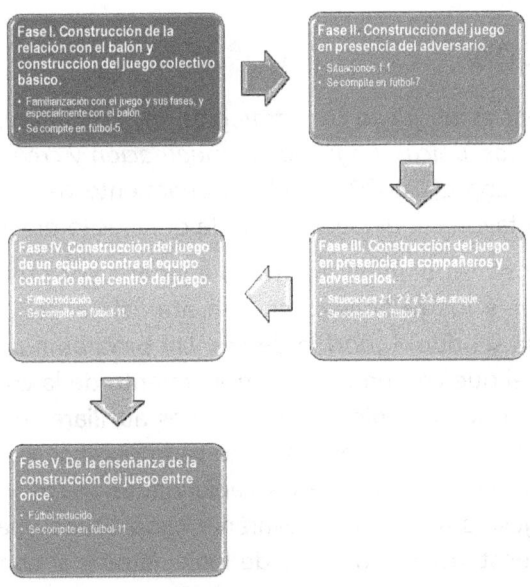

Figura 19. Propuesta para la enseñanza del fútbol de Ardá y Casal (2003).

Por último, los autores Alonso y Lago (2009) abordan el proceso de enseñanza del futbolista en categorías de formación por medio de una concienzuda progresión, en la que van asignando recomendaciones didácticas por etapas cronológicas. El modelo se construye sobre actividades de fútbol, con excepción de una primera etapa destinada a que el niño entre en contacto con el deporte, utilizando circuitos de habilidades que rayan con la pedagogía tradicional. El resto de propuestas se construyen a partir de juegos que simulan una realidad parcial del juego, proponiéndose una serie de ejemplos que pueden modificarse según posibles variaciones sobre sus elementos estructurales.

II.2.3. Ejemplificación de programa de modelo táctico para el entrenamiento de fútbol.

PROGRAMA DE ENTRENAMIENTO TÁCTICO EN CATEGORÍA BENJAMÍN Y ALEVÍN

JUSTIFICACIÓN

"El fútbol es un juego de estrategias, incertidumbres, emociones, jugadas variadas, únicas, un juego de imaginación y creatividad" (Martínez y Sáenz-López, 2000:14) y el entrenamiento debe respetar esta realidad para favorecer el crecimiento de quienes lo practican.

Enseñar el fútbol implica enseñar a jugar a sus protagonistas, es decir, implicar a los futbolistas en una atmósfera donde el aspecto táctico otorga sentido a todo lo demás. Un programa de aprendizaje eficaz es aquel que contempla el entrenamiento de la condición física y la enseñanza de la técnica como factores auxiliares que facilitan el acceso a niveles de rendimiento táctico cada vez más elevados. Por lo tanto, el perfeccionamiento de las capacidades físicas y la optimización de los gestos técnicos se llevarán a cabo desde una perspectiva fiel a las circunstancias evolutivas de los sujetos y al contexto donde se desarrolla el deporte.

Esto implica utilizar el fútbol como escenario de práctica habitual, que excluye otras estrategias relacionadas con lo analítico, premeditado y artificial. Mientras que la realidad del deporte permite avanzar en el dominio del deporte al completo, las maniobras tradicionales basadas sólo en la técnica provocan un manejo ficticio del juego pues este conjunto de automatizaciones se produce en un ambiente diferente al que demanda su puesta en escena durante la competición.

Con este programa de entrenamiento creado a partir de conceptos táctico del juego, pretendemos que el niño comprenda el deporte y además puede mejorar sus mecanismos de ejecución y otros elementos relacionados con las condición física. Y para conseguirlo empleamos situaciones de fútbol reducido, donde al cobijo de la táctica aparecen el resto de elementos en perfecta interacción. En estas tareas para resolver el conflicto cognitivo planteado, se debe seleccionar y ejecutar un determinado gesto deportivo, por lo que el futbolista estará construyendo continuamente un repertorio de soluciones personales, ajustadas al entorno motriz y ambientadas en las orientaciones del técnico deportivo.

OBJETIVOS GENERALES
1. Mejorar la inteligencia motriz del futbolista haciendo que participe en situaciones jugadas de especial significado por su directa transferencia a la realidad del deporte.
2. Optimizar el repertorio de habilidades motrices específicas, otorgándoles un carácter flexible que les permita ser utilizadas según las condiciones que se derivan de un entorno de juego incierto.
3. Desarrollar en los jugadores por medio de tareas globales, el conocimiento de los principios ofensivos básicos que rigen el juego, así como los roles que deben asumir según las demandas propias de cada contexto.

OBJETIVOS ESPECÍFICOS

Táctico-técnicos

4. Utilizar los recursos técnicos específicos de ataque para resolver los problemas que se desprenden de las diferentes situaciones de juego real reducido.
5. Conocer y practicar los principios generales que rigen el funcionamiento ofensivo.
6. Aplicar de manera sencilla fundamentos tácticos defensivos, según las demandas derivadas del juego.

Condición física

7. Progresar en la formación físico-motriz del futbolista, por medio de propuestas que estimulen las cualidades del jugador de manera integrada, respondiendo con mayor atención a los elementos que disfrutan de una especial sensibilidad.

Psicológicos

8. Dar una importancia relativa al resultado final, controlando las emociones derivadas de la victoria y de la derrota.
9. Potenciar valores relacionados con la cooperación, la colaboración, la solidaridad y el espíritu de equipo, como señas de identidad básicas para la correcta participación en esta modalidad deportiva.
10. Buscar entornos de aprendizaje divertidos donde los fines externos a la propia práctica estén en baja consideración.
11. Fomentar las experiencias integradoras y de socialización con el fin de ver a los compañeros como una parte importante de la práctica deportiva.
12. Desarrollar el talante competitivo, siendo fiel a los matices que lo definen: la honestidad, la lucha leal, la superación, el respeto, la aceptación de las normas...
13. Favorecer la responsabilidad, la iniciativa, la creatividad y la capacidad de decisión, para conseguir aprendizajes funcionales, duraderos y significativos.
14. Interiorizar hábitos higiénico-saludables que permanezcan en el sujeto como eje necesario sobre el que articular su futura y presente actividad deportiva.

CONTENIDOS

- La fase de ataque.
- La fase de defensa.
- Desfocalización del juego.
- Ocupación racional del espacio.
- Equilibrio ofensivo
- Creación de espacios.
- La finalización ofensiva.
- Progresión ofensiva.
- Conservación del balón.
- Amplitud ofensiva.

TEMPORALIZACIÓN

Nº/s	Contenido fundamental	Propósito
I	Test inicial	Valorar la técnica individual del futbolista.
1	Situación ofensiva	Conocer el papel básico de comportamiento cuando el equipo tiene la posesión del balón.
2	Situación defensiva	Identificar la fase defensiva y sus comportamientos elementales.
3	Desfocalización del juego ofensivo.	Conseguir que la atención del jugador no se centre exclusivamente en el balón.
4	Ocupación racional del espacio	Aprender a ocupar el espacio de juego de manera equilibrada, ubicándose en función de los compañeros.
5	Organización del espacio en ataque.	Aprender a ocupar el espacio de juego de manera equilibrada, ubicándose en función de los compañeros, adversarios y balón.
6	Equilibrio ofensivo	Demostrar posibilidades de penetración por cualquiera de los tres pasillos del frente defensivo rival.
7	Amplitud ofensiva	Aprovechar el ancho del espacio de juego, como elemento que facilita la intervención ofensiva.
8	Amplitud ofensiva	Utilizar todo el frente de ataque, con el fin de poner en dificultades la labor defensiva de los contrarios.
9	Progresión del juego ofensivo	Avanzar con el balón de manera segura, eficaz y cooperativa.
10	Progresión del juego ofensivo.	Avanzar hacia la portería contraria poniendo de manifiesto conductas positivas relacionadas con la organización, ocupación y amplitud espacial.
11	Conservación del balón	Mantener la posesión del balón como recurso al servicio de un juego que nunca pierde el sentido de evolucionar hacia zonas de peligro rival.
12	Los espacios libres.	Ofrecer soluciones al compañero con balón y al resto de jugadores que colaboran en la construcción del juego ofensivo.
13	La iniciación del juego ofensivo.	Jugar en situaciones próximas a la portería propia, estableciendo mecanismos útiles para mantener la posesión del balón de manera segura.
14	La finalización del juego ofensivo.	Manejar los fundamentos tácticos básicos en espacios próximos a la portería contraria.
15	La finalización del juego ofensivo	Culminar las tareas ofensivas de manera colectiva, utilizando los recursos adecuados para cada situación problema.
f	Test final.	Valorar la técnica individual del futbolista.

METODOLOGÍA

La metodología utilizada es activa, intentado que el deportista sea responsable y principio dinámico de su aprendizaje. Para ello se estructura una enseñanza con objetivos acordes al nivel del sujeto, que manifiesten la sensibilidad necesaria para potenciar sus conocimientos a partir del registro inicial de experiencias adquiridas.

Se parte de una estrategia global lúdica, donde las habilidades deportivas, la comprensión táctica y las cualidades físicas se potenciaran de una forma simultánea.

Están presentes actividades de práctica reducida, materializadas en una serie de problemas motrices que el futbolista deberá ir resolviendo para mejorar de capacidad de juego.

Las tareas que configuran el programa son variadas, para mantener el interés del practicante y provocar múltiples comportamientos. No obstante algunas de estas, se repiten a lo largo del programa con el fin de que esta reincidencia haga que el jugador obtenga un mayor aprovechamiento de los fundamentos de la actividad.

Cada calentamiento, presenta una estructura idéntica, acabando siempre con una tarea jugada. Esta actividad deberá ser organizada para la participación de equipos de número reducido (3x3 ó 4x4) según las necesidades de organización. Siempre que sea posible, en el final de esta parte de la sesión se inserta una tarea como recordatorio de los contenidos anteriores o como una introducción a los elementos siguientes.

La parte principal está compuesta de 3 actividades que suman 40 minutos de práctica. En la última tarea se plantean condiciones muy parecidas a la competición real (dimensiones del campo, jugadores por equipo, porterías, aplicación de normas...), pero sin perder de vista el contenido particular planteado para la sesión de trabajo. En las propuestas previas se buscan otros objetivos por medio de episodios reales que pretenden familiarizar al futbolista con una situación determinada.

Tanto las agrupaciones como el uso de materiales se gestionan de manera que se mantenga la relación entre tareas. Esto permitirá una evolución dinámica de la sesión.

Las tareas propuestas son la primera opción para el entrenamiento de cada equipo, sin embargo pueden ser adaptadas en sus parámetros estructurales a las características del equipo y la situación del momento. Estos cambios serán posibles siempre que la actividad que resulte, respete el objetivo prescrito dentro de la sesión. La configuración de los equipos, espacio, porterías, tiempo de ejecución... son algunos de los parámetros que el entrenador deberá manejar para que el aprovechamiento del supuesto sea máximo.

En cada propuesta, el entrenador debe conducir la tarea, explicando de forma clara las normas y objetivos de la actividad. Podrá corregir o instigar determinados comportamientos variando ciertos elementos de la tarea y comentando con los jugadores aquellas circunstancias más representativas al final de la segunda actividad y al culminar la sesión de entrenamiento.

EVALUACIÓN

Antes y después de ejecutar las sesiones de entrenamiento, se desarrollan una serie de pruebas para la valoración de la habilidad técnica de los futbolistas. Con estas pruebas se intenta medir el desplazamiento y el golpeo de balón en unas condiciones fuera del juego.

Nos serviremos de una serie de pruebas sacadas de la batería de test técnicos empleada por la "Football Association", y que ha sido validada por el profesor Tim Holt.

6. Conducción con el balón.
7. Conducción con cambios de dirección.
8. Regate.
9. Cabeceo.
10. Golpeo de balón.

Además, durante el programa, cada entrenador realiza una observación cualitativa a través de un diario de campo, en el que valora los sucesos más significativos relativos a la participación del futbolista y a la adecuación de la sesiones.

Para cada sesión, se establecen dos puntos de evaluación-reflexión. Uno al final de la segunda tarea y otro al terminar la sesión. Estos, pretenden ser un punto de encuentro, de intercambio de opinión y de toma de conciencia sobre los aprendizajes desarrollados a lo largo de la jornada de trabajo.

1	OBJETIVO: Conocer el papel básico de comportamiento cuando el equipo tiene la posesión del balón. CONTENIDO: La situación de ataque

CALENTAMIENTO	
INFORMACIÓN INCIAL: ENTRADA EN CALOR: 5' *"cuadrado balón-pie"*. En un espacio rectangular, los futbolistas se desplazan haciendo los ejercicios de movilidad articular y desplazamiento a la vez que entran en contacto con una serie de balones que circulan por el espacio de juego.	
ACTIVACIÓN: 3' *"conducción con balón"* todos los jugadores conducen un balón. En el juego hay 3 ó 4 jugadores que se la quedan, intentando tocar a los demás. El jugador tocado pasa a quedársela. (Identificar a los jugadores que se la quedan con algún elemento material).	
ADECUACIÓN TÉCNICO-TÁCTICA: 7' *"gol conducción"*. Dos equipos juegan, en un espacio rectangular con porterías de chinos repartidas. El jugador que atraviese una de esas porterías conduciendo, consigue un punto para su equipo.	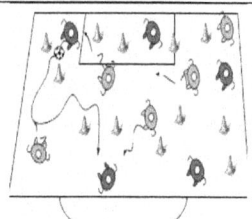

PARTE PRINCIPAL	
8' TAREA 1 *"posesión en campo diferente"* En un campo dividido en dos mitades, juegan dos equipos con superioridad numérica del poseedor de balón. Cuando el equipo defensor roba el balón, este debe comenzar la posesión en la otra mitad de campo. La transición debe realizarse con pases y no se puede robar el balón al equipo que lo recuperó.	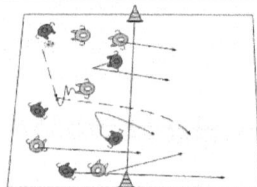

12' TAREA 2. *"gol en dos porterías"* Dos equipos juegan en un espacio con dos zonas de marca y 2 porterías en cada fondo. Para marcar gol hay que golpear el balón desde fuera de la zona de marca y ningún defensa puede entrar dentro de esta zona señalada. Si se marca gol y todos los atacantes están en campo contrario, entonces el gol vale doble. 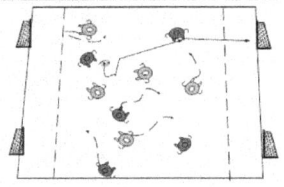
"verificación":
20' TAREA 3. *"2 contra 2 en cada mitad de campo".* Dos equipos juegan repartiéndose el espacio de manera que juegan 2 contra 2 en un medio campo y otro 2 contra 2 en el otro medio. Cada pareja de jugadores cumple funciones de ataque o defensa según el medio campo donde esté situada. Los de campo de ataque sólo puede atacar, mostrando oposición pasiva cuando pierden el balón. Los de campo defensivo, defienden, aunque uno puede pasar a colaborar con los atacantes cuando se tiene el balón. 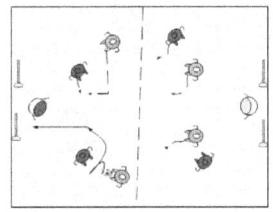 Var. No permitir al jugador defensor que colabora entrar a la siguiente zona en conducción.
PARTE FINAL
VUELTA A LA CALMA: 5' ejercicios de elasticidad muscular REFLEXIÓN FINAL ¿Qué hago cuando tengo balón? ¿qué puedo hacer cuando lo tiene un compañero? ¿En que lugares me puedo colocar si mi equipo tiene el balón?...

2	OBJETIVO: Identificar la fase defensiva y sus comportamientos elementales. CONTENIDO: La situación defensiva

CALENTAMIENTO

INFORMACIÓN INCIAL:
ENTRADA EN CALOR:
5' *"rectángulo balón-mano"*. En un rectángulo los futbolistas se desplazan intentando ocupar las zonas libres. Realizan ejercicios de movilidad articular y desplazamiento a la vez que pueden ir cogiendo y dejando una serie de balones que hay por el espacio.

ACTIVACIÓN:
3' *"cadena de 3"*: En un espacio limitado dos jugadores, por separado, se la quedan. Cada vez que dan a un compañero se unen en cadena. Cuando la cadena tiene tres jugadores, el cuarto al que den empezará un nuevo turno quedándosela en solitario.

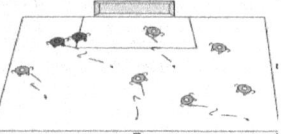

ADECUACIÓN TÉCNICO-TÁCTICA:
7' *"apoyos externos"*: Dos juegan dentro de un cuadrado, para mantener la posesión del balón. En cada lado del cuadro se colocan 4 apoyos, con los que se podrá combinar para ayudar a mantener la posesión. A estos últimos sólo se les puede interceptar pase desde dentro del espacio Var. Cada equipo sólo juega con 2 apoyos externos.

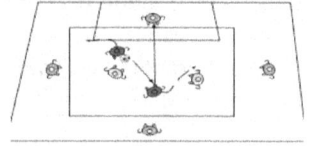

PARTE PRINCIPAL

8' TAREA 1 *"posesión en campo diferente"* En un campo dividido en dos mitades, juegan dos equipos con superioridad numérica del poseedor de balón. Cuando el equipo pierde el balón debe ocupar rápidamente el campo contrario. Si los dos o más defensores llegan más tarde que el último atacante, este equipo es castigado con una posesión más a defender. La transición de equipo recuperador debe realizarse con pases, teniendo cada jugador dos toques.

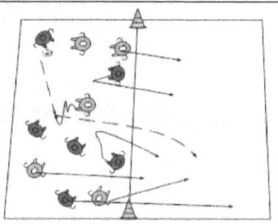

12' TAREA 2. *"gol en dos porterías con portero jugadores"* Dos equipos juegan en un espacio con dos zonas de marca y 2 porterías en cada fondo. El equipo que pierde el balón tienen que defender en inferioridad porque un jugador tiene que meterse en la zona de marca para intentar proteger las porterías.

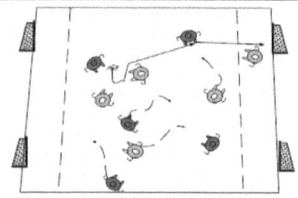

"verificación":	
20' TAREA 3. *"defender a campo propio"*: Dos equipos (3 contra 3 o 4 contra 4) juegan en un espacio dividido en dos partes y con una portería en cada fondo. Cada equipo sólo puede defender de manera activa en el medio campo propio.	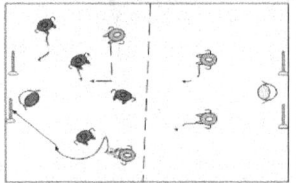
PARTE FINAL	
VUELTA A LA CALMA: 5' ejercicios de elasticidad muscular REFLEXIÓN FINAL: ¿Qué hago cuando no tengo balón?¿En que lugares me puedo colocar si mi equipo tiene el balón? ¿Si he perdido yo el balón, que es lo primero que debo hacer? ¿Si lo pierde un compañero, donde me tengo que colocar?	

3	OBJETIVO: Conseguir que la atención del jugador no se centre exclusivamente en el balón. CONTENIDO: Desfocalización del juego ofensivo.

CALENTAMIENTO

INFORMACIÓN INCIAL:
ENTRADA EN CALOR:
5' *"intercambio de balón por parejas"*. Los jugadores se ponen en parejas compartiendo un balón. Durante el trabajo van alternando la participación de esta manera: ejecutar acciones de movilidad articular siempre en desplazamiento ó trabajar con balón realizando diferentes acciones técnicas individuales. Todo ello utilizando correctamente el espacio de acción, de modo que la ocupación del mismo sea adecuada.

ACTIVACIÓN:
3' *"salvarse con balón"* 3 ó 4 jugadores se la quedan persiguiendo al resto para intentar tocarles y que se la queden. A su vez los jugadores que escapan tienen 4 balones, que se pasan (con mano o pie) entre ellos de tal modo que aquel que tenga el balón esta protegido. Los balones tienen que discurrir rápidamente, ningún jugador puede tenerlo más de 2 ó 3 segundos.

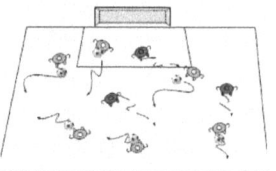

ADECUACIÓN TÉCNICO-TÁCTICA:
7' *"pase a la diagonal"*: Dos equipos juegan en un cuadrado dividido en 4 partes. Cuando un jugador con balón consigue dar un pase a un compañero situado en el cuadrado diagonal correspondiente, el equipo consigue un punto.

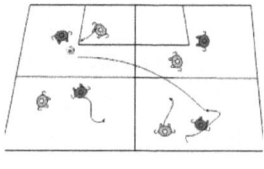

PARTE PRINCIPAL

8' TAREA 1. *"espacio ordenado"*. Se divide el espacio de juego en 4 partes. En cada lugar se organiza un 1x1 con un apoyo. Es necesario combinar con el comodín y sólo puede pasar el balón a otro cuadrado el jugador de equipo.

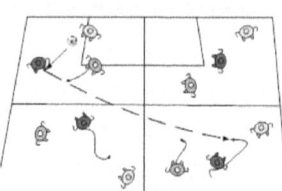

12' TAREA 2. *"derribar conos desordenados"*: Dos equipos juegan en un espacio donde hay colocados conos altos ocupando la mayor parte de las zonas de juego. El equipo con posesión del balón, intenta derribar los conos repartidos por el campo. Una vez que se derriba un cono, el balón queda libre, pasando a pertenecer a aquel equipo que se apodere de él. El equipo que tira un cono, es el encargado de levantarlo, hasta que no lo haga, no se le contabilizarán los posibles derribos que consiga.

"verificación":

20' TAREA 3. *"ganar bandas"*. Dos equipos juegan, intentando marcar gol en la meta contraria. Si en la jugada de gol, un jugador de ese equipo recibió el balón en el interior de uno de los pasillos en medio campo ofensivo ("ganar banda") ese gol vale doble. No se puede entrar en el pasillo en conducción
Variante.1.Ganar las dos bandas.2.Ganar las dos bandas, pero una en campo de defensivo y la contraria en campo ofensivo.3.Dejar a dos jugadores fijos en cada banda. Una vez que reciben deben poner el centro.

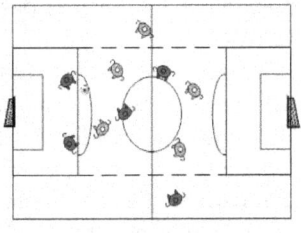

PARTE FINAL

VUELTA A LA CALMA: 5' ejercicios de elasticidad muscular

REFLEXIÓN FINAL ¿Para divertirme en fútbol tengo que tener siempre el balón? ¿Tengo que estar lejos o cerca del balón? ¿En caso de no estar próximo al balón, no voy a participar en el juego? ¿Qué sucede si todos los jugadores de un equipo están cerca del balón? ¿Es importante que la posesión del balón sea compartida por el equipo? ¿Qué es jugar en equipo? ¿El que no tiene el balón también juega?

| 4 | OBJETIVO: Aprender a ocupar el espacio de juego de manera equilibrada, ubicándose en función de los compañeros.
CONTENIDO: Ocupación del terreno de juego. |

CALENTAMIENTO

INFORMACIÓN INCIAL:
ENTRADA EN CALOR:
5' *"rectángulo balón-mano"*. En un espacio rectangular, los futbolistas se desplazan intentando ocupar las zonas libres. A su vez realizan ejercicios de movilidad articular siempre en desplazamiento y se intercambian 5 balones realizando diferentes formas de pase con la mano y con el pie según se marque.

ACTIVACIÓN:
3' *"salvarse en..."*. 3 ó 4 jugadores se la quedan persiguiendo al resto para intentar tocarles y que se la queden. Estos jugadores están "en casa" si se colocan formando una torre por parejas (de pie frente a frente con las manos juntas en alto). Vuelven al juego cuando alguien pasa por debajo de la torre.

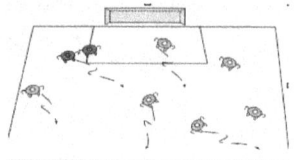

ADECUACIÓN TÉCNICO-TÁCTICA:
7' *"espacio ordenado"*. Se divide el espacio de juego en 4 partes. En cada lugar se organiza un 1x1 con un apoyo. Es necesario combinar con el comodín y sólo puede pasar el balón a otro cuadrado el jugador de equipo.

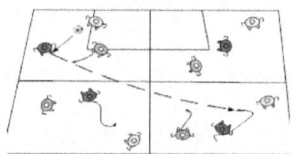

PARTE PRINCIPAL

8' TAREA 1. *"Derribar fila de conos"* ": Dos equipos juegan en un espacio donde hay colocados conos altos en los fondos del terreno. Cada equipo defiende una línea de conos e intenta atacar, derribando con un golpeo, los conos situados en la zona opuesta. Una vez que se derriba un cono, el balón queda libre, pasando a pertenecer a aquel equipo que se apodere de él. Cuando un cono se derriba, el jugador que los consiguió debe recogerlo y llevarlo a su zona de conos defensivos. Al final del juego, gana aquel equipo que tiene más conos en su zona defensiva.

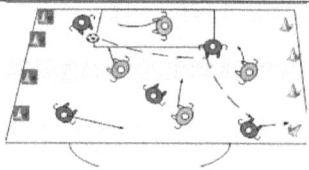

12' TAREA 2. *"gol en 4 porterías"* Dos equipos juegan en un espacio marcado por 4 porterías, una en cada lado. Cada equipo intenta marcar gol en cualquiera de las porterías disponibles. El equipo que marca punto sigue con la posesión del balón, pero no podrá marcar gol en esa portaría, la cual quedará "cerrada" hasta que no se haga la intención de ir a otra zona de gol, hasta que no se marque en otra portería, o hasta que se pierde la posesión del balón.	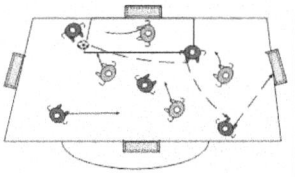
"verificación":	
20' TAREA 3.*"Enfrentamientos en tres zonas"*. Dos equipos juegan en un espacio dividido en tres zonas iguales (inicial, media y finalización) y con porterías en los fondos. En cada espacio se organiza un enfrentamiento en igualdad numérica. Cada jugador de una zona puede combinar con compañeros de la siguiente mediante un pase, sin poder saltarse ninguna zona. Sólo un jugador podrá subir como apoyo a la zona siguiente. Solo pueden marcar gol los jugadores de la zona de finalización	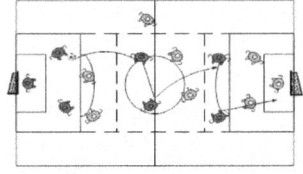
PARTE FINAL	
VUELTA A LA CALMA: 5' ejercicios de elasticidad muscular REFLEXIÓN FINAL: ¿Qué factores pueden determinar nuestra posición en el campo? ¿Todos los jugadores debemos estar en la misma zona? ¿Es conveniente tener ocupada la mayor parte del campo? ¿Por qué el espacio de juego debe ser repartido entre todos los jugadores del equipo?	

5	OBJETIVO: Aprender a ocupar el espacio de juego de manera equilibrada, ubicándose en función de los compañeros, adversarios y balón. CONTENIDO: Organización del espacio de juego.
	***CALENTAMIENTO***

INFORMACIÓN INCIAL:
ENTRADA EN CALOR:
5' *"espacio dividido"*. Se organiza un espacio rectangular dividido en dos. En una los jugadores realizarán ejercicios de movilidad articular en desplazamiento, repartiéndose el espacio de acción; en la otra zona se pueden ejecutar acciones técnicas individuales o por parejas, con los balones que están colocados por el espacio (nunca superior a la mitad del número de jugadores que participan). Los jugadores deben ir alternando su participación en ambos espacios.

ACTIVACIÓN:
3' *"doble cadena"*: dos jugadores comienzan siendo perseguidores. Cuando van tocando al resto de compañeros, estos se van uniendo a ellos formando una cadena.

ADECUACIÓN TÉCNICO-TÁCTICA:
7' *"pase a la diagonal"*: Dos equipos juegan en un cuadrado dividido en 4 partes. Cuando un jugador con balón consigue dar un pase a un compañero situado en el cuadrado diagonal correspondiente, el equipo consigue un punto.

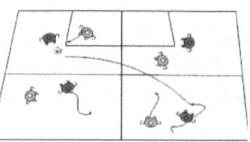

PARTE PRINCIPAL

8' TAREA 1. *"¿cuántos pases das?"*. Un equipo en superioridad juega en un rectángulo marcado en tres zonas. Cada zona debe estar ocupada al menos por un jugador. Intenta dar el mayor número de pases en un tiempo dado. Cada vez que le interceptan el balón, la cuenta empieza en 5 toques menos.

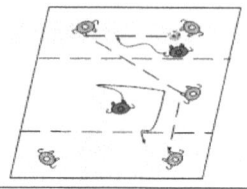

12' TAREA 2. *"atacar y defender porterías en cruz"*. Dos equipos juegan en un cuadrado. En cada lado medio del espacio hay una portería. Un equipo ataca dos porterías de lados paralelos y defiende las porterías de los lados contrarios.

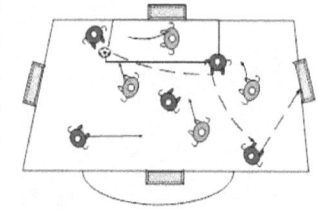

"verificación": 20' TAREA 3. *"bandas ocupadas"*. Dos equipos juegan intentando marcar gol en la meta contraria, en un espacio marcado por dos carriles laterales. Un jugador de cada equipo debe estar continuamente ocupando esa banda. Si el gol bien precedido de una combinación con el jugador de la banda, entonces vale doble.	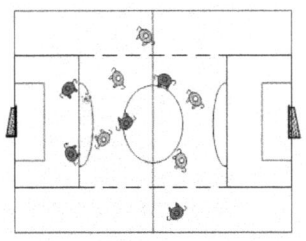

Var. Si al recibir el jugador de banda decide ir hacia el interior, otro jugador ocupará el carril exterior.
Si el gol viene de un pase directo del jugador de banda entonces tiene valor doble.

PARTE FINAL

VUELTA A LA CALMA: 5' ejercicios de elasticidad muscular
REFLEXIÓN FINAL: ¿De qué elementos depende la posición de un jugador en el campo? ¿Qué beneficios tiene que un equipo este correctamente colocado en el campo? ¿La posición de cada jugador en el campo se puede modificar? ¿En nuestra posición influye más el balón o el compañero?

6	OBJETIVO: Mantener posibilidades de superar la línea defensiva rival en cualquiera de los tres pasillos del frente defensivo rival.

CONTENIDO: Equilibrio ofensivo

CALENTAMIENTO

INFORMACIÓN INCIAL:

ENTRADA EN CALOR:

5' *"cuadrado de 5"* 4 jugadores se colocan en cada esquina de un cuadrado. El jugador con balón repite en un esquina, y empieza realizando un pase al compañero de la izquierda y desplazándose en realizando ejercicios de movilidad hasta ese lugar.

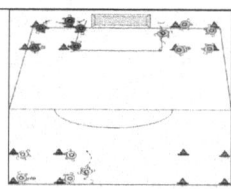

ACTIVACIÓN:

3' *"cambio de color"*, Los jugadores se distribuyen en 4 colores, empieza persiguiendo un color y cuando toca a otro jugador se cambian los petos pasando el tocado a ser del color perseguidor. En cualquier momento el entrenador puede gritar otro color para que comience a ser perseguido.

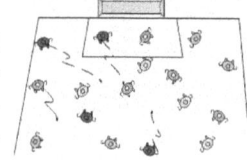

ADECUACIÓN TÉCNICO-TÁCTICA:

7' *"4 cuadrados"*. En los vértices de un cuadrado se señalan 4 espacios de unos 5 metros de lado. Dos equipos juegan con toque libre. Cuando un jugador del equipo con balón recibe dentro de un vértice y combina con un compañero, su equipo consigue un punto. Dentro de los espacios de puntuación sólo pueden entrar jugadores del equipo con balón.

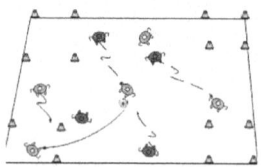

PARTE PRINCIPAL

8' TAREA 1. *"atacar y defender porterías en cruz"*. Dos equipos juegan en un cuadrado. En cada lado medio del espacio hay una portería. Un equipo ataca la portería del fondo del campo y de una banda y defiende las otras dos.

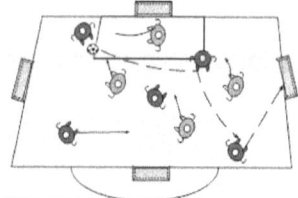

12' TAREA 2. *"entrar por los espacios"* Un equipo de 4 jugadores ataca a otro equipos de 3 futbolistas, intentando entrar en la zona de finalización por alguno de los espacios señalados con conos. Si consiguen entrar por el centro pueden finalizar pero si penetran por los espacios de las bandas deben acabar con un pase. En esta ocasión pueden entrar al remate dos jugadores contra un defensor.	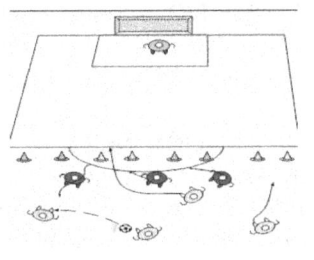
"verificación":	
20' TAREA 3. *"defender una portería y atacar 3 minis"*. Dos equipos juegan en medio campo, uno de ellos ataca una portería de fútbol-7 y defiende 3 mini-porterías situadas en la línea central del campo. A la mitad del tiempo cambiar el objetivo de cada equipo.	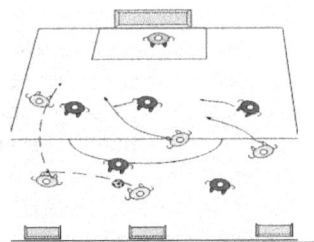
PARTE FINAL	
VUELTA A LA CALMA: 5' ejercicios de elasticidad muscular REFLEXIÓN FINAL: ¿Los jugadores de un equipo deben estar en una misma zona o deben ocupar el mayor espacio posible? ¿Y en defensa? ¿Cuándo un jugador está lejos del balón que debe hacer? ¿Cuándo el balón se recupera en un lado donde se debe jugar rápidamente?	

7	OBJETIVO: Aprovechar el ancho del espacio de juego, como elemento que facilita la intervención ofensiva. CONTENDIO: La amplitud ofensiva

CALENTAMIENTO

INFORMACIÓN INCIAL:
ENTRADA EN CALOR:
5' *"2 filas, pase y va"*. Se forman dos filas, una frente a otra. El jugador pasa el balón a la fila contraria y se cambia haciendo ejercicios de movilidad con desplazamiento. El compañero, recibe el balón y hace la misma operación.

ACTIVACIÓN:
3' *"la muralla"*: En un espacio rectangular, se traza una línea media que divide el campo en dos. En esta línea se sitúa un jugador. El resto deben intentar cruzar la muralla, pasando desde un fondo a otro sin ser tocados por el compañero del medio. Aquellos que no lo consigan pasarán a formar parte de la línea central, agarrándose todos de la mano.

ADECUACIÓN TÉCNICO-TÁCTICA:
7' *"apoyos externos"*: Dos juegan dentro de un cuadrado, para mantener la posesión del balón. En cada lado del cuadro se colocan 4 apoyos, con los que se podrá combinar para ayudar a mantener la posesión. A estos últimos sólo se les puede interceptar pase desde dentro del espacio Var. Cada equipo sólo juega con 2 apoyos externos.

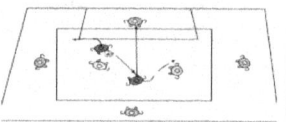

PARTE PRINCIPAL

8' TAREA 1 *"gol pasando en conducción"* Dos equipos juegan, en un espacio rectangular con porterías de chinos en los fondos. Un equipo ataca dos porterías centradas, mientras que otro ataca dos porterías más repartidas respecto del ancho del campo. Se consigue gol cuando un jugador es capaz de pasar en conducción por uno de los espacios señalados.

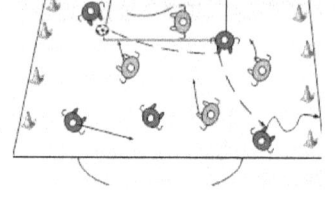

12' TAREA 2. *"gol en portería de la esquina"*. Dos equipos juegan en un espacio dividido por tres pasillos. Se coloca una portería en cada pasillo exterior. Estas franjas tendrán que ser ocupadas de manera organizada por los jugadores. Sólo se permitirá cambiar el balón de zona con un pase.

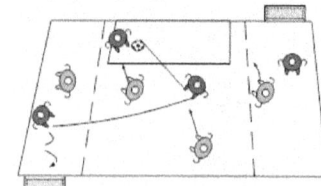

"verificación":	
20' TAREA 3. *"1 portería grande y 2 pequeñas"*. A cada lado de las porterías reglamentarias, a10m de la línea lateral se colocan 2 mini-porterías. Cada equipo intentará marcar gol de primer toque en la portería grande (2 puntos) y gol normal en las pequeñas (1 punto).	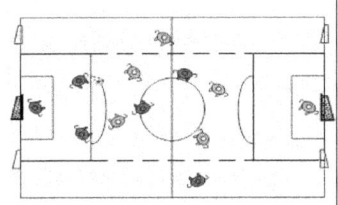
PARTE FINAL	
VUELTA A LA CALMA 5' ejercicios de elasticidad muscular REFLEXIÓN FINAL ¿En cuantas zonas puede dividirse el ancho del campo? ¿Es bueno tener ocupadas estas zonas? ¿Lo más importante es tener bien controlado el pasillo central del campo? ¿Qué beneficios puede tener que el equipo ocupe todo el ancho del campo?	

8	OBJETIVO: Utilizar todo el frente de ataque, con el fin de poner en dificultades la labor defensiva de los contrarios. CONTENDIO: La amplitud del juego ofensivo.

CALENTAMIENTO

INFORMACIÓN INCIAL:
ENTRADA EN CALOR:
5' "*4 filas pase y va*". Se forman 4 filas, en los vértices de un cuadrado imaginario. Utilizamos dos balones. El jugador de la fila con balón, hace pase a al compañero de la fila de enfrente y se cambia haciendo ejercicios de movilidad con desplazamiento a la fila de al lado.

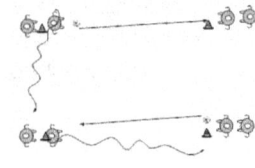

ACTIVACIÓN:
3' "*cadena de 3*": En un espacio limitado dos jugadores, por separado, se la quedan. Cada vez que dan a un compañero se unen en cadena. Cuando la cadena tiene tres jugadores, el cuarto al que den empezará un nuevo turno quedándosela en solitario.

ADECUACIÓN TÉCNICO-TÁCTICA:
7' "*4 cuadrados*". En los vértices de un cuadrado se señalan 4 espacios de unos 5 metros de lado. Dos equipos juegan con toque libre. Cuando un jugador del equipo con balón recibe dentro de un vértice y combina con un compañero, su equipo consigue un punto. Dentro de los espacios de puntuación sólo pueden entrar jugadores del equipo con balón.

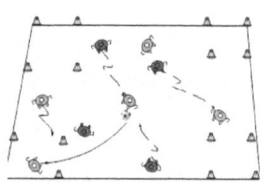

PARTE PRINCIPAL

8' TAREA 1. "*Derribar fila de conos*": Dos equipos juegan en un espacio donde hay colocados conos altos en los fondos del terreno. Cada equipo defiende una línea de conos e intenta atacar, derribando con un golpeo, los conos situados en la zona opuesta. Una vez que se derriba un cono, el balón queda libre, pasando a pertenecer a aquel equipo que se apodere de él. Cuando un cono se derriba, el jugador que los consiguió debe recogerlo y llevarlo a su zona de conos defensivos. Al final del juego, gana aquel equipo que tiene más conos en su zona defensiva.

12' TAREA 2. *"gol en dos porterías"* Dos equipos juegan en un espacio con dos zonas de marca y 2 porterías en cada fondo. Para marcar gol hay que golpear el balón desde fuera de la zona de marca y ningún defensa puede entrar dentro de esta zona señalada.	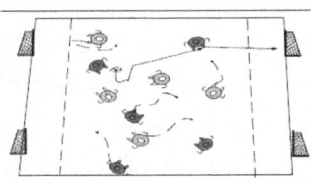
"verificación":	
20' TAREA 3. *"Gol doble si marcaste en la mitad"*. Dos equipos juegan intentando marcar gol en la portería contraria. En la mitad del espacio de juego, sobre los laterales, se coloca una portería de 5 metros. Si el balón pasa por cualquiera de esas porterías y la jugada termina en gol, este vale doble. Se pueden cruzar las porterías de picas en conducción o mediante un pase. Si tras conseguir cruzar la portería, no se consigue gol, no se recibe ningún punto.	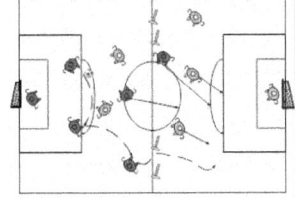
PARTE FINAL	
VUELTA A LA CALMA 5' ejercicios de elasticidad muscular REFLEXIÓN FINAL ¿Es más sencillo atacar un espacio ancho o estrecho? ¿Cómo podemos darle amplitud al espacio de juego? ¿De quien depende esta amplitud? ¿Ante defensas muy cerradas que solución tenemos? ¿Cuándo el balón esta en un lado, debe haber jugadores en el contrario?	

| 9 | OBJETIVO: Avanzar con el balón de manera segura, eficaz y cooperativa.
CONTENIDO: Progresión del balón. |

CALENTAMIENTO

INFORMACIÓN INCIAL:
ENTRADA EN CALOR:
5' *"oleadas por parejas"*. Cada jugador se pone con un compañero. Uno se coloca en la frontal de la línea de fuera de juego y otro en el centro del campo. El de la frontal conduce un balón hacia la línea central, mientras el otro se dirige hacia la otra línea de fuera de juego haciendo ejercicios de movilidad articular y desplazamientos. Llegado el momento se intercambian el balón y la función.

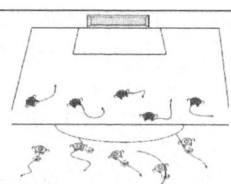

ACTIVACIÓN:
3' *"la muralla"*: En un espacio rectangular, se traza una línea media que divide el campo en dos. En esta línea se sitúa un jugador. El resto deben intentar cruzar la muralla, pasando desde un fondo a otro sin ser tocados por el compañero del medio. Aquellos que no lo consigan pasarán a formar parte de la línea central, agarrándose todos de la mano.

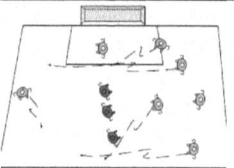

ADECUACIÓN TÉCNICO-TÁCTICA:
7' *"conducir sobre la línea contraria"*. Dos equipos juegan, en un espacio rectangular. El equipo puede conseguir un punto, sin alguno de sus jugadores pasa en conducción la línea de fondo.

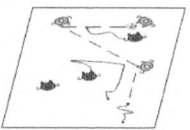

PARTE PRINCIPAL

8' TAREA 1 *"Doble apoyo con comodín"*. Se organiza un espacio rectangular con dos comodines en cada fondo y dos equipos jugando por dentro. Se trata de conseguir conectar con el jugador de un fondo y sin perder la posesión del balón apoyarse en el comodín contrario, para conseguir un punto. A los comodines no se les puede robar el balón, solamente interceptar el pase.

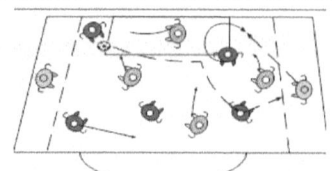

12' TAREA 2. *"gol en portería invertida"*: Dos equipos juegan en un espacio rectangular, en el que se señalan dos zonas, una en cada fondo (10 metros aprox.), y en cada línea de esta zona se colocan dos mini-porterías orientadas hacia el fondo que cada equipo debe atacar o defender.

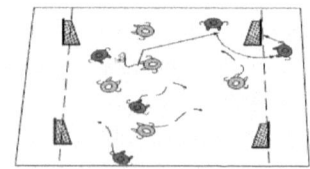

"verificación": 20' TAREA 3.*"Enfrentamientos en tres zonas"*. Dos equipos juegan en un espacio dividido en tres zonas iguales (inicial, media y finalización) y con porterías en los fondos. En cada espacio se organiza un enfrentamiento en igualdad numérica. Cada jugador de una zona puede combinar con compañeros de la siguiente mediante un 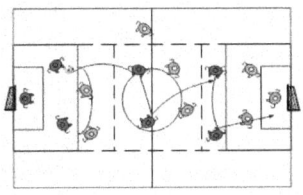 pase, sin poder saltarse ninguna zona. Sólo un jugador podrá subir como apoyo a la zona siguiente. Solo pueden marcar gol los jugadores de la zona de finalización
PARTE FINAL
VUELTA A LA CALMA: 5' ejercicios de elasticidad muscular REFLEXIÓN FINAL ¿Porqué es importante ir hacia la portería contraria? ¿Qué es la profundidad de ataque? ¿Cómo se puede conseguir la profundidad? ¿Qué jugadores marcan la profundidad del equipo? ¿Cuáles son las herramientas fundamentales para conseguir la profundidad de juego?

10	OBJETIVO: Avanzar hacia la portería contraria poniendo de manifiesto conductas positivas relacionadas con la organización, ocupación y amplitud espacial. CONTENDIO: Progresión del juego ofensivo.

CALENTAMIENTO

INFORMACIÓN INCIAL:
ENTRADA EN CALOR:
5' *"espacio dividido"*. Se organiza un espacio rectangular dividido en dos. En una los jugadores realizarán ejercicios de movilidad articular en desplazamiento, repartiéndose el espacio de acción; en la otra zona se pueden ejecutar acciones técnicas individuales o por parejas, con los balones que están colocados por el espacio (nunca superior a la mitad del número de jugadores que participan). Los jugadores deben ir alternando su participación en ambos espacios.

ACTIVACIÓN:
3' *"salvarse en..."*. 3 ó 4 jugadores se la quedan persiguiendo al resto para intentar tocarles y que se la queden. Estos jugadores están "en casa" si se colocan formando una torre por parejas (de pie frente a frente con las manos juntas en alto). Vuelven al juego cuando alguien pasa por debajo de la torre.

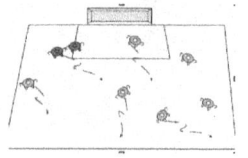

ADECUACIÓN TÉCNICO-TÁCTICA:
7' *"Derribar fila de conos"*: Cada equipo defiende una línea de conos e intenta atacar, derribando con un golpeo, los conos situados en la zona opuesta. Una vez que se derriba un cono, el jugador que lo derriba lo levanta y su equipo se anota un punto. Al final del juego gana aquel equipo que tiene más puntos.

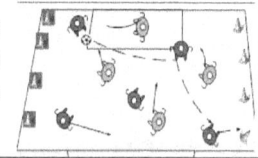

PARTE PRINCIPAL

8' TAREA 1. *"progresar por las bandas"*. Dos equipos juegan en un espacio rectangular dividido en 3 zonas. Se empieza jugando en una zona externa y la central, en la otra zona se podrá entrar cuando un jugador entre en conducción por alguna de las porterías de chinos. En este caso el equipo tiene un punto y el juego se pasa a esa zona más la central.

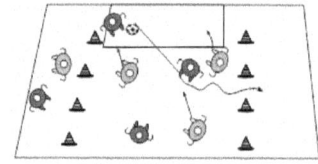

12' TAREA 2. *"gol en porterías invertidas"*: Dos equipos juegan en un espacio rectangular, en el que se señalan dos zonas, una en cada fondo (5 metros aprox.), y en cada línea de esta zona se coloca dos mini-porterías. Cada equipo debe llevar el balón hasta esa zona y marcar gol en sentido contrario. El balón quedará suelto y el equipo que lo consiga organiza su ataque.	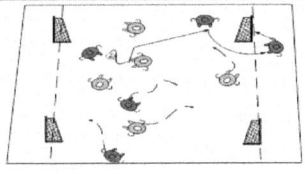

"verificación":	
20' TAREA 3.*"Partido con campo atrás"*. Dos equipos juegan en un espacio dividido en tres zonas iguales (inicial, media y finalización) y con porterías en los fondos. En cada zona se pueden dar únicamente 3 pases, y una vez que has conseguido una zona no se puede actuar en la anterior.	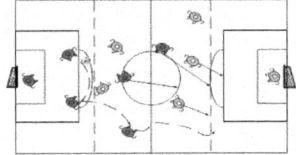

PARTE FINAL
VUELTA A LA CALMA: 5' ejercicios de elasticidad muscular
REFLEXIÓN FINAL ¿La profundidad de juego se relaciona con la progresión? ¿Qué condiciones favorecen la progresión? ¿Qué herramientas tengo para poder progresar? ¿La primera opción es progresar hacia la meta rival?

11	OBJETIVO: Mantener la posesión del balón como recurso al servicio de un juego que nunca pierde el sentido de evolucionar hacia zonas de peligro rival. CONTENIDO: La posesión de balón

CALENTAMIENTO

INFORMACIÓN INCIAL:
ENTRADA EN CALOR:
5' *"cuadrado balón-pie"*. En un espacio rectangular, los futbolistas se desplazan haciendo los ejercicios de movilidad articular y desplazamiento a la vez que entran en contacto con una serie de balones que circulan por el espacio de juego.

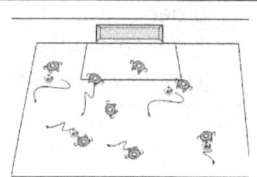

ACTIVACIÓN:
3' *"salvarse con balón"* 3 ó 4 jugadores se la quedan persiguiendo al resto para intentar tocarles y que se la queden. A su vez los jugadores que escapan tienen 4 balones, que se pasan (con mano o pie) entre ellos de tal modo que aquel que tenga el balón esta protegido. Los balones tienen que discurrir rápidamente, ningún jugador puede tenerlo más de 2 ó 3 segundos.

ADECUACIÓN TÉCNICO-TÁCTICA:
7' *"apoyos externos"*: Dos juegan dentro de un cuadrado, para mantener la posesión del balón. En cada lado del cuadro se colocan 4 apoyos, con los que se podrá combinar para ayudar a mantener la posesión. A estos últimos sólo se les puede interceptar pase desde dentro del espacio Var. Cada equipo sólo juega con 2 apoyos externos.

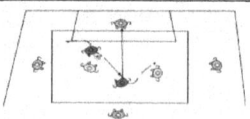

PARTE PRINCIPAL

8' TAREA 1. *"posesión a 25 pases"*: Dos equipos juegan a mantener la posesión del balón dentro de un espacio cuadrado. Cada equipo cuando tiene el balón, va sumando el número de pases, intentando llegar al número de 25. Cada vez que pierde la posesión y la recupera reanuda la cuenta. Así, el primer equipo que logre dar 25 pases gana el juego.
Var. Si se pierde el balón, se reanuda la cuenta desde 5 toques menos.

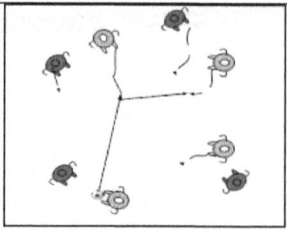

12' TAREA 2. *"posesión para evitar finalización"*. Dos equipos juegan en un espacio con una portería. Uno con el apoyo del portero, intenta dar 8 pases seguidos para conseguir un punto. El otro equipo se organiza para robar el balón y finalizar en la portería. En el espacio de juego se sitúa una sola portería. Var. Para marcar gol, deben tocar el balón al menos dos jugadores del equipo.	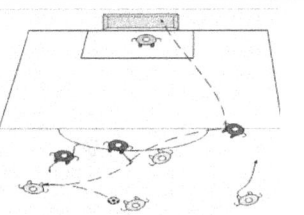
"verificación":	
20' TAREA 3. *"Juego libre"*. Partido real, en el que los jugadores deben mostrar una actitud positiva hacia contenidos como la posesión de balón, la movilidad con y sin balón y la progresión hacia la portería contraria.	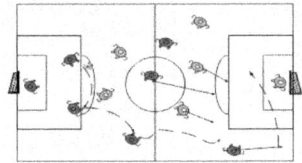
PARTE FINAL	
VUELTA A LA CALMA: 5' ejercicios de elasticidad muscular REFLEXIÓN FINAL ¿Mantener la posesión del balón es un objetivo prioritario en el juego? ¿Para qué sirve tener el balón? ¿De quién depende mantener el balón en nuestro poder? ¿En que zonas será más fácil mantener la posesión del balón?	

12	OBJETIVO: Ofrecer soluciones al compañero con balón y al resto de jugadores que colaboran en la construcción del juego ofensivo. CONTENIDO: La creación de espacios.

CALENTAMIENTO

INFORMACIÓN INCIAL:
ENTRADA EN CALOR:
5' "*4 filas pase y va*". Se forman 4 filas, en los vértices de un cuadrado imaginario. Utilizamos dos balones. El jugador de la fila con balón, hace pase a al compañero de la fila de enfrente y se cambia haciendo ejercicios de movilidad con desplazamiento a la fila de al lado.

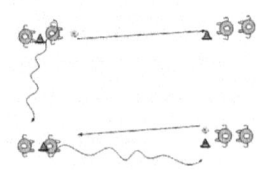

ACTIVACIÓN:
3' "*burladeros*": en el área grande de fútbol-11 3 ó 4 jugadores se la quedan persiguiendo al resto. Si un jugador toca a otro este último pasa a quedársela. Por el perímetro se colocan filas de 3 conos, si un jugador se coloca en el espacio comprendido por dos de estos, estará a salvo.

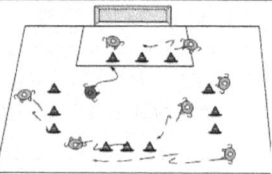

ADECUACIÓN TÉCNICO-TÁCTICA:
7' "*4 cuadrados*". En los vértices de un cuadrado se señalan 4 espacios de unos 5 metros de lado. Dos equipos juegan con toque libre. Cuando un jugador del equipo con balón recibe dentro de un vértice y combina con un compañero, su equipo consigue un punto. Dentro de los espacios de puntuación sólo pueden entrar jugadores del equipo con balón.

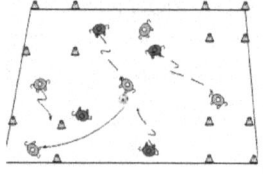

PARTE PRINCIPAL

8' TAREA 1. "*progresar por las bandas*". Dos equipos juegan en un espacio rectangular dividido en 3 zonas. Se empieza jugando en una zona externa y la central, en la otra zona se podrá entrar cuando un jugador entre en conducción por alguna de las porterías de chinos. En este caso el equipo tiene un punto y el juego se pasa a esa zona más la central.

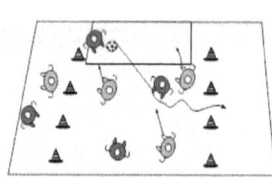

12' TAREA 2. *"conquistar espacios"*. Dos equipos juegan en la mitad del espacio de juego (intentar que haya superioridad para el ataque, con comodines, para facilitar la posesión). El que comienza con el balón, intenta dar 6 pases seguidos. Si lo consigue puede lanzar el balón al espacio del otro campo, para que un compañero, en movimiento de ruptura llegue y marque gol en la portería (utilizar porteros). Entonces el juego pasa a desarrollarse en este espacio, sacando el otro equipo.	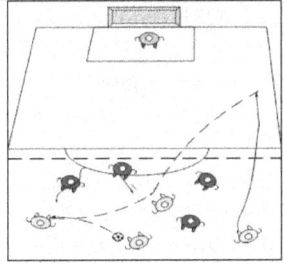
"verificación":	
20' TAREA 3. *"Rey de la pista"*. Se hacen 3 equipos de 4 jugadores cada uno. Dos equipos juegan mientras un tercero se coloca de comodín por fuera, con dos jugadores en cada mitad de la banda. El equipo con balón debe apoyarse al menos en dos jugadores exteriores antes de conseguir gol. El equipo que primero marca gol sigue jugando, y si acaba este tiempo sin marcar el equipo más antiguo es el que abandona el juego.	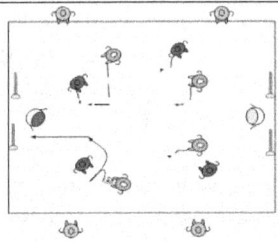
PARTE FINAL	
VUELTA A LA CALMA: 5' ejercicios de elasticidad muscular REFLEXIÓN FINAL ¿Para que sirve un espacio libre en el juego? ¿Qué espacios se pueden ocupar? ¿Se pueden tener todos los espacios ocupados? ¿En que zonas del campo hay más espacios libres? ¿Qué estrategias favorecen la creación y ocupación de los espacios?	

13	OBJETIVO: Jugar en situaciones próximas a la portería propia, estableciendo mecanismos útiles para mantener la posesión del balón de manera segura. CONTENIDO: La iniciación del juego de ataque.

CALENTAMIENTO

INFORMACIÓN INCIAL:
ENTRADA EN CALOR:
5' *"oleadas por parejas"*. Cada jugador se pone con un compañero. Uno se coloca en la frontal de la línea de fuera de juego y otro en el centro del campo. El de la frontal conduce un balón hacia la línea central, mientras el otro se dirige hacia la otra línea de fuera de juego haciendo ejercicios de movilidad articular y desplazamientos. Llegado el momento se intercambian el balón y la función.

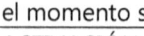

ACTIVACIÓN:
3' *"juntarse y salvarse"* Todos los jugadores salvo dos, se agrupan por parejas y se reparten por el espacio agarrados del brazo. De los dos que no se agrupan, uno persigue a otro. El perseguido puede salvarse agarrándose a algún jugador emparejado, en este momento el otro de la pareja sale persiguiendo al jugador que antes pillaba.

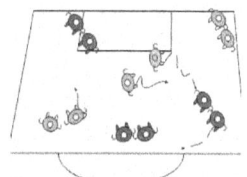

ADECUACIÓN TÉCNICO-TÁCTICA:
7' *"pase a la diagonal"*: Dos equipos juegan en un cuadrado dividido en 4 partes. Cuando un jugador con balón consigue dar un pase a un compañero situado en el cuadrado diagonal correspondiente, el equipo consigue un punto.

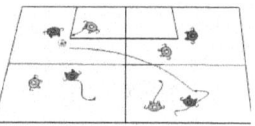

PARTE PRINCIPAL

8' TAREA 1. *"iniciar desde atrás"*. Dos equipos (por ejemplo, 3 contra 3. Se recomienda utilizar comodines para facilitar la posesión) juegan en un espacio central, ubicado en un campo de fútbol-7, a mantener la posesión del balón. A la señal del entrenador, el equipo con balón, regresa a su zona de área, e inicia un ataque con el balón que le entrega el portero para intentar superar en conducción la línea de medio campo.

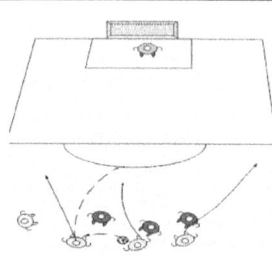

12' TAREA 2. *"transición desde el rectángulo"*. Dos equipos juegan en un espacio con porterías en los fondos, donde existe una franja horizontal que divide al campo en dos partes. En la franja se coloca un jugador de cada equipo (entre ellos no se pueden robar el balón), y en cada parte se colocan jugadores de ambos equipos. Se inicia el juego en una zona (defensiva), intentando combinar con el compañero de la zona central para que mande el balón a los jugadores de la posición de ataque. El balón no pude cambiar de zona sin pasar por el centro. 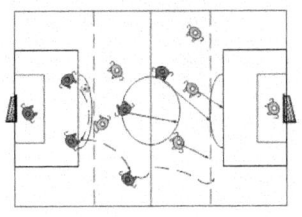 Var. Deben tocar el balón al menos dos jugadores antes de pasar de zona.
"verificación":
20' TAREA 3. *"iniciar el juego desde atrás"*. Se juega un 7x7 con porteros, en un campo de fútbol-7. Es obligatorio empezar el juego siempre desde atrás. De tal modo que siempre que hay un saque de banda en campo defensivo o una falta, inicia el portero con algún jugador de la zona defensiva. 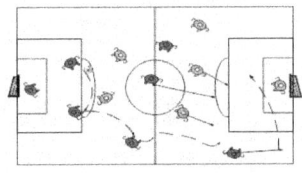
PARTE FINAL
VUELTA A LA CALMA: 5' ejercicios de elasticidad muscular REFLEXIÓN FINAL. ¿En que zonas se crea el ataque? ¿De qué jugadores depende la creación del juego? ¿Qué acciones están presentes en la idea de construcción de juego? ¿Cuándo se inicia desde atrás, porqué piensas que es muy importante asegurar cada acción? ¿Dónde es más importante recuperar el balón?

14	OBJETIVO: Manejar los medios táctico-técnicos básicos en espacios próximos a la portería contraria. CONTENDIO: La fase de finalización
	*CALENTAMIENTO*

INFORMACIÓN INCIAL:
ENTRADA EN CALOR:
5' *"2 filas, pase y va"*. Se forman dos filas, una frente a otra. El jugador pasa el balón a la fila contraria y se cambia haciendo ejercicios de movilidad con desplazamiento. El compañero, recibe el balón y hace la misma operación.

ACTIVACIÓN:
3' *"conducción con balón"* todos los jugadores conducen un balón. En el juego hay 3 ó 4 jugadores que se la quedan, intentando tocar a los demás. El jugador tocado pasa a quedársela. (Identificar a los jugadores que se la quedan con algún elemento material).

ADECUACIÓN TÉCNICO-TÁCTICA:
7' *"gol en 4 porterías"* Dos equipos juegan en un espacio marcado por 4 porterías, una en cada lado. Cada equipo intenta marcar gol en cualquiera de las porterías disponibles. El equipo que marca punto sigue con la posesión del balón, pero no podrá marcar gol en esa portaría, la cual quedará "cerrada" hasta que no se haga la intención de ir a otra zona de gol, hasta que no se marque en otra portería, o hasta que se pierde la posesión del balón.

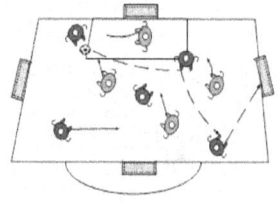

PARTE PRINCIPAL

8' TAREA 1. *"posesión para evitar finalización"*. Dos equipos juegan en un espacio con una portería. Uno con el apoyo del portero, intenta dar 8 pases seguidos para conseguir un punto. El otro equipo se organiza para robar el balón y finalizar en la portería. En el espacio de juego se sitúa una sola portería.
Var. Para marcar gol, deben tocar el balón al menos dos jugadores del equipo.

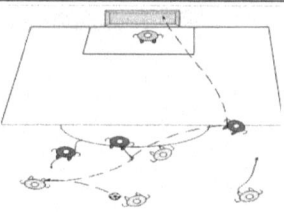

12' TAREA 2. *"contraataque desde banda"*. En un cuadrado de 30 metros de lado se juega un 4x4 con apoyo ofensivo, intentado mantener la posesión. Cuando el entrenador de la señal, el jugador con balón, da un pase a banda y se monta un ataque rápido con la llegada de estos 4 jugadores y sólo dos defensores.	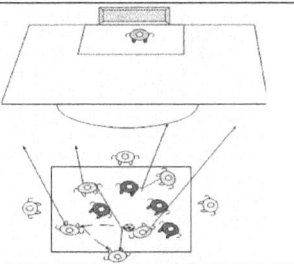

"verificación":

20' TAREA 3. *"finalizar ataques"*. Se juega un 7x7 con porteros, en un campo de fútbol-7. Es obligatorio organizar un 4x3 en campo de ataque, con superioridad del equipo defensivo. En la salida de balón pueden participar todos los jugadores de ataque, y los defensores sólo	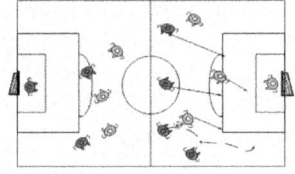

pueden interceptar pases, nunca robar la pelota directamente al jugador. El balón cambia de zona con un pase.

PARTE FINAL
VUELTA A LA CALMA: 5' ejercicios de elasticidad muscular REFLEXIÓN FINAL. ¿Qué lugar ocupa la fase de finalización en el juego? ¿De quién depende la fase de finalización? ¿Qué estrategias son importantes en la fase de finalización?

15	OBJETIVO: Culminar las tareas ofensivas de manera colectiva, utilizando los recursos adecuados para cada situación problema.
	CONTENIDO: La culminación del ataque

CALENTAMIENTO

INFORMACIÓN INCIAL:
ENTRADA EN CALOR:
5' *"cuadrado de 5"* 4 jugadores se colocan en cada esquina de un cuadrado. El jugador con balón repite en un esquina, y empieza realizando un pase al compañero de la izquierda y desplazándose en realizando ejercicios de movilidad hasta ese lugar.

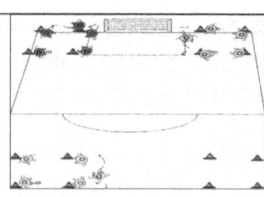

ACTIVACIÓN:
3' *"burladeros"*: en el área grande de fútbol-11 3 ó 4 jugadores se la quedan persiguiendo al resto. Si un jugador toca a otro este último pasa a quedársela. Por el perímetro se colocan filas de 3 conos, si un jugador se coloca en el espacio comprendido por dos de estos, estará a salvo.

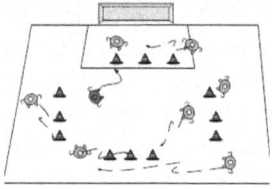

ADECUACIÓN TÉCNICO-TÁCTICA:
7' *"1 portería grande y 2 pequeñas"*. A cada lado de las porterías reglamentarias, a10m de la línea lateral se colocan 2 mini-porterías. Cada equipo intentará marcar gol de primer toque en la portería grande (2 puntos) y gol normal en las pequeñas (1 punto).

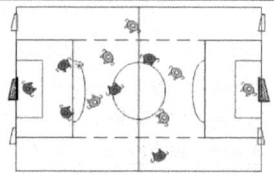

PARTE PRINCIPAL

8' TAREA 1. *"5 balones en 15 segundos"*. Dos equipos juegan en un espacio con una portería. Uno de los equipos intenta marcar el mayor número de goles en un tiempo dado por el entrenador (por ejemplo, 15 segundos). Cada equipo va a disponer de 5 balones o 5 oportunidades para demostrar cuantos goles es capaz de marcar.

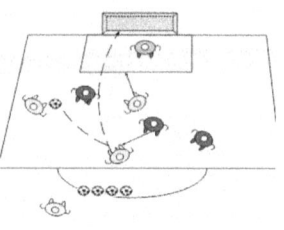

12' TAREA 2. *"rectángulo de porterías"*: Dos equipos juegan en un espacio en el que se sitúa un rectángulo (aprox. de 24x16 metros) con dos porterías en cada lado estrecho del rectángulo. Cada equipo intentará marcar gol en cualquier de las dos porterías. Ningún jugador puede atravesar el rectángulo y el pase a través de esta zona debe 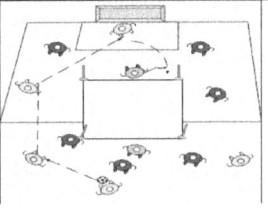 ser aéreo. Si se marca gol en una portería, y el balón queda suelto, corresponderá al equipo que se apodere de él. Cuando el portero bloca el balón, lo lanzará al aire, hacia una zona libre para volver a jugarlo.

"verificación":

20' TAREA 3. *"Rey de la pista"*. Se hacen 3 equipos de 4 jugadores cada uno. Dos equipos juegan mientras un tercero se coloca de comodín por fuera, con dos jugadores en cada mitad de la banda. El equipo con balón debe apoyarse al menos en dos jugadores exteriores antes de conseguir gol. El equipo que primero marca gol 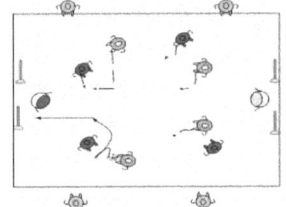 sigue jugando, y si acaba este tiempo sin marcar el equipo más antiguo es el que abandona el juego.

PARTE FINAL

VUELTA A LA CALMA: 5' ejercicios de elasticidad muscular
REFLEXIÓN FINAL. ¿Porqué es importante finalizar un ataque? ¿Desde que zonas es más práctico la finalización del ataque? ¿Quién es el encargado de finalizar? ¿Qué estrategias están disponibles para la finalización?

BIBLIOGRAFÍA

*"El que lee mucho y anda mucho,
ve mucho y sabe mucho".*
Miguel de Cervantes

Águila, C. y Casimiro, A. J. (2000). Consideraciones metodológicas para la enseñanza de los deportes colectivos en edad escolar. *Revista efdeportes.com*, 20.

Águila, C. y Casimiro, A. J. (2001). Tratamiento metodológico de la iniciación a los deportes colectivos en edad escolar. En F. Ruiz, A. García y A. J. Casimiro, *La iniciación deportiva basada en los deportes colectivos. Nuevas tendencias metodológicas* (pp 31-56). Madrid. Gymnos.

Alarcón, F., Cárdenas, D., Miranda, M.T y Ureña, N. (2009). Los modelos de enseñanza utilizados en los deportes colectivos. *Investigación Educativa*, 13 (23), 101-128.

Alonso, E. (1989). El juego como medio de iniciación al balonmano. *Revista de Entrenamiento Deportivo*, 3 (1), 31-36.

Alonso, M. y Lago, C. (2009) El diseño de tareas de entrenamiento. Orientaciones metodológicas. En L. Casáis, E. Domínguez y C. Lago, *Fútbol Base: el entrenamiento en categorías de formación* (pp 96-153). MCsports.

Alippi, P. (2002). El fútbol a través de sus etapas evolutivas. *Revista efdeportes.com*, 50.

Alison, S. y Thorpe, R. (1997). A comparison of the effectiveness of two approaches to teaching games within physical education. A skills approach versus a games for understanding approach. *The British Journal of Physical Education*, 28 (3), 9-13.

Almond, L. (1986). Games Making. En R. Thorpe, R. Bunker y L. Almond. *Rethinking Games Teaching*. University of Technology. Loughborough.

Almond. L. (1992). Un enfoque de salud para el atletismo en la escuela. En J. Devís y C. Peiró. *Nuevas perspectivas curriculares en educación física: la salud y los juegos modificados* (pp 109-120). Barcelona. INDE.

Aníz, I. y de Paz, J. (1997). Metodología activa en la etapa global de iniciación al balonmano. Propuesta práctica para el desarrollo de la fase de progresión con el balón. *Revista española de educación física*, 68, 23-28.

Antón, J.L. (1990). *Balonmano. Fundamentos y etapas de aprendizaje*. Madrid. Gymnos.

Antón, J. y Dolado, Mª. M. (1997). La iniciación a los deportes colectivos: una propuesta pedagógica. En J. Giménez, P. Sáenz-López y M. Díaz, *El deporte escolar* (pp 23-40). Huelva. Universidad de Huelva.

Antón, J. y López, J. (1988). La formación y aprendizaje de la técnica y la táctica. En J. Antón, *Entrenamiento deportivo en edad escolar* (pp 89-134). Málaga. Unisport.

Ardá, A. y Casal, C. (2003). *Fútbol: metodología de la enseñanza del fútbol*. Barcelona. Paidotribo.

Arias, J. L. (2008). El proceso de formación deportiva en la iniciación a los deportes colectivos fundamentado en las características del deportista experto. *Retos. Nuevas tendencias en Educación Física, Deporte y Recreación*, 13, 28-32.

Arnold, P. J. (1991). *Educación física, movimiento y currículum*. Madrid. Morata.

Arriscado, D. y Dalmau, J. Mª. (2009). Análisis del deporte de base: modelos de enseñanza en la etapa de iniciación deportiva. *Revista efdeportes.com*, 128.

Ausubel, D. (2002). *Adquisición y retención del conocimiento: una perspectiva cognitiva*. Barcelona. Paidós.

Baker, J., Côte, J. y Abernethy, B. (2003). Resources and commitment as critical factors in the development of "gifted" athletes. *High Ability Studies*. 14, 139-140.

Benedek, E. (2001). *Fútbol infantil*. Barcelona. Paidotribo.

Berry, J; Abernethy, B y Coté, J. (2003a). *Development of expert game-based decisión-making in Australian footbal*. Congreso Mundial de Ciencia y Fútbol, Lisboa. Madrid. Gymnos.

Bini, B., Leroux, P. y Cochin, G. (1995). *Fútbol para los más pequeños*. Barcelona. Hispano Europea.

Blázquez, D. (1986). *Iniciación a los deportes de equipo*. Barcelona. Hispano Europea.

Blázquez, D. (1995). *Iniciación deportiva y deporte escolar*. Barcelona. Inde.

Blázquez, D. y Batalla, A. (1995). La edad de iniciación: vísteme despacio que tengo prisa. En D. Blázquez, *Iniciación deportiva y deportes escolar* (pp 115-130). Barcelona. Inde.

Bayer, C. (1986). *La enseñanza de los Juegos Deportivos Colectivos*. Barcelona. Martínez Roca.

Bompa, T. (1998). Training guidelines for young athletes. En *Total training for young champions* (1-20). Champaign. Human Kinetics.

Boutmans, J. (1983). *Comparative effectiveness of two methods of teaching team sports in secondary schools*. The International Congress Teaching Team Sports (pp 239-247). Roma. AISEP.

Brüggemann, D. y Albrecht, D. (1996). *Entrenamiento moderno del fútbol. Aprendizaje y entrenamiento a través de los juegos. Técnica, táctica y preparación física. Planificación del entrenamiento*. Barcelona. Hispano Europea.

Brüggemann, D. (2004). *Fútbol: entrenamiento para niños y jóvenes*. Barcelona. Paidotribo.

Bunker, D. y Thorpe, R. (1982). A model for the teaching of games in secondary schools. *Bulletin of physical education*, 18 (1), 40-44.

Bush, M. (1984) *Le football: apprentissage et pratique par le jeu*. Paris. Vigot.

Cano, O. (2001). *Fútbol: entrenamiento global basado en la interpretación del juego*. Sevilla. Wanceulen.

Cantarero, C. (1995). *Escuela de fútbol... del aprendizaje a la alta competición*. Madrid. Tutor.

Cárdenas, D. (2006). El proceso de formación táctica colectiva en el baloncesto desde la perspectiva constructivista. *Revista efdeportes.com*, 94.

Cárdenas, D. y López, M. (2000). El aprendizaje de los deportes colectivos a través de los juegos con normas. *Habilidad Motriz*, 15, 22-39.

Castejón, F. J. (1994). La enseñanza del deporte en la educación obligatoria: enfoque metodológico. *Revista Complutense de Educación*. 5 (2), 137-151.

Castejón, F. J. (1995). *Fundamentos de iniciación deportiva y actividades físicas organizadas*. Madrid. Dykinson.

Castejón, F.J. (2002). La enseñanza del deporte con diferentes estrategias de enseñanza: técnica, táctica y técnico-táctica. *Revista de Educación Física*, 86, 27-33.

Castejón, F. J. (2003). *La enseñanza y el aprendizaje comprensivo en el deporte*. Sevilla. Wanceulen.

Castejón, F. J. (2004). La iniciación deportiva desde los deportes colectivos en la etapa escolar. *III Congreso deporte y escuela*. Cuenca. Diputación provincial de Cuenca.

Castejón, F. J. (2004b). La utilización del modelo integrado de enseñanza en la iniciación deportiva: limitaciones desde la atención y la memoria. *Revista Complutense de Educación*, 15 (1), 203-230.

Castejón, F. J. (2005). Una aproximación a la utilización del deporte. El proceso de enseñanza-aprendizaje. *Revista efdeportes.com*, 80.

Castejón, F.J., Aguado, R., Calle, M., de la Corrales, D., García, A., Martínez, F., Morán, O., Ruiz, D., Serrano, H. y Suárez, J.R. (1999). La enseñanza del deporte de iniciación con estrategia técnica, táctica y técnico-táctica. *Actas del XVII Congreso Nacional de Educación Física*. Huelva (pp 726-735). Huelva. U. de Huelva.

Castejón, F. J., Giménez, F. J., Jiménez, F. y López, V. (2003). Concepción de la enseñanza comprensiva en el deporte: modelos, tendencias y propuestas. *Cuadernos técnicos*, 26, 71-83.

Castejón, F. J. y López, V. (2000). Solución mental y solución motriz en la iniciación a los deportes colectivos en la educación primaria. *Apunts. Educación Física y Deporte*, 61, 37-47.

Castejón, F. J. y López, V. (2002). Consideraciones metodológicas para la enseñanza y el aprendizaje del deporte escolar. *Revista Tandem*, 7, 42-55.

Cavalli, D. (2008). *Didáctica de los deportes de conjunto. Enfoques, problemas y modelos de enseñanza*. Buenos Aires. Stadium.

Cervelló, E. (1996). *La motivación y el abandono deportivo desde la perspectiva de las metas de logro*. Tesis Doctoral. Universidad de Valencia.

Chirosa, L. J., Ponce, F. y Chirosa, I. J. (2003). El efecto de dos formas de aplicación de la técnica de enseñanza mediante indagación o búsqueda, en fútbol base, sobre las capacidades condicionales y los medios técnico-tácticos individuales de la conducción y el control. *II Congreso Mundial de Ciencias de la Actividad Física y el Deporte*. Granada.

Contreras, O. R. (1996). El deporte educativo (II). La iniciación deportiva en el diseño curricular base de educación primaria. *Revista de Educación Física*, 62, 33-37.

Contreras, O.R. (1998). *Didáctica de la educación física, un enfoque constructivista*. Barcelona. Inde.

Contreras, O.R., de la Torre, E. y Velázquez, R. (2001). *Iniciación deportiva*. Madrid. Síntesis.

Comesaña, H. (2001). El proceso del fútbol formativo. *Revista efdeportes.com*, 31.

Corbeau, J. (1990). *Futbol. De la escuela a las asociaciones deportivas*. Lérida. Ágonos.

Cox, R.L. (2002). A systematic approach to teaching sport. *European Journal of Physical Education*, 5, 109-115

Cruz, J., Boixadós, M., Torregrosa, M. y Mimbrero, J. (1996).¿Existe un deporte educativo?: papel de las competiciones deportivas en el proceso de socialización del niño. *Revista de Psicología del Deporte*, 9-10, 111-132.

Cruyff, J. (2002). *Me gusta el fútbol*. Barcelona.

Delgado, M. A. (1991). *Los estilos de enseñanza en Educación Física. Propuesta para una reforma de la enseñanza*. Granada. I.C.E. de la Universidad de Granada.

Delgado, M. A. (1994). La actividad física en el ámbito educativo. En J. Gil, y M. A. Delgado. *Psicología y pedagogía de la actividad física y el deporte* (pp 115-148). Madrid. Siglo XXI.

Devis, J. (1990a). Renovación pedagógica en la educación física: hacia dos alternativas de acción (I). *Perspectivas de la actividad física y el deporte*, 4, 5-7.

Devis, J. (1996). *Educación física, deporte y currículum*. Madrid. Visor.

Devis, J. y Peiró, C. (1992). *Nuevas perspectivas curriculares en educación física: la salud y los juegos modificados*. Barcelona. Inde.

Devis, J. y Sánchez, R. (1996). La enseñanza alternativa de los juegos deportivos: antecedentes, modelos actuales de iniciación y reflexiones finales. En J. A. Moreno, y P. L. Rodríguez. *Aprendizaje deportivo* (pp 160-181). Universidad de Murcia.

Díaz, A. (1995). La iniciación deportiva dentro del D. C. B. *Revista de Educación Física*, 58, 27-33.

Díaz, A. (1996). Teoría y práctica de la enseñanza deportiva. Procesos de formación deportiva. *Actas del III Congreso Nacional de E.F. de Facultades de Educación*. Guadalajara. Universidad de Alcalá.

Díaz, A. (1996). De la técnica a la táctica. En J. A. Moreno, y P. L. Rodríguez, *Aprendizaje deportivo* (pp 105-114). Universidad de Murcia.

Díaz, M., Sáenz-Lopez, P. y Tierra, J. (1995). *Iniciación deportiva en primaria: actividades físicas organizadas*. Sevilla. Wanceulen.

Diem, L. (1979). *El deporte en la infancia*. Buenos Aires. Paidós.

Dietrich, J. (1989). *Fútbol escolar y juvenil*. Barcelona. Hispano Europea.

Domínguez, P. y Espeso, E. (2002). El conocimiento metacognitivo y su influencia en el aprendizaje motor. *Rediris; Revista Internacional de Medicina y Ciencias de la Actividad Física y el Deporte*, 4.

Duque Mata, L.A. (1986). *Fútbol básico*. Madrid. Ed. Alambra.

Duran, C. y Lasierra, G. (1987). Estudio experimental sobre didáctica aplicada a la iniciación de los deportes colectivos. *Revista metodológica de investigación y documentación sobre las ciencias de la educación física y el deporte*, 7, 92-128.

Durand, M. (1988). *El niño y el deporte*. Barcelona. Paidós. MEC.

Espar, F. (1998). El concepto de táctica individual en los deportes colectivos. *Apunts. Educación Física y Deporte*, 51, 16-22.

Espar, F. y Gerona, T. (2004). Elementos para el diseño de tareas del entrenamiento en los deportes de equipo. *Master profesional en alto rendimiento deportes de equipo*. Fundación F.C. Barcelona.

Esper, P. A. (2002). Influencia de la metodología aplicada en la iniciación al minibaket en la efectividad del jugador. En S.J. Ibáñez, y M. Macías, *Novos horizontes para o treino do basquetebol* (pp 37-66). Cruz Quebrada. MH.

Falkowski, M. y Enriquez, E. (1982). *Estudio monográfico de los jugadores de campo*. Madrid. Esteban Sanz.

Famouse, J.P (1992). *Aprendizaje motor y dificultad de la tarea*. Barcelona. Paidotribo.

Fernández, A. y Sarramona, J. (1985). *La educación: Constantes y problemática actual*. Barcelona. CEAC.

Feu, G. (2000). Las actividades extraescolares en al escuela primaria. Una propuesta para llevar los programas de las Escuelas deportivas a los Centros Escolares. En Actas del I Congreso Nacional de Deporte en Edad Escolar (pp. 323-335). Dos Hermanas. Sevilla.

Feu, S. (2002). Influencia del contexto en los elementos del proceso de enseñanza-aprendizaje en la iniciación deportiva. *Revista efdeportes.com*, 52.

Filin, V. P. (1996). *Desporto juvenil: teoria e metologia*. Portugal. Londrina.

Fradua, L. (2005). *El entrenamiento con jóvenes jugadores en las escuelas de fútbol*. Master Universitario de Preparación Física en Fútbol. RFEF-UCLM.

Fraile, A. (2005). *Metodología de la enseñanza y del entrenamiento aplicado al fútbol*. Curso nivel 1. Instructor de fútbol base. Real Federación Española de Fútbol. Madrid.

Frankl, D. (2005). *Coaching Philosophy*. En Kids Firts Soccer (www.kidsfirstsoccer.com).

French, K. E. y Thomas, J. (1987). The relation of knowledge development to children's basketball performance. *Journal of Sport Psychology*, 9, 15-32.

French, K. E., Werner, P.H., Rink, J.E., Taylor, K. y Hussey, K. (1996a). The effects of a 3 week unit of tactical, skill, or combined tactical and skill instruction on badminton performance of ninth-grade students. *Journal of Teaching in Physical Eduation*, 15 (4), 418-438.

French, K. E., Werner, P.H., Rink, J.E., Taylor, K. y Hussey, K (1996b). The effects of a 6 week unit of tactical, skill, or combined tactical and skill instruction on badminton performance of ninth-grade students. *Journal of Teaching in Physical Eduation*, 15 (4), 439-463.

García, J. A. (2001). *Adquisición de la competencia para el deporte en la infancia: el papel del conocimiento y la comprensión en la toma de decisiones en balonmano*. Tesis Doctoral. Universidad de Extremadura.

García, E. y Martín, N. (1992). Efectos de la aplicación de un programa analítico y otro global en sujetos de edad escolar. *Apunts, Educación Física y Deportes*, 30, 30-37.

Garganta, J. (1997). Para una teoría de los juegos deportivos colectivos. En A. Graça, y J. Oliveira. *La enseñanza de los juegos deportivos* (pp 9-23). Barcelona.

Garganta, J. (2002). Competências no ensino e treino de jovens futebolistas. *Revista efdeportes.com*, 45.

Garganta, J. (2003). *Hacia una formación inteligente en el fútbol base. Para saber, saber ser y saber hacer*. II Congreso Internacional de Fútbol Base. Cartagena.

Gayoso, F. (1982). *El niño y la actividad física y deportiva: enseñanza del fútbol*. Madrid. Gymnos.

Gilar, R. (2003). *Adquisición de habilidades cognitivas. Factores en el desarrollo inicial de la competencia experta*. Tesis Doctoral. Universidad de Alicante.

Giménez, F.J. (2000). *Fundamentos básicos de la iniciación deportiva en la escuela*. Sevilla. Wanceulen.

Gimenez, F. J. (Coor). (2000). *Iniciación al fútbol*. Sevilla. Wanceulen.

Giménez, F. J. y Castillo, E. (2001). La enseñanza del deporte durante la fase de iniciación deportiva. *Revista efdeportes.com*, 31.

Giménez, J. y Sáenz-López, P. (1997). Decálogo de los derechos del joven deportista. En J. Giménez, P. Sáenz-López, y M. Díaz (pp 63-74). *El deporte escolar*. Universidad de Huelva.

Giménez, J. y Sáenz-López, P. (2002). El baloncesto en la escuela: ¿de la base a la élite? En S.J. Ibáñez, y M. Macías, *Novos horizontes para o treino do basquetebol* (pp). Cruz Quebrada. MH.

Giménez, J., Sáenz-López, P. e Ibáñez, S. (1999). Técnica, táctica, estrategia e iniciación deportiva. *Revista Ludens*, 16 (3), 53-59.

Ginsburg, K. R. Committee on Communications & Committee on Psychosocial Aspects of Child and Family Health (2007). The importance of play in promoting healthy child development and maintaining strong parent-child bonds. *Pediatrics*, 119 (1), 182-191.

Gómez, M. A., Ortega, E. y Sainz, P. (2008). Diferencias en la ejecución técnica en el fútbol: análisis por género y nivel de experiencia en educación física. *Retos. Nuevas tendencias en Educación Física, Deporte y Recreación,* 14, 63-65.

González, E. (1996). El aprendizaje de los juegos deportivos. En J. A. Moreno, y P. L. Rodríguez, *Aprendizaje deportivo* (pp 185-204). Universidad de Murcia.

González, S., García, L.M., Contreras, O., Sánchez-Mora, D. (2009). El concepto de iniciación deportiva en la actualidad. *Retos. Nuevas tendencias en educación física, deporte y recreación,* 15, 14-20.

Graça, A. y Oliveira, J. (1997). *La enseñanza de los juegos deportivos.* Barcelona. Paidotribo.

Greghaigne, J. F. (2001). *La organización del juego en fútbol.* Barcelona. INDE.

Griffin, M. y Griffin, B. (1996). Situated cognition and cognitive styles: effects on student's learning as measured by convencional test and performance assements. *The Journal of Experimental Education,* 4, 293-308.

Griffin, L.L., Oslin, J.L. y Mitchell, S.A. (1995). An analysis of two instructional approaches to teaching net games. *Research Quarterly for Exercise and Sport.* Supplement, March, A-64.

Grosser, M. y Neumaier, A. (1986). *Técnicas de entrenamiento.* Barcelona. Martínez Roca.

Hanh, E. (1988). Entrenamiento con niños. Martínez Roca. Barcelona.

Harrison, J.M., Preece, L.A., Blackmore, C.L., Richards, R.P., Wilkinson, C. y Fellinghan, G.W. (1999): "*Effects of two instructional models-skill teaching and mastery learning-non skill development, knowledge, self-effcacy, and game play in volleyball*". Journal of teaching in Physical Education, 19 (1).

Harvey, S. (2003). *Teaching Games for Understanding: A study of U19 college soccer players improvement in game performance using the Game Performance Assessment Instrument.* Segunda Conferencia Internacional: Enseñanza del deporte y educación física para la comprensión. Universidad de Melbourne. Australia.

Hayes, S., Horn, R., Hodges, M., Scott, M. y Williams, M. (2003). The relative effects of demonstrations and outcome information in the teaching of novel motor skills. *Congreso Mundial de Ciencia y Fútbol Lisboa.* Madrid. Gymnos

Helsen, W.F., Starkes, J. L. Y Hodges, N. J. (1998). Team sports and the theory of deliberate practice. *Journal of Sport and Exercise Psychology,* 20, 12-34.

Hernández, J.L. (2004). Teoría curricular y didáctica de la Educación Física. En A. Fraile, *Didáctica de la Educación Física. Una perspectiva crítica y transversal* (pp 15-62). Madrid. Biblioteca Nueva.

Hernández, J. (1988a). *Baloncesto: iniciación y entrenamiento.* Barcelona. Martínez Roca.

Hernández, J. (1994). *Fundamentos del deporte. Análisis de las estructuras del juego deportivo.* Barcelona. INDE.

Hernández, J. (1996). Técnica, táctica y estrategia en el deporte. *Revista de Entrenamiento Deportivo,* 10 (1), 19-22.

Hernández, J., Castro, U., Cruz, H., Gil, G., Guerra, G., Quiroga, M. y Rodríguez, J. P. (2000). *La iniciación a los deportes desde su estructura y dinámica. Aplicación a la educación física escolar y al entrenamiento deportivo.* Barcelona. INDE.

Hernández, J., Castro, V., Gil, G., Ruiz, H., Guerra, G., Quiroga, M. y Rodríguez, J. P. (2001). La iniciación a los deportes de equipo de cooperación-oposición desde la estructura y dinámica de la acción de juego: nuevo enfoque. *Revista efdeportes.com,* 33.

Holt, N.L., Strean, W.B. y García Bengoechea, E. (2002). Expanding the Teaching Games for Understanding Model: New avenues for future research and practice. *Journal of Teaching in Physical Education,* 21, 162-176.

Hynes, J. M. (2002). Practice and motor learning. *Physical Educador,* 59 (2), 58-62.

Ibáñez, S. J. (1997).Variables que afectan al establecimiento de los modelos de entrenador de baloncesto. *Habilidad motriz.* 10, 30-37.

Iglesias, D., Cárdenas, D. y Alarcón, F. (2007). La comunicación durante la intervención didáctica del entrenador. Consideraciones para el desarrollo del conocimiento táctico y la mejora en la toma de decisiones en baloncesto. *Cultura, Ciencia y Deporte,* 3 (7), 43-50.

Jiménez, F. (2000). *Estudio praxiológico de la estructura de las situaciones de enseñanza en los deportes de cooperación/oposición de espacio común y participación simultánea: balonmano y fútbol sala.* Tesis Doctoral. Universidad de Las Palmas de Gran Canaria.

Jiménez, F. (2001). *De la lógica interna al diseño de situaciones de enseñanza en la iniciación a los deportes de cooperación/oposición de espacio común y participación simultánea.* Actas del XIX Congreso Nacional de Educación Física. Vol. 1 (pp 653-672). Universidad de Murcia. Murcia.

Johansson, L. (2001). Disertación en UEFA. *Grassroots Football Newsletter. UEFA,* 1.

Julián, J.A; del Campo, V.L y Reina, R. (2005). Efecto de la organización de la práctica durante el aprendizaje de tres habilidades de conducción de móviles en deportes de invasión. *Revista de Educación Física. Renovar la teoría y la práctica,* 100, 21-26.

Knapp, B. (1981). *La habilidad en el deporte.* Valladolid. Miñón.

Konzag, I. (1992). Actividad cognitiva y formación del jugador. *Revista de Entrenamiento Deportivo,* 7 (6), 25-43.

Lago, C. (2002). *La preparación física en el fútbol.* Madrid. Biblioteca nueva.

Lago, C. (2003). *La enseñanza del fútbol en la edad escolar.* Sevilla. Wanceulen.

Lago, C. y López Graña, P. (2001). Las capacidades coordinativas en los juegos deportivos colectivos. El balonmano. *Revista efdeportes.com,* 30.

Landin, D. L. y Herbert, E. P. (1997). A comparison of three practice schedules along the contextual interferente continuum. *Research Quarterly for Exercise and Sport,* 68, 337-361.

Lapresa, D., Arana, J. y Ponce, A. (1999). *Orientaciones educativas para el desarrollo del deporte escolar.* Logroño. Federación Riojana de Fútbol. Universidad de la Rioja.

Lapresa, D. Arana, J. y Garzón, B. (2006). El fútbol 9 como alternativa al fútbol 11, a partir del estudio de la utilización del espacio de juego. *Apunts. Educación física y deportes,* 86 (4), 34-44.

Lapresa, D. y Bengoechea, S. (1998). Nuestra escuela educativa de fútbol: una propuesta concreta. *Contextos educativos,* 1, 311-321.

Lasierra, G. (1990). Aproximación a una propuesta de aprendizaje de los elementos tácticos individuales en los deportes de equipo. *Apunts. Educación física y deportes,* 24, 59-68.

Lasierra, G. (1993). Análisis de la interacción motriz en los deportes de equipo; aplicaciones del análisis de los universales ludomotores al balonmano. *Apunts. Educación física y deportes,* 32, 37-53.

Lasierra, G. y Lavega, P. (1993a). *1015 juegos y formas jugadas de iniciación a los deportes de equipo. Volumen I.* Barcelona. Paidotribo.

Lawton, J. (1989). A comparison of two teaching methods in games. *Bulletin of Physical Education*, 25, 35-38.

Lealli, G. (1994). *Fútbol base. Entrenamiento óptimo del futbolista en el período evolutivo*. Barcelona. Martínez Roca.

Le Boulch, J. (1972). *La educación por el movimiento en edad escolar*. Buenos Aires. Paidos.

León, Mª. J. y Rodríguez, Mª. J. (2005). Problemas relacionados con la cognición: evaluación e intervención educativa. En S. Mata, (Coord.) *Bases psicopedagógicas de la Educación Especial* (pp 171-192). Archidona (Málaga). Aljibe.

Linaza, J. L. y Maldonado, A. (1987). *Los juegos y el deporte en el desarrollo psicológico del niño*. Barcelona. Anthropos.

Lisbona, M., Mingorance, A., Méndez A. y Valero, A. (2009). El modelo comprensivo. En A. Méndez, (coord) *Modelos actuales de iniciación deportiva. Unidades didácticas sobre deportes de invasión* (pp 31-56). Sevilla. Wanceulen.

López, V. (2000). El comportamiento táctico individual en la iniciación a los deportes colectivos: aproximación teórica y metodológica. En *I congreso nacional de deporte en edad escolar* (pp 425-434). Dos hermanas, Ayuntamiento de Dos Hermanas.

López, V. y Castejón, F. J. (2005). La enseñanza integrada técnico-táctica de los deportes en la edad escolar. *Apunts. Educación física y deportes*, 79, 40-48.

Mahlo, F. (1969). *La acción táctica en el juego*. Paris. Vigot.

Malina, R. (2001). Youth football players: perspectives from growth and maturation. *Insight-issue*, 1 (5), 27-31.

Martínez, F. y Sáenz-López, P. (2000). *Iniciación al fútbol*. Sevilla. Wanceulen.

Martínez, M. y Solla, J.J. (2009). Los modelos de competición en el fútbol en categorías de formación: fútbol-11, fútbol-7 y fútbol-5. En L. Casáis, E. Domínguez, y C. Lago, *Fútbol base: el entrenamiento en categorías de formación. Vol. I* (pp 152-200). MCsports.

McMorris, T. (1988). *Comparison of effectiveness of two methods of teaching passing and support in football*. Congreso Mundial: Humanismo y Nuevas Tecnologías en la Educación Física y el Deporte (pp 229-232). Madrid: AISEP, MEC e INEF.

McPherson, S. L. y French, K. E. (1991). Changes cognitive strategies and motor skill in tennis. *Journal of Sport and Exercise Psychology*, 13, 26-41.

Meinel, K. y Schnabel, G. (1988). *Teoría del movimiento*. Buenos Aires. Stadium.

Méndez, A. (1999). Efectos de la manipulación de las variables estructurales en el diseño de juegos modificados de invasión. *Revista efdeportes.com*, 16.

Méndez, A. (1999). Modelos de enseñanza deportiva. Análisis de dos décadas de investigación. *Revista efdeportes.com*, 13.

Méndez, A. (coord) (2009). *Modelos actuales de iniciación deportiva. Unidades didácticas sobre deportes de invasión*. Sevilla. Wanceulen.

Méndez, A., Valero, A. y Casey, A. (2010). What are we being told about how to teach games? A three-dimensional análisis of comparative research into different instructional studies in Physical Education and School Sports. *Internacional Journal of Sport Science*, 6 año 6 (18), 37-56.

Mitchell, S., Griffin, L. y Oslin, J. (1995). An analysis of two instructional approaches to teaching invasion games. *Research quarterly for exercise and sport*, A-64.

Mombaerts, E. (1998). *Fútbol: entrenamiento y rendimiento colectivo*. Barcelona. Hispano Europea.

Mombaerts, E. (2000). *Fútbol. Del análisis del juego a la formación del jugador.* Barcelona. INDE.

Morcillo, J. A. (2004). *El desarrollo profesional del entrenador de fútbol-base basado en el trabajo colaborativo en un club amateur.* Tesis Doctoral. Universidad de Granda.

Morcillo, J. A. y Moreno, R. (2000). Fundamentos teórico-prácticos para la creación de situaciones de enseñanza-aprendizaje en fútbol. *Revista efdeportes.com,* 21.

Moreno, R. y Morcillo, J. A. (2004). *La enseñanza del fútbol en las escuelas deportivas de iniciación. Propuesta práctica para el desarrollo del deporte escolar.* Madrid. Gymnos.

Nieto, T. y Martínez, C. (1982). *Fútbol: teoría y práctica de la técnica individual.* Madrid. Esteban Sanz.

Olivera, J. (2001). De los juegos colectivos a los deportes de equipo. *Apunts. Educación física y deportes,* 64, 3-4.

Olivos, R. (1992). *Teoría del fútbol.* Sevilla. Wanceulen.

Ormond, T., DeMarco, G, Smith, R. y Fisher, K. (1995): Comparison of the sport education model and the traditional unit approach to teaching secondary school basketball. *Research Quarterly for Exercise and Sport,* 66, A-66.

Pacheco, R. (2004). *Fútbol. La enseñanza y el entrenamiento del fútbol-7.* Barcelona. Paidotribo.

Pazo, C. I. y Piñar, Mª. I. (2006). La enseñanza aprendizaje del fútbol-sala desde una perspectiva constructivista, partiendo de los medios técnicos y tácticos colectivos complejos. *Revista efdeportes.com,* 101.

Pino, J. y Cimarro, J. (2001). Propuesta de estructuración de los contenidos técnico-tácticos de la enseñanza del fútbol en la etapa alevín. *Revista efdeportes.com,* 33.

Pino, J. (1999). *Desarrollo y aplicación de una metodología observacional para el análisis de los medios técnico-tácticos del juego en fútbol.* Tesis Doctoral. Universidad de Extremadura.

Pintor, D. (1988). Objetivos y contenidos de la formación deportiva. En J Antón, J. *Entrenamiento deportivo en edad escolar* (pp 153-186). Málaga. Unisport.

Ponce, F. (2006). *La eficacia de la utilización de una técnica de enseñanza mediante indagación o búsqueda en la mejora de diferentes aspectos funcionales, técnico-tácticos, decisionales y motivacionales, en futbolistas de categoría alevín, frente a una intervención tradicional y su transferencia a la competición.* Tesis Doctoral. Universidad de Granada.

Ponce, F. (2007). Análisis de diversas investigaciones realizadas en torno a la aplicación de varios modelos de enseñanza-aprendizaje en el ámbito deportivo. *Revista efdeportes.com,* 106.

Ponce, F. (2007). Modelos de intervención didáctica en el proceso de enseñanza-aprendizaje de los deportes. *Revista efdeportes.com,* 112.

Quinn, P.B. y Strand, B. (1995): A comparison of two instructional formats on heart rate intensity and skill development. *The Physical Educator,* 52, 62-69.

Raya, A. (1988a). Técnicas, métodos y estilos de enseñanza. En J. Antón. *Entrenamiento deportivo en edad escolar* (pp 187-206). Málaga. Unisport.

Raya, A. (1992). Diferentes posibilidades para entrenar la adquisición de habilidades básicas en fútbol. *Revista de Entrenamiento Deportivo,* 6 (1), 23-31.

Raya, A., Fradua, L. y Pino, J. (1993a). Consideraciones en torno a la enseñanza y aprendizaje de los deportes de equipo. *Perspectivas de la actividad física y el deporte.* 12.

Raya, A., Fradua, L. y Pino, J. (1993b). Metodología diferencial para la mejora de gestos técnicos frecuentes en fútbol. *II Congreso Mundial de Ciencias de la Actividad Física y el Deporte.* Granada.

Reilly, T., Williams, A. M., Nevill, A. y Franks, A. (2000). A multidisciplinary approach to talent in soccer. *Journal of Sports Science,* 18, 695-702.

Rezende, A. y Valdés, H. (2003). Métodos de estudo das habiildades tácticas (1). Abordagem comparativa entre jogadores habilidosos e iniciantes –expert & novice-. *Revista efdeportes.com,* 65.

Rink, J.E., French, K. Y Werner, P. (1991). Tactical awareness as the focus for ninth grade badminton. *Congreso Mundial de Atlanta.* AIESEP

Rink, J.E., French, K.E. y Tjeerdsma, B.L. (1996). Foundations for the learning and instruction of sports and games. En J.E. Rink,. (ed.) (1996). Tactical and skill approaches to teaching sport and games. *Journal of Teaching in Physical Education.* 4, (15), 399-417.

Rink, J.E. (2001). Investigation the assumptions of pedagogy. *Journal of Teaching in Physical Education.* 20, 112-128.

Rodríguez, C., Calvo, A. y Chacón, F. (2000). Propuesta de un modelo didáctico de iniciación deportiva escolar: el suftball un recurso para el trabajo de cualidades coordinativas. En O.R. Contreras. La formación inicial y permanente del profesor de educación física (pp 447-451). *Actas del XVIII Congreso Nacional de Educación Física.* Ciudad Real.

Rodríguez, D., García, A., Ruiz, F. y Casado, C. (2001). La iniciación al balonmano en el medio escolar. En F. Ruiz, A. García, y A. J. Casimiro. *La iniciación deportiva basada en los deportes colectivos. Nuevas tendencias metodológicas* (pp 57-104). Madrid. Gymnos.

Rodríguez, J.A. y Castro, J. (1993). El aprendizaje del baloncesto dentro del contexto escolar mediante asignación de tareas. *II Congreso Mundial de Ciencias de la Actividad Física y el Deporte.* Granada.

Romero, C. (1997). Una perspectiva de iniciación al fútbol en la escuela. *Training fútbol,* 16, 28-38.

Romero, C. (2005). Un modelo de entrenamiento en el fútbol desde una visión didáctica. *Revista efdeportes.com,* 80.

Romero, S. (1997). *El fenómeno de las escuelas deportivas municipales.* Sevilla. Instituto de Deportes, Ayuntamiento de Sevilla.

Romero, S. (2001). *Formación deportiva: nuevos retos en Educación.* Sevilla. Secretariado de Publicaciones, Universidad de Sevilla.

Ruiz, F., García, A. y Casimiro, A.J. (2001) *La iniciación deportiva basada en los deportes colectivos. Nuevas tendencias metodológicas.* Madrid. Gymnos.

Ruiz, L. M. (1993). El modelo de aprendizaje motor y la enseñanza de los juegos deportivos en la E.S.O. En V. Martínez, y R. Velázquez, *Actualizaciones en educación física* (pp 7-18). Madrid. CEP-Centro.

Ruiz, L. M. (1994). *Deporte y aprendizaje. Procesos de adquisición y desarrollo de habilidades.* Madrid. Visor.

Ruiz, L. M. (1994). *Desarrollo motor y actividades físicas.* Madrid. Gymnos.

Ruiz, L. M. (1995). *Competencia motriz. Elementos para comprender el aprendizaje motor en educación física escolar.* Madrid. Gymnos.

Ruiz, L. M. (1996). La variabilidad al practicar en el aprendizaje deportivo. En J. A. Moreno, y P. L. Rodríguez. *Aprendizaje deportivo* (pp 23-34). Universidad de Murcia.

Ruiz, L. M. (1998). La variabilidad en el aprendizaje deportivo. *Revista efdeportes.com,* 11.

Ruiz, L. M. (Coord.) (2001). *Desarrollo, comportamiento motor y deporte*. Madrid. Síntesis.

Ruiz, L. M. y Sánchez Bañuelos, F. (1997). *Rendimiento deportivo*. Madrid. Gymnos.

Ruiz, L. M. y Arruza, J. A. (2005). *El proceso de toma de decisiones en el deporte. Clave de la eficiencia y el rendimiento deportivo*. Barcelona. Paidós.

Sáenz-López, P. (1994). Metodología en educación física: ¿enseñanza global o analítica? *Revista Habilidad Motriz*, 4, 33-38.

Sáenz-López, P. y Giménez, F. J. (1997). Baloncesto educativo en primaria. En J. Giménez, P. Sáenz-López, y M. Díaz, *El deporte escolar* (pp 119-133). Universidad de Huelva.

Sainz, P., Llopis, L. y Ortega, E. (2006). *Metodología global para el entrenamiento del portero*. Sevilla. Wanceulen.

Sánchez, F. (1992). *Bases para una didáctica de la educación física y el deporte*. Madrid. Gymnos.

Sánchez, F. (1995). El deporte como medio formativo en el ámbito escolar. En D. Blázquez. *Iniciación deportiva y deporte escolar* (pp 77-93). INDE. Barcelona.

Sánchez, D. L. (2005). *Manual del entrenador de fútbol base*. Sevilla. Wanceulen.

Sánchez, D. L. y Fradua, L. (2001). La planificación en el fútbol base. Modelo aplicativo de planificación integral. *Training fútbol*, 63, 26-41.

Sans, A. y Frattarola, C. (1993). *Fútbol base*. Barcelona. Paidotribo.

Sans, A. y Frattarola, C. (2009). *Los fundamentos del fútbol. Programa AT-3. Etapa de rendimiento. Un nuevo concepto en el que fundamentar la formación del futbolista y el entrenamiento de máximo rendimiento*. MCsports.

Santos, M., Viciana, J. y Delgado, M. A. (1996). *Voleibol*. Madrid. CSD, MEC.

Sampedro, J. (1999).*Fundamentos de la táctica deportiva. Análisis de la estrategia en los deportes*. Madrid. Gymnos.

Scatling, E., Dugdale, H., Bishop, P., Lackey, D. Y Strand, B. (1998). The effects of two instructional formats on the heart rate intensity and skill development of physical education students. *The Physical Educator*, Otoño, 138-143.

Schock, K. (1987). Habilidades tácticas y su enseñanza. *Revista de Entrenamiento Deportivo*, 1 (4-5), 45-43.

Seirul-lo, F. (1986). Estructura de las sesiones de participación cognitiva. *Revista de Educación Física*, 10, 5-8.

Seirul-lo, F. (1992). Los valores educativos del deporte. *Revista de Educación Física*, 44, 3-11.

Seirul-lo, F. (1995). Valores educativos del deporte. En D. Blázquez. *La iniciación deportiva y el deporte escolar*. Barcelona. INDE.

Seirul-lo, F. (1999). Criterios modernos de entrenamiento del fútbol. *Training Fútbol*, 45, 8-18.

Sicilia, A. y Delgado, M. A. (2002). *Educación física y estilos de enseñanza*. Barcelona. INDE.

Silva, F., Fernandes, L., Celani, F. O. (2001). Desporto de crianzas e jovens. Um estudo sobre as idades de iniciaçao. *Revista Portuguesa de Ciencias do Desporto*. 2 (1). 45-55.

Soares, F. Y Santana, W. C. (2005). Iniciaçao ao futsal: crianzas jogam para aprender ou aprendem para jogar? *Revista efdeportes.com*, 85.

Sobral, F. (1994). *Desporto infanto-juvenil; prontidão e talento*. Lisboa. Livros Horizonte.

Solá, J. (1998). Formación cognoscitiva y rendimiento táctico. *Apunts. Educación física y deportes*, 53, 33-41.

Solá, J. (2010). *Inteligencia táctica deportiva. Entenderla y entrenarla*. INDE. Barcelona.

Solana, A. M. (2003). *Análisis y valoración de la responsabilidad de los alumnos de bachillerato utilizando la microenseñanza para el aprendizaje de los deportes.* Tesis Doctoral. Universidad de Granda.

Sunay, H.; Gündüz, N, Dolasair, S. (2004). The effects of different methods used in teaching Basic volleyball techniques to physical education teacher candidates. *International Journal Physical Education,* 3, 28-32.

Tabernero, B., Márquez, S. y Llanos, C. (2002). Elementos a analizar en el proceso de iniciación deportiva. *Retos. Nuevas tendencias en educación física, deporte y recreación,* 1, 9-15.

Tavares, F. (1993). *A capacidade de dicisâo tactica no jogador de basquetebol.* Tesis Doctoral. FCDEF, Universidad de Oporto.

Thorpe, R. y Bunker, D. (1982). From theory to practice: two examples of an understanding approach to the teaching of games. *Bulletin of Physical Education,* 18, 9-15.

Thorpe, R., Bunker, D. y Almond, L. (1986). *Rethinking games teaching.* Loughborough. University of technology.

Tico, J. (2002). Tareas deportivas en los deportes colectivos, una aplicación al baloncesto. En S.J. Ibáñez, y M. Macías, *Novos horizontes para o treino do basquetebol.* Cruz Quebrada. MH.

Toral, G., Vicente, A. y García, I. (2005). *Dejad que los niños y niñas jueguen. Entrenamiento integral y comunicación positiva.* Diputación Foral de Bizkaia.

Torres, J. (2004). *Nuevas perspectivas en el proceso de enseñanza-aprendizaje en las escuelas multideportivas.* IV Jornadas sobre el Deporte Base. Generalitat Valenciana, Secretaria Autonómica del deporte.

Torres, J. (2005). *Un nuevo marco didáctico para el deporte educativo en la sociedad postmoderna. Del romanticismo deportivo del XIX a regreso al futuro del XXI.* V Jornadas sobre el Deporte Base. Generalitat Valenciana, Secretaria Autonómica del deporte.

Torres, J. y Rivera, E. (1994). *Juegos y deportes alternativos y adaptados en Educación Primaria.* Granada. Rosillos.

Turner, A. (1996). Teaching for Understanding. Myth or reality? *Journal of Physical Education, Recreation and Dance,* 4, 46-46, 55.

Turner, A. P. y Martinek, T. J. (1992). A comparative analysis of two models for teaching games. *International Journal of Physical Education,* 29 (4), 15-31.

Turner, A.P. y Martinek, T.J. (1995). An investigation into teaching games for understanding: effects on skill, knowledge and game play. *Annual Meeting of the American Educational Research Association.* San Francisco, CA:AERA.

Turner, A.P. y Martinek, T.J. (1999). An investigation into teaching games for understanding: effects on skill, knowledge, and game play. *Research Quarterly for Exercise and Sport,* 70, 286-296.

Valero, A. (2003). *Comparación de los efectos de dos modelos de iniciación para la enseñanza aprendizaje de tres disciplinas de atletismo.* Tesis Doctoral. Universidad de Jaen.

Valero, A. (2005). Análisis de los cambios producidos en la metodología de la iniciación deportiva. *Apunts. Educación Física y Deportes.* 79, 59-67.

Valero, A., Conde, A., Delgado, M. y Conde, J.L. (2004). Construcción y validación de un cuestionario de diversión y adherencia hacia la práctica del atletismo en la ecuación primaria. *Revista Española de Educación Física y Deportes* 1, 119-130.

Velázquez, R. (2003). Sobre la edad apropiada para el comienzo de la práctica deportiva. *Revista efdeportes.com,* 57.

Vegas, G. (2006). *Metodología de enseñanza basada en la implicación cognitiva del jugador de fútbol base*. Tesis Doctoral. Universidad de Granada.

Vankersschaver, J. (1987). Fútbol: la formación en la escuela o en el club. *Revista de Entrenamiento Deportivo*, 1 (3), 32-43.

Vázquez, B. (1992). *El niño ante el mundo del deporte*. Madrid. INEF.

Vázquez, B. (coord.). (2001). *Bases educativas de la actividad física y deporte*. Madrid. Síntesis.

Vázquez, S. (1981). *Fútbol: conceptos de la técnica*. Madrid. Esteban Sanz.

Vázquez, S. (1983). *Fútbol base: la técnica aplicada a diferentes niveles*. Madrid. Esteban Sanz.

Wein, H. (1995). *Fútbol a la medida del niño*. Madrid. CEDIF.

Werner, P. (1989). Teaching games. A tactical perspctive. *Journal of Physical Education, Recreation and Dance*, 4, 23-27.

Werner, P. y Aldmond, L. (1990). Models of games education. *Journal of Physical Education, Recreation and Dance*. 4, 23-27.

Werner, P., Thorpe, R. y Bunker, D. (1996). Teaching games for understanding. Evolution of a model. *Journal of Physical Education, Recreation and Dance*. 67, 1.

Yagüe, J.Mª. y Caminero, F. (1997). *Unidades didácticas VII. Fútbol. Una propuesta curricular a través del juego*. INDE. Barcelona.

Yagüe, J. Mª. (1999). *El trabajo colaborativo como estrategia de formación permanente del entrenador de fútbol*. Tesis Doctoral. Universidad de Valladolid.

Yañez, J. (2004). *La enseñanza del deporte colectivo en educación secundaria: la utilización de procesos de transferencia para el aprendizaje de soluciones tácticas*. Tesis Doctoral. Universidad de Granada.

www.ingramcontent.com/pod-product-compliance
Lightning Source LLC
Chambersburg PA
CBHW071712160426
43195CB00012B/1656